中國大學教育與大學文化新論

何小刚等 著

上海社会科学院出版社
SHANGHAI ACADEMY OF SOCIAL SCIENCES PRESS

目　录

第一章
古代中国的大学精神

古代中国有没有大学？若有，又起源于何时呢？

清华大学校长梅贻琦曾在一篇论述“大学”的文章中这样说道：“今日中国之大学教育，溯其源流，实自西洋移植而来，顾(故)制度为一事，而精神又为一事。就制度言，中国教育史中固不见有形式相似之组织；就精神言，则文明人类之经验大致相同，而事有可通者。文明人类之生活不外两大方面，曰己，曰群，或曰个人，曰社会。而教育之最大的目的，不外使群中之己与众己所构成之群各得其安所遂生之道，且进以相位相育，相方相苞；则此地无中外，时无古今，无往而不可通者也。”①

中国目前的大学教育，若从制度上来说，实溯源于西方。而西方大学制度的起源，则要追溯到12—13世纪，法国巴黎首先创立了由系科、学院、课程、考试、毕业典礼、学位等组成的教育体系。若仅从制度来论，则中国古代并无大学。

然而，制度虽为大学文化重要之一环，却并不能完全代表大学文化。因制度之上，还有精神。按梅校长所言，大学精神之目的中西皆通，不外乎就是处理好个人(己)与社会(群)之间的关系，使其能各得其所，并相得益彰。如此精神，中国古代不仅有，还尤其昌盛。儒家强调的修齐治平，集中体现在《大学》一文，说的就是这样的精神。而这样的大学精神，无论是个人还是社会，都离不开对“人”的强调。

---

① 《大学一解》，载梅贻琦：《中国的大学》，北京理工大学出版社2012年版，第2页。

早在1931年，梅校长便在就职演说中说了一句流传极广的话："所谓大学者，非谓有大楼之谓也，有大师之谓也。"考察当初巴黎大学的创建，可证梅校长此言不虚。

当年西方大学的起源也是因新的知识冲破了教会的束缚，求知若渴的年轻人纷纷聚集到巴黎，组成了很多学术团体。这样的学术团体，并无关乎建筑，也无关乎教育制度，而只是一种师生社团。这样的师生社团探讨的不仅仅是单纯的知识，更希望借新的知识来解决现实的问题，重新寻得人的自由。大学文化便以此为核心而展开，后又随现实所需，建立起相应的制度。

故而若以西方教育制度为标准，那么不仅中国古代没有大学，西方古代也无大学。但若以大学教育的精神作为标准，那么中国古代最早的大学性质的教育，先秦就有了。周时的相当于集国家图书馆馆长、天文台台长、档案馆馆长、国家意识形态总顾问、国师等于一身的老子的讲学、孔子的教学团队都属于大学教育的范畴。

众所周知，老子是诸子百家分家前的学问集大成者，他后面的法家、兵家、儒家等诸家的思想，都吸取了他的思想的精华。

他的学生辈的孔子开创了儒家，上承三代之学，下启儒学之源，使儒家在中国的历史上具有特殊重要的地位。从汉代独尊儒术始，儒学即成为治国兴邦的道统，隋唐开科取士，所考之书目，亦主要以儒经为参考。后世虽王朝兴替不断，然直至有清一代，仍以孔子为"至圣先师"，不断传承发展孔子的思想。而一个好的统治者，都是深谙老子之道的。汉唐盛世都是内用老子，外用儒学的。

孔子之伟大，其对中国文化之重要，早已有目共睹。但孔子有一特殊身份，则无人可替，也是其之所以成其伟大之关键所在：一名教育者。以致伟人毛泽东在向尼克松谈孔子时，只说孔子就是一个"teacher"——教师。

孔子自述"默而识之，学而不厌，诲人不倦，何有于我哉！"（《论语·述而》）①其对教学是极其自信的。他一辈子强调学习，同时又致力于传道授业解

① 《述而》为《论语》篇章名，下文凡引《论语》，皆省《论语》书名仅注篇名。

惑之道，打破了曾经“学在官府”的垄断，首创私人教育的先河，通过教育将当时的文化进行总结与传播。相传他经过几十年的教学实践，弟子三千，身通六艺者七十二人。不仅如此，孔子还删定六经，使上古传统经典成为后世儒家传承思想的重要载体。可以说，孔子的教学及其思想，为中国古代的大学教育奠定了重要基础，也塑造了中国古代大学教育的精神。孔子其实是中国古代私立大学的校长。

第一节　古代中国大学教育的理念

一部《道德经》，就是中国古代大学教育的百科全书。老子讲道，讲如何达到道的境界。这就是“道”与“德”的经典。他后面的学派学者，都是在此基础上对这个问题进行解释和发挥的。解释得好的，儒家可能靠前。

子曰：“志于道，据于德，依于仁，游于艺。”（《述而》）这句话可以看作孔子教学的基本理念。道、德、仁、艺，不仅指明了孔子的教学目标、涵盖了教学内容，还标明了其对传统的革新。

道，本义为“路”。鲁迅曾经说，“世上本没有路，走的人多了，也便成了路。”“路”并不是本来就有的，“道”也一样，并非客观存在。例如，道有正道，也有歪道；诸子之道皆有不同；君子、小人则各行其道。总之，“道”的本义并不是客观的自然规律，而是“人自己所主张的东西，是人的行为所采取的某种方式”。简单来说，道，可以解释为主观的“主义”。①

那么，孔子所志之“道”，具体是什么呢？

一、为政以德

经夏商周三代更替，周初的有识之士逐渐总结出一些“道”：“天佑下民，作之君，作之师，惟其克相上帝，宠绥四方。”（《尚书·泰誓》）此“道”首先肯定“君

① 李申：《简明儒学史》，中国人民大学出版社2006年版，第2页。

权神授”，认为人间的君与师都是由上天任命，以帮助天来管理四方之民。那么，怎样的人才能被上天任命为君与师呢？

从三代更替的历史经验中，人们又总结出“皇天无亲，唯德是辅”（《左传·僖公五年》引《周书》），天最看重德行，依君主的德行来决定其是否能承有天命，替天统治天下。比如商汤在与夏桀战于鸣条之野前所发的誓词，便记载着这样的天命观：

> 王曰：“格尔众庶，悉听朕言。非台小子，敢行称乱！有夏多罪，天命殛之。今尔有众，汝曰：‘我后不恤我众，舍我穑事，而割正夏？’予惟闻汝众言，夏氏有罪，予畏上帝，不敢不正。今汝其曰：‘夏罪其如台？’夏王率遏众力，率割夏邑。有众率怠弗协，曰：‘时日曷丧？予及汝皆亡！’夏德若兹，今朕必往。尔尚辅予一人，致天之罚。”（《尚书·汤誓》）

因为夏德恶劣，故而天让商汤代天惩罚夏朝，这说明天命不是随意的，其根据便是“德”。“德”体现在民事上：“我后不恤我众，舍我穑事，而割正夏”就是说夏王“夺民农功，而为割剥之政”①，致使民不聊生，终致百姓发出‘时日曷丧？予及汝皆亡’的悲叹。同样，当武王伐商，战于牧野之前，武王也认为商王无德，所以“今予发惟恭行天之罚”（《尚书·牧誓》）。

陈来教授分析周初天命观的变化，认为“一个完整的君权神授的理论必须能够解释君权何以转移，就是说，不仅要解释天命为何从殷转移到周，也必须能解释如何防止天命未来由姬周转移向他姓”②。故从西周起，逐渐发展为一种“天命有德”的新天命观，为了保有天命，便逐渐强调以“德”治国。

以德治国，被认为效果卓越。孔子曾经作过一个比喻，子曰：“为政以德，譬如北辰，居其所而众星共之。”（《为政》）这是中国历史上对“德治”最有名的譬喻。简单来说，如果为政之人有德，那么其德行自然就能使得在下者秩序井然。

---

① 《伪孔安国传》，载〔汉〕孔安国注、〔唐〕孔颖达疏：《尚书注疏》卷七。

② 陈来：《古代宗教与伦理》，生活·读书·新知三联书店 2009 年版，第 192 页。

再比如《颜渊》篇两记季康子问政于孔子，一处孔子回答道："子为政，焉用杀。子欲善而民善矣。君子之德，风；小人之德，草。草上之风，必偃。""子欲善而民善"传达的就是君子若为政以德，以身作则，则百姓自然服从的意思。这就如风刮过草地，草便会因风而倒。因此，在上之君子有德行，就正如风刮过草地一般，在下者自然被其德行所折服，形象地说明了"为政以德"的效用。

上古圣帝明王之中，舜就是"为政以德"的榜样，孔子对其大加赞赏：无为而治者，其舜也与！夫何为哉？恭己正南面而已矣。（《卫灵公》）"恭己正南面"是"为政以德"的另一种表达，能"为政以德"，就能"无为而治"。因为"政者，正也。子帅以正，孰敢不正？"（《颜渊》）君子"其身正"，则能"不令而行"，"无为而治"；反之，君子"其身不正，虽令不从"（《子路》）。

正因为"德"是治国之要，故而孔子为政，最强调"为政以德"，子曰："道之以政，齐之以刑，民免而无耻；道之以德，齐之以礼，有耻且格。"（《为政》）其教学也尤重"德行"。四科弟子，以德行科为最上。《论语》中总结"德行：颜渊、闵子骞、冉伯牛、仲弓"（《先进》）。此四人，其德行都被孔子肯定。大概类似于今天的政治表现为优秀的意思。

颜渊的德行自不必说，孔子这样评价颜渊："惜乎！吾见其进也，未见其止也。"（《子罕》）颜渊作为孔子传道之希望所在，其德最高，可惜早逝。

闵子骞家贫，但大家都公认为他孝敬父母，孔子对此称赞道："孝哉闵子骞！人不间于其父母昆弟之言。"（《先进》）可见，孝是一种被孔子称赞的德行。

伯牛的事迹不多，但当其生重病之时，孔子过去探望，隔着窗户握着他的手说："亡之，命矣夫！斯人也而有斯疾也！斯人也而有斯疾也！"（《雍也》）孔子认为具有这样德行的人得这样的病，也只能归之于命了。

冉雍，字仲弓。孔子认为其德可治国事神："雍也可使南面。"（《雍也》）又说："犁牛之子骍且角，虽欲勿用，山川其舍诸？"（《雍也》）

总之，为政以德是天命所系，故而德行是孔子教育的核心内容。相传曾子作《大学》一文，第一句话就指明大学之道，在于明德："大学之道，在明明德，在亲民，在止于至善。"

大学的宗旨，就是彰明高尚的德行，亲爱民众，从而达到理想的道德境界。

这三者,被称为《大学》的"三纲",是中国古代大学教育的宗旨。

然而,德行须落实到实践,所谓"子帅以正",然又何以为"正"呢? 行为需要有个标准,这个标准就是"礼"。

二、治国以礼

《礼记·祭统》记载:"凡治人之道,莫急于礼。礼有五经,莫重于祭。"礼,被认为是治国之重器,并且同样被认为是天所赋予:"天叙有典,敕我五典五惇哉! 天秩有礼,自我五礼有庸哉! 同寅协恭和衷哉! 天命有德,五服五章哉! 天讨有罪,五刑五用哉! 政事懋哉懋哉!"(《尚书·皋陶谟》)

事实上,在中国古代,由具有专门知识的巫祝主持祭祀仪式,通过与神的交流,探寻神的旨意,最后达到治理国家的目的。而这个过程,就通过"礼"来实现,后世也通过"礼"来继承。故而古代治国,最重要的就是"礼",尤其是"祭礼"。

礼,涉及很多层面,包括制度、礼仪、习俗等。其最为核心的作用,就是规定社会秩序,通过一系列的典章制度、礼仪规范、社会习俗来治理社会。

比如"刑不上大夫,礼不下庶人",说的其实就是对待不同身份的人,采取不同的手段,所反映的正是社会等级的区分。在孔子之时,庶人以外,礼所规定的几个身份分别为天子、诸侯、大夫、士等。一种礼仪,往往会体现出身份等级的差别,并由此来规范社会的秩序。相传,西周之礼是周公所制,周礼"郁郁乎文哉",使得当时的社会秩序井然,这就是天下有道的样子,故特别为孔子所向往。

然而,孔子所处之春秋时代,五霸纷争,秩序大乱,天下无道。其乱,尤其从祭礼之中体现出来。例如,鲁国的季氏,只是一位卿大夫的陪臣,位虽不高,权势却很大。季氏三番四次僭越礼制,以图提高自己的身份。一次,他竟然希望去祭祀泰山! 泰山,是天子才可以祭祀之神。孔子得知此事,无奈阻止不了,只能相信泰山之神是不会接受季氏的违礼之祭的。又一次,季氏祭祀完毕,竟然唱着《雍》之歌来彻祭。《雍》,也是只有天子才能够唱的,而季氏唱之,其僭礼之心可见。再一次,季氏又在家庙祭祀之时舞以八佾。八佾,指的是一种舞阵队列，即六十四人的舞队。按礼制，天子可享八佾，而季氏却以陪臣身份而僭天子之礼，孔子对此实在忍受不了，于是发出了“是可忍，孰不可忍！”的叹息。

既然礼是秩序的体现、身份的象征，那么有权势者，就通过对礼的僭越，彰显自己的地位，调整社会的秩序。这原本是因为社会的变化而引起的变动，但在孔子看来，却是非常危险的事，其曾感叹道：“天下有道，则礼乐征伐自天子出；天下无道，则礼乐征伐自诸侯出。自诸侯出，盖十世希不失矣；自大夫出，五世希不失矣；陪臣执国命，三世希不失矣。天下有道，则政不在大夫。天下有道，则庶人不议。”（《季氏》）

季氏的种种违礼、僭礼现象，就是孔子最痛心疾首的“陪臣执国命”。尊礼之鲁国已然如此，其他各国的情况更可想而知。一旦礼崩乐坏，一时世乱事小，失了天命，赔了天下，才是大事。

面对如此礼崩乐坏之乱世，孔子希望恢复社会秩序，重归天下有道的局面，故志于复礼。复礼，成为孔子人生最重要的目标。

孔子说，其十五岁就有志于学，学的正是礼。很小的时候，孔子就以“常陈俎豆，设礼容”为游戏，到了三十岁左右学有所成，小有名气。但因为处处都严格按照礼来行事，以至于引来了别人的质疑：“孰谓鄹人之子知礼乎？入太庙，每事问。”（《八佾》）但孔子却说，这正是“礼”。祭祀事神如此，事君亦然。也因此招来他人的嘲讽，误认为孔子“事君尽礼，实为谄媚”①。

孔子对于礼的严肃执行，不仅体现在这些所“为”之事，更体现在其所“不为”之事：坚决拒绝做违礼之事。

颜渊家贫，却特别有天赋，跟着孔子学习，是孔子最喜爱的学生。可惜不幸早逝，孔子很伤心，甚至说道：“噫！天丧予！天丧予！”（《先进》）感叹颜渊一死，自己的道都可能无法往下传了。果不其然，颜渊死后，其父颜路向孔子提出，希望孔子让出自己的车来做颜渊的椁，孔子拒绝道：“才不才，亦各言其子也。鲤也死，有棺而无椁。吾不徒行以为之椁。以吾从大夫之后，不可徒行

① 子曰：“事君尽礼，人以为谄也。”（《八佾》）

也。”(《先进》)

孔子坚持不答应以自己的车为颜渊的椁，原因有两条。一是孔子的身份不可徒行，故无法不用车。即使自己的儿子去世，也只用了棺而没有用椁。这似乎让人觉得孔子对待礼太过形式主义，也太不近人情。但另一原因为：儿子去世，之所以没有用椁厚葬，是因为这样的礼仪并不符合他的身份。同样，颜渊的身份，也只能用棺而不能用椁。若自己答应了其父的请求，就会将颜渊置于违礼之地。故而以自己不可徒行为由来拒绝颜路。然而，最后孔子的门人还是用椁厚葬了颜渊，于是孔子无奈地说道：“回也，视予犹父也，予不得视犹子也。非我也，夫二三子也。”(《先进》)可见，不能依礼丧葬颜渊，是孔子非常痛心和遗憾的事。这件事充分体现出孔子对礼的坚守，却无奈他人的违礼。

孔子“五十而知天命”以后，知己肩负传文王之道于衰世的使命，便积极奔走各国，希望通过自己的游说，使有能力的国家坚持实行礼制，从而使乱世恢复治道。其“五十二岁为鲁司寇，五十五岁去鲁适卫，五十九岁去卫，六十岁过宋至陈，六十三岁自陈如蔡，返卫，六十八岁始再返鲁，整整作了十八年的到处碰壁的政治活动”①。甚至被人形容为“累累如丧家之狗”②。其间，孔子到了卫国之后，一次卫灵公向孔子问军队列阵之法，孔子回答说：“俎豆之事，则尝闻之矣；军旅之事，未之学也。”(《卫灵公》)

孔子本希望卫国能以礼治国，没想到卫灵公仍然希望以力称霸天下，故孔子只能以自己只懂礼制而没有学过用兵打仗之事为由，拒绝了卫灵公，第二天便失望地离开了卫国。

列国走遍，“累累如丧家之狗”的孔子没有说动任何一个国家以礼治国。在作了所有的努力之后，孔子晚年回到鲁国，开始删定诗书，笔削春秋，将所有合礼不合礼的行为与依据，都记载下来。经过孔子整理的经典，就是后来的《五经》，成为后世科举取士的标准参考书。

---

① 《有关中国思想史中一个基题的考察——释〈论语〉五十而知天命》，载徐复观：《中国思想史论集续篇》，上海书店出版社2004年版，第249页。

② “孔子适郑，与弟子相失。孔子独立郭东门，郑人或谓子贡曰：‘东门有人，其颡似尧，其项类皋陶，其肩类子产，然自要以下，不及禹三寸，累累若丧家之狗。’子贡以实告孔子。孔子欣然笑曰：‘形状，末也。而似丧家之狗，然哉！然哉！’”(《史记·孔子世家》)

从孔子的一生经历，可以发现“礼”在孔子心目中的重要作用。其一生所学、所为、所守、所传之道，都通过“礼”来表现。然而无奈的是，面对无道之世，无论是孔子本人以身作则，还是周游列国去游说国君，都没有起到积极的作用。

那么，希望能够“复礼而再造东周”的孔子，有没有放弃呢？

三、人能弘道

子曰：“人能弘道，非道弘人。”（《卫灵公》）

正如孔子所说，中国古代的大学教育，强调的不仅仅是懂“道”之人，更是弘道之“人”。

子曰：“后生可畏也，焉知来者之不如今也。”（《子罕》）

孔子积极投身于教育，将复礼的希望寄予后人。朱熹在《大学章句序》中说：“及周之衰，贤圣之君不作，学校之政不修。教化陵夷，风俗颓败。时则有若孔子之圣，而不得君师之位以行其政教，于是独取先王之法，诵而传之，以诏后世。”

孔子热衷于教学，即使在周游列国的颠沛流离期间，也一直不忘“学而时习之”。《史记》记载，孔子离开卫国之后，在去曹适宋的路上遭遇了一次危难。宋国的司马桓魋想杀孔子，于是趁孔子与众弟子习礼于大树之下时，推倒大树。所幸树倒之时，孔子及时离开，并未伤及。有人后怕，而孔子却对此说道：“天生德于予，桓魋其如予何？”[①]这句话在《述而》篇亦有记载，表明孔子对于桓魋不能害自己非常自信。凭什么这么自信呢？因为孔子认为身负先王之道，故而具有传道之使命。若桓魋轻易就能伤害自己，这个“道”就无法往下传了。

① “孔子去曹适宋，与弟子习礼大树下。宋司马桓魋欲杀孔子，拔其树。孔子去。弟子曰：‘可以速矣。’孔子曰：‘天生德于予，桓魋其如予何？’”（《史记・孔子世家》）

一些有识之隐者,也对孔子复礼传道之使命相当信任。比如仪封人就对孔子弟子们说道:“二三子何患于丧乎?天下之无道也久矣,天将以夫子为木铎。”(《八佾》)

孔子教育思想的最重要特色之一,便是“有教无类”(《卫灵公》)。这是孔子开启私学的一种标志,从此打破了学在官府与贵族的垄断。

那么,“有教无类”的前提是什么呢?孔子曾说道:“自行束脩以上,吾未尝无诲焉!”(《述而》)似乎只要自备一些干肉当作学费,孔子都会有所教授。那“有教无类”的前提,该不会就是干肉吧?肯定不是。最关键的问题是:孔子为什么愿意打破规则,去教授那些平民?

首先,如果“礼”是治国之利器,则守礼之人才能治国。然而,现实中礼制已被僭越,单纯让在位者遵守外在的礼的规范已难做到,那么培育真正尊礼守礼之人,才是治国的希望,因此无法使受教育之人只局限于贵族。这是“有教无类”的现实前提。

其次,孔子认为“性相近也,习相远也”(《阳货》)。平民与贵族,性皆相近,不同的只在于后天之习的养成,故孔子认为,无论教授平民还是贵族,用后天的教育来培育尊礼守礼之人,都是完全可能的。这是“有教无类”的理论前提。

最后,既然有教无类,说明孔子所教授的内容,就不可能只局限于贵族生活的范围,而是大家平日都能接触到的事务,且这些事务有助于治国。这是“有教无类”的实践前提。

满足以上三个前提,孔子“有教无类”才成其可能。

习,是孔子教育实践思想的重要内容。现代教育学者们也都明确了这一点:优秀是一种习惯。教育,其实并无其他,就是让人养成一种好习惯而已。尤其在资讯如此发达的当代社会,更是如此。

综上,孔子所志之道,实为先王治国之道。其所据之德,亦源于天命有德之观念。故而孔子强调为政以德,以礼治国。若能行德守礼,则可保有天命。然无道乱世,礼崩乐坏,知德者鲜矣。故而孔子投身于教育,打破学在官府与贵族的垄断,“有教无类”,希望通过教育传先王之道于后人。

孔子教学，其目标正是复礼治国，教育既然是为治国服务，培养的就是治国之才，故被称为“大学”。而其教学理念，也本于“德”与“礼”二者。在内为德，在外为礼，二者相得益彰。

第二节　古代中国大学教育的特色

孔子的伟大，不仅是指其弘道传教，希望恢复周礼，更是指其对于恢复周礼所作的种种努力，以及这些努力对后世所产生的影响。

孔子说“人能弘道，非道弘人”，特别强调“人”的作用，故其虽志在复礼，但对“德”却尤为重视。文质之辨，将孔子教育“重人”的特色突显出来。同时，为了更好地复礼，孔子进一步强调了人的道德情感，“援仁入礼”是孔子思想最富特色之处。从此，这“仁”的思想便奠定了儒家的思想核心。而“孝”作为“为仁”之本，又成为孔子教育的特色。

一、绘事后素

一次，孔子与子夏在谈论一句诗时，引出一段非常启发孔子，也启发后世儒者的对话：

> 子夏问曰：“‘巧笑倩兮，美目盼兮，素以为绚兮。’何谓也？”
>
> 子曰：“绘事后素。”
>
> 曰：“礼后乎？”
>
> 子曰：“起予者商也，始可与言《诗》已矣。”(《八佾》)

“巧笑倩兮，美目盼兮”出自《诗经·卫风·硕人》，说的是“庄姜有容有礼，卫侯不好德而不答”。其中“素以为绚兮”今无存，被认为是逸诗。在诗中，“巧笑倩兮，美目盼兮”指的是美女有倩盼美质，而“素以为绚兮”则说明美女又能以礼成文绚。以美貌为质，以礼为文，这是诗的本义。但孔子解为“绘事后素”，而子夏又申发为“礼后乎”，则为该诗的比喻增添了许多言外之意，被儒者认为是“经义无穷，善悟者可以相通也”(《日讲四书解义》卷四)。

然而，正因为比喻的巧妙，后世儒者的理解分为两派。一派认为孔子“以素喻礼”，所以“绘事后素”与“礼后乎”的意思是：“言此上三句是明美人先有其质，后须其礼以自约束。如画者先虽布众采荫映，然后必用白色以分间之，则画文分明。故曰‘绘事后素’也。……而子夏答云‘礼后乎’，但是解夫子语耳。”(《论语集解义疏》)该理解源于《考工记》，“云：‘画缋之事，杂五色。’下云：‘画缋之事，后素功。’是知凡绘画，先布众色，然后以素分布其间，以成其文章也。”(《论语注疏》)如此，礼后乎，是强调“礼”，因“礼”而成其美。

但这样的理解并非定论，另一派同样依据《考工记》，却认为：“绘画之事，后素功”，谓先以粉地为质，而后施五采。犹人有美质，然后可加文饰。(《四书大全·论语集注大全》)故而绘事后素是“以素喻质”，“礼后乎”的意思则解为“礼必以忠信为质，犹绘事必以粉素为先”。此处则强调“质”，因“质”而成其美。

究竟孔子是更强调质，还是更强调礼？再看看《论语》中其他几处记载。

> 子曰：“恭而无礼则劳，慎而无礼则葸，勇而无礼则乱，直而无礼则绞。”(《泰伯》)

此处孔子强调礼的重要，若以此为据，似乎“以素喻礼”，礼成其质。但当时就有人认为质更重要，比如棘子成说：“君子质而已矣，何以文为？”对此，子贡纠正道：“惜乎！夫子之说，君子也，驷不及舌。文犹质也，质犹文也。虎豹之鞟犹犬羊之鞟。”(《颜渊》)虎豹与犬羊若去了毛，它们的皮也就差不多了。其分别正在于皮外面的毛。若重质轻文，则失之偏颇，故应文质并重。子贡的理解应是从孔子处听来的：

> 子曰：“质胜文则野，文胜质则史，文质彬彬，然后君子。”(《雍也》)

孔子明确表示了作为君子，应该文质同重，不该失之偏颇。但在另一处，孔子却有不同说法：

> 子曰："先进于礼乐，野人也。后进于礼乐，君子也。如用之，则吾从先进。"(《先进》)

此处孔子又强调以质为先，似乎"以素喻质"，礼后于质。虽然文质彬彬才是君子最理想的境界，但就目前的现实来说，质更为可取。因礼之外在形式可以损益，但礼之内在之义则不可更改，故行礼之人若重文不重质，则会僭礼而导致礼乐的崩坏，故对行礼之人来说，质尤为重要。子夏一句"礼后乎"所启发孔子的，也许正在于此。

文质之辨，明确了人的作用更为重要，因此，《大学》在"三纲"之后又说："古之欲明明德于天下者，先治其国；欲治其国者，先齐其家；欲齐其家者，先修其身；欲修其身者，先正其心；欲正其心者，先诚其意；欲诚其意者，先致其知；致知在格物，物格而后知至，知至而后意诚，意诚而后心正，心正而后身修，身修而后家齐，家齐而后国治，国治而后天下平。"

格物，致知，诚意，正心，修身，齐家，治国，平天下。这就是大学教育之"八目"。而这八目之中，焦点在"修身"："自天子以至于庶人，壹是皆以修身为本，其本乱而末治者，否矣；其所厚者薄，而其所薄者厚，未之有也。此谓知本，此谓知之至也。"

弘道在人，人重其质，故大学之道，首在明德。然德质既明，再文以礼乐，以齐家、治国、平天下。那么，修身自然就是重中之重了。可如何才能修得文质彬彬呢？

二、援仁入礼

> 子曰："人而不仁，如礼何？人而不仁，如乐何？"(《八佾》)

在孔子看来，如果“人而不仁”的话，就谈不上为礼作乐了。那么，到底什么是“仁”呢？为什么“仁”对于“礼”有着这么重要的作用？

孔子在与弟子问答之时，因材施教，表达过几次对于“仁”的看法。

> 樊迟问仁。
>
> 子曰：“爱人。”（《颜渊》）

如何才算是“爱人”？管仲的事迹可为我们参考。孔子从不轻易许人以“仁”，但管仲却被孔子称为“仁人”，因而很受弟子们争议：

> 子路曰：“桓公杀公子纠，召忽死之，管仲不死。曰：未仁乎？”
>
> 子曰：“桓公九合诸侯，不以兵车，管仲之力也。如其仁！如其仁！”（《宪问》）
>
> 子贡曰：“管仲非仁者与？桓公杀公子纠，不能死，又相之。”
>
> 子曰：“管仲相桓公，霸诸侯，一匡天下，民到于今受其赐。微管仲，吾其被发左衽矣！岂若匹夫匹妇之为谅也，自经于沟渎而莫之知也。”（《宪问》）

在弟子看来，管仲事二主，应死而不死，根本称不上是“仁人”。但孔子的看法却不然。管仲虽事二主，但帮助桓公不以兵车而九合诸侯，致使天下太平，民众至今受其恩惠。这样的功劳，配得上“仁人”的称号。从中可见，孔子所谓的爱人，不仅仅是爱身边的人，比如“夫仁者，己欲立而立人，己欲达而达人”（《雍也》），或者“己所不欲，勿施于人”（《颜渊》），而是更宏观意义上的“爱”：治国而使天下平。比如孔子认为治理千乘之国，就要“节用而爱人”：

> 子曰：“道千乘之国，敬事而信，节用而爱人，使民以时。”（《学而》）

那如果能力不及管仲，做不到治国平天下呢？作为一个仁人，首先必须爱自己。这方面的榜样，便是伯夷、叔齐。伯夷、叔齐“不降其志，不辱其身”（《微子》)，宁饿死首阳山也不食周粟，因此被后世称道。这在孔子看来，就是“求仁而得仁”(《述而》)之事。伯夷、叔齐所爱，并不是自己的身体，甚至不是自己的生命，而是自己所抱持的主义，可谓志于道而不屈。正所谓：

> 子曰：“志士仁人，无求生以害仁，有杀身以成仁。”(《卫灵公》)

总结这三位仁人的事迹，对于“仁”的理解，如果以“爱人”为基本涵义的话，那么“隐居以求其志，行义以达其道”可以作其概括。伯夷、叔齐“隐居以求其志”，管仲“行义以达其道”。故当时很多有识之士都抱着“天下有道则见，无道则隐”(《泰伯》)的原则，避世而居。

但无论是隐是现，一位仁人必不以保全自己为目的，而是抱着治国平天下的志愿，杀身成仁，舍生取义的。这才是仁者爱人的真正体现。可惜，孔子感叹再也见不到这样的人：

> 子曰：“见善如不及，见不善如探汤。吾见其人矣，吾闻其语矣。隐居以求其志，行义以达其道。吾闻其语矣，未见其人也。”(《季氏》)

朱熹对此说道：“求其志，守其所达之道也。达其道，行其所求之志也。盖惟伊尹、太公之流可以当之。当时若颜子亦庶乎此，然隐而未见，又不幸而蚤死，故夫子云然。”(《论语集注》卷八)言下之意，当时所谓的隐者并不是能“隐居以求其志，行义以达其道”之人。

然而，这些隐者却反过来嘲笑孔子，甚至对孔子避而不见。比如楚狂接舆路过孔子时，吟唱了一句：“凤兮！凤兮！何德之衰？往者不可谏，来者犹可追。已而！已而！今之从政者殆而!”(《微子》)用歌声来劝说孔子应该在乱世做个隐者，不该再如此奔波希望从政。

再比如子路向耕者长沮、桀溺问路，他们不答，反而说：“滔滔者天下皆是也，而谁以易之？且而与其从辟人之士也，岂若从辟世之士哉?”(《微子》)表达的也是类似的意思。甚至一个看守城门的人将孔子周游列国，希望从政而复礼的行为总结为“知其不可而为之”(《宪问》)。

孔子几次想对隐者表达自己的想法，都没有机会。一次路过荷蓧丈人之家，丈人亦回避孔子，但这次孔子让弟子子路告诉隐者：“不仕无义。长幼之节，不可废也；君臣之义，如之何其废之？欲洁其身，而乱大伦。君子之仕也，行其义也。道之不行，已知之矣。”(《微子》)

孔子“知其不可而为之”的原因，正是“君子之仕也，行其义也”。君臣之义不可废，故不仕无义。若因世道衰微，洁身自爱，隐而不仕，反而乱大伦。故而相比伯夷、叔齐之仁，孔子更倾向于管仲之仁，认为自己“无可无不可”，一切都以“义”为上：“君子之于天下也，无适也，无莫也，义之与比。”(《里仁》)

唐代韩愈对此解释说：“无适，无可也。无莫，无不可也。惟有义者，与相亲比尔。”(《论语笔解》卷上)可见，孔子取舍的关键，只在于“义”。此“义”，即为礼之本质。

> 林放问礼之本。
>
> 子曰：“大哉问！礼，与其奢也，宁俭；丧，与其易也，宁戚。”(《八佾》)
>
> 子曰：“麻冕，礼也；今也纯，俭。吾从众。拜下，礼也；今拜乎上，泰也。虽违众，吾从下。”(《子罕》)

礼文之简奢，可因时、因地、因人而异进行损益，孔子并不强求。但礼之本质在于“义”，一旦损益涉及礼义，孔子是绝对不能答应的。比如为丧不戚，为礼不仁，比如拜乎上，行礼不符合社会等级关系，孔子都坚决反对。因为孔子所志之道，正体现于礼义之中。

有一次，子贡为了体现“仁爱”，欲去告朔之礼的饩羊。孔子却说道：“赐也，尔爱其羊，我爱其礼。”(《八佾》)当时告朔之礼已坏，仅存一羊，若把这只羊也免去，则礼之不存，义将焉附？爱惜羊而不杀羊虽也体现出仁爱，但与以礼治国，践行礼中之义相比，则显得妇人之仁。故而为仁，必须依礼。无义，非仁也。

子张问："十世可知也？"

子曰："殷因于夏礼，所损益可知也；周因于殷礼，所损益可知也；其或继周者，虽百世可知也。"（《为政》）

正因为"义"是礼的本质，是不会轻易变更的，所变的只是一些外在的文饰，故而孔子认为礼是治国的关键，只有践行礼，才能恢复秩序，天下有道。

而仁者爱人，爱人者行其义，都是为了治国平天下。援仁入礼，希望能依仁而行义，最后达到复礼而国治天下平的目的。

那么，究竟是仁以礼为本，还是礼以仁为本呢？在颜渊问仁时，孔子对仁与礼之间的关系作了如下回答：

颜渊问仁。

子曰："克己复礼为仁。一日克己复礼，天下归仁焉。为仁由己，而由人乎哉？"

颜渊曰："请问其目。"

子曰："非礼勿视，非礼勿听，非礼勿言，非礼勿动。"

颜渊曰："回虽不敏，请事斯语矣！"（《颜渊》）

"克己复礼为仁"的意思是：约束自己并践行礼，这就是仁。然而如何才能做到仁呢？无非就是一切视听言动都依礼而行。其实，行仁与行礼，实则为一体两面。因为仁者爱人，是因其义。复礼，也是因其义。故人而不仁，则不明礼义，不明礼义，自然无法起到礼乐的作用。反之，因为礼为义之体现，行礼即是行义，行义而达其道，天下归仁，是为大爱。故而在孔子看来，行仁与行礼，是为一体两面，其共同的目标所指，皆为治国。

孔子"援仁入礼"，除了为了更好地说明礼义，还在于帮助大家更好地做到"克己复礼"："为仁由己，而由人乎哉？"强调以礼治国，依礼而行，并不是"礼"的外在要求，而是"人而为仁"的内在要求。简单来说，孔子认为，平日言行是否可以做到合乎礼，完全取决于自己：

子曰："仁远乎哉？我欲仁，斯仁至矣！"（《述而》）

并认为，"有能一日用其力于仁矣乎？我未见力不足者。盖有之矣，我未之见也。"（《里仁》）看孔子平日之行，处处体现仁爱，也处处符合礼仪："子见齐衰者、冕衣裳者与瞽者，见之，虽少必作；过之，必趋。"（《子罕》）

然而，现实却是：即使是孔子的弟子，也很少有人能做到"仁"。颜渊是做得最好的，但也就"其心三月不违仁，其余，则日月至焉而已矣"（《雍也》）。

看来，"仁"对于复礼的作用很是关键。虽然"我欲仁，斯仁至矣"，但想要保持"仁"的状态，还需要依靠其他的途径。爱人，还是需要从身边做起。

三、以孝为本

孔子所志之道就是先王治国之道，强调为政以德，集中体现在"礼"。然而孔子面对的现实是礼崩乐坏，故而孔子弘道传教，希望复礼。外在的礼已经无法规范人的行为，因而他"援仁入礼"，希望通过"仁"这样一种内在的情感动力，促使人们克己复礼。

那究竟如何行仁呢？《学而》篇记载了有子的一句话：

有子曰："其为人也孝弟，而好犯上者，鲜矣！不好犯上，而好作乱者，未之有也。君子务本，本立而道生。孝弟也者，其为仁之本与！"（《学而》）

为什么为人孝悌就不会犯上？因为"孝慈则忠"[①]。《礼记·祭统》明确了这样的意思："忠臣以事其君，孝子以事其亲，其本一也。"事君就是事父母的延伸，本立而道生，能对父母尽孝，就能对君尽忠，故而孔子特别注重"孝"。

对于什么是"孝"，《为政》篇里集中记载了几段时人问"孝"于孔子的对话。

---

① 季康子问："使民敬、忠以劝，如之何？"
子曰："临之以庄则敬，孝慈则忠，举善而教不能则劝。"（《为政》）

孟懿子问孝。

子曰："无违。"

樊迟御，子告之曰："孟孙问孝于我，我对曰无违。"

曰："何谓也？"

子曰："生，事之以礼。死，葬之以礼，祭之以礼。"（《为政》）

孔子回答"孝"为"无违"。无违什么呢？无违于礼："生，事之以礼。死，葬之以礼，祭之以礼。"这可谓孔子对"孝"最直接的定义。

那么，生，如何事之以礼？即父母在世之时，如何行孝呢？一次，子游问"孝"时，孔子这样回答："今之孝者，是谓能养。至于犬马，皆能有养，不敬，何以别乎？"（《为政》）

孔子在此强调了"孝"不仅要做到孝"养"父母，还要做到孝"敬"父母，不然就跟养犬马无异了。为"孝"既然要事之以礼，礼"毋不敬"（《礼记·曲礼》），"敬"即是行礼的内在要求。故而，"孝"首先就要"敬"。

如何才是"孝敬"？子夏问"孝"时，孔子答道："色难。""色难"的意思是说："承顺父母颜色乃为难。"①孔子之后解释说："有事，弟子服其劳；有酒食，先生馔。曾是以为孝乎？"②其意也是认为"孝"不仅指"赡养"之事，而且要做到能承顺父母之意，能以孝"顺"父母，这才是真正的"孝敬"。

以上是说为"孝"如何，"生，事之以礼"。那么，"死，葬之以礼，祭之以礼"又如何理解呢？

有一次，子路问如何事鬼神。孔子答道："未能事人，焉能事鬼？"（《先进》）这往往被看作孔子不答子路。其实，孔子的回答非常明确：只有能事人，才能事鬼神。因为"事死如事生，事亡如事存"。《泰伯》篇中，孔子赞美禹能"菲饮食而致孝乎鬼神"③，"致孝"二字已说明事鬼神就是事人的延伸。对此，《礼

---

① 包曰："色难者，谓承顺父母颜色乃为难。"（《论语注疏》卷二）

② 子夏问孝。
子曰："色难。有事，弟子服其劳。有酒食，先生馔。曾是以为孝乎？"（《为政》）

③ 子曰："禹，吾无间然矣。菲饮食而致孝乎鬼神，恶衣服而致美乎黻冕，卑宫室而尽力乎沟洫。禹，吾无间然矣。"（《泰伯》）

记·祭统》中将事人与事神的关系和方法叙述为："上则顺于鬼神，外则顺于君长，内则以孝于亲，如此之谓备。唯贤者能备，能备然后能祭。是故贤者之祭也，致其诚信，与其忠敬，奉之以物，道之以礼，安之以乐，参之以时，明荐之而已矣，不求其为。此孝子之心也。祭者，所以追养继孝也。"

"祭之以礼"就是用事人之礼以事鬼神，"致其诚信，与其忠敬"。能做到这样的人，皆"上则顺于鬼神，外则顺于君长，内则以孝于亲"。总之，祭祀就是"追养继孝"，皆出于孝子之心，也就是孝的延伸。

既然"孝"是出于孝子之心，那么"孝"就不仅是对礼的强调，还有对仁的重视。宰我与孔子的一段对话，道出了"守礼"与"为仁"之间的关系：

> 宰我问："三年之丧，期已久矣。君子三年不为礼，礼必坏；三年不为乐，乐必崩。旧谷既没，新谷既升，钻燧改火，期可已矣。"
>
> 子曰："食夫稻，衣夫锦，于女安乎？"
>
> 曰："安。"
>
> "女安则为之！夫君子之居丧，食旨不甘，闻乐不乐，居处不安，故不为也。今女安，则为之！"
>
> 宰我出。
>
> 子曰："予之不仁也！子生三年，然后免于父母之怀。夫三年之丧，天下之通丧也。予也有三年之爱于其父母乎？"（《阳货》）

守丧三年，出于孝心，其依据为"仁"：因为孩子出生，需要父母怀抱三年，故而父母死后，子女守丧三年以报之。若不然，则会心有不安，故孔子宁愿守丧三年而不为礼。宰我却只注重礼的形式而忽视了仁，认为三年不为礼，礼必坏，不知人而不仁，为守礼而守礼，礼也就徒具形式而已了。

可见，虽然行仁与行礼是一体两面，其本质皆是行义以达其道。但若二者真发生了冲突，在孔子看来，似乎行仁更为重要。因为单靠礼之仪式已然无法治国，复礼之希望在于"仁"。孝，是为仁之本，自然成为孔子治国的重点。

或谓孔子曰:“子奚不为政?”

子曰:“《书》云:‘孝乎惟孝,友于兄弟,施于有政。’是亦为政,奚其为为政?”(《为政》)

于此礼崩乐坏之乱世,想要复礼而恢复秩序,孔子认为必须先要摆正君臣父子的关系,做到“君君,臣臣,父父,子子”(《颜渊》)。而“孝”就能做到如此。因子能事父以孝,就能事君以忠,从而摆正君臣父子的关系。故先王皆以孝治天下:

子曰:“武王、周公,其达孝矣乎!夫孝者,善继人之志,善述人之事者也。春秋修其祖庙,陈其宗器,设其裳衣,荐其时食。宗庙之礼,所以序昭穆也;序爵,所以辨贵贱也;序事,所以辨贤也;旅酬下为上,所以逮贱也;燕毛,所以序齿也。践其位,行其礼,奏其乐,敬其所尊,爱其所亲,事死如事生,事亡如事存,孝之至也。郊社之礼,所以事上帝也。宗庙之礼,所以祀乎其先也。明乎郊社之礼,禘尝之义,治国其如示诸掌乎!”

可见,祭礼为世间的等级尊卑等秩序提供了依据,但要维持这样的秩序,只有“孝”。因为孝,讲究顺,“夫孝者,善继人之志,善述人之事者也”;孝,讲究敬,“事死如事生,事亡如事存”。能事亲则能事君,能事人而能事神,能事神则“治国其如示诸掌乎!”

孔子的教育,也以“孝”为本,只有做到了孝悌,才可以进一步学习其他礼文。

子曰:“弟子入则孝,出则悌,谨而信,泛爱众,而亲仁,行有余力,则以学文。”(《学而》)

到了汉朝,国家专设“孝弟”一科,行孝悌者可与“力田”科一起,被推荐做官。汉武帝又设“孝廉”一科,各地按人口比例推荐孝廉之人出任官员。《孝经》也受到特殊的重视，其地位一度高于《春秋》之外的经书。其《开宗明义章》就说："夫孝，始于事亲，中于事君，终于立身。"以孝事亲，以孝事君，甚至以孝扬名天下，光宗耀祖。

总之，"孝"成为儒家治国思想与实践的根本，是中国古代政治最具特色之处。所以中国社会一直有这样的理念：忤逆不孝之人，不可交往亦不可重用。

第三节　古代中国大学精神的反思

古代大学教育是以治国为主要目标，以道德教育为主要内容，强调修身行仁，移孝作忠。然而，这一切教育理念的背后，都是以天命、天道为主要理论依据。因而古代中国教育精神离不开宗教的信仰支持。这一点非常值得我们反思。

一、德礼飨神

战国末期的荀子曾对"礼"作过这样的评语："君子以为文，而百姓以为神"。(《荀子·天论》)虽然在大部分人看来，礼的仪式起着沟通人与神的作用，从而达到治国的效果，但在有识之君子看来，礼仪只不过是一种文饰而已，真正起作用的并不是仪式本身。

那么，礼的背后究竟是什么在起作用呢?

"礼有五经，莫重于祭。"(《礼记·祭统》)礼，后世总结有五种：吉、凶、宾、嘉、军。吉礼，就是祭礼。为什么祭礼是最重要的一种礼呢? 因为祭礼是用来事鬼神的，其本义是为了向鬼神求福。因鬼神决定着人们的吉凶祸福，于是，祭品的好坏就决定着礼的效果。

那么，什么才是最好的祭品呢?

> 子曰："禘自既灌而往者，吾不欲观之矣。"
>
> 或问禘之说。子曰："不知也。知其说者之于天下也，其如示诸斯乎。"指其掌。(《八佾》)

禘礼，是祭祖之大礼。孔子甚至认为，能知禘礼，即能治国。但为什么鲁国进行禘礼之时，既灌之后，孔子就不想看下去了，还对禘礼推说不知？

孔安国注说："灌者，酌郁鬯，灌于太祖，以降神也。"（《论语注疏》卷三）"灌"就是降神的仪式，即灌之后，祖先之神降于此，然后就要"别尊卑，序昭穆"，也就是按照一定的等级来进行祭祀的仪式。但当时鲁君逆祀，跻僖公，乱昭穆，也就是不按礼制，逾越等级，僭礼而祭。所以孔子不想看下去，又因为要替鲁君违礼之祭避讳，故说不知禘礼。

按礼，违礼之祭，无论祭品有多好，都只是谄媚鬼神，鬼神是不会接受的，甚至反而会降祸。故而正确的做法，首先就是依礼祭祀。

孔子曾提出"敬鬼神而远之"，其实并不是说没有鬼神，也不是说祭祀鬼神没有用，故而不用去祭，而是因为不依礼祭祀鬼神，是没有用的。不仅如此，即使完全按照礼的仪式来操作，也未必能求得鬼神的福佑。因为鬼神是降福还是降祸，看的不仅是礼的仪式本身、祭品的多寡，更重要的是行礼之人的德行。

孔子有一次生病时与子路的对话，反映出人的德行与事鬼神之间的关系。

子疾病，子路请祷。

子曰："有诸？"

子路对曰："有之。《诔》曰：'祷尔于上下神祇。'"

子曰："丘之祷久矣。"（《述而》）

祷，据包咸注，是"祷请于鬼神"（《论语集解义疏》卷四）的意思。郑玄注为"谢过于鬼神"（《论语正义》卷八）。朱熹则说："祷者，悔过迁善，以祈神之佑也。"（《论语集注》卷四）诔，据孔安国注，指"祷篇名"（《论语集解义疏》卷四）。"祷尔于上下神祇"即是祷天地之诔辞，用来"累功德以求福"（《论语注疏》卷七）。孔子生病，子路请祷，就是想替孔子向鬼神求福。《尚书·金縢》篇即记载了周公为武王请祷之事，此事可作为儒家祭祀求福之典型。

然而，对于子路的请祷，孔子虽没有拒绝，却回答说"丘之祷久矣"。这句话包含着什么深意呢？

孔安国认为，孔子回答“丘之祷久矣”，是因为“孔子素行合于神明，故曰丘祷之久矣”(《论语集解义疏》卷四)。所谓“孔子素行合于神明”，即表达“圣人德合神明，岂为神明所祸，病而祈之乎”(《论语集解义疏》卷四)。此意，可据《周易·乾卦·文言》:“夫大人者，与天地合其德，与日月合其明，与四时合其序，与鬼神合其吉凶。先天而天弗违，后天而奉天时。天且弗违，而况于人乎？况于鬼神乎？”

素行合于神明，指的就是与天地合其德，与日月合其明，与四时合其序，与鬼神合其吉凶的行为。简而言之，孔子无行不合于神的意志，用自己的德行祭祀鬼神，这就是“丘之祷久矣”。

以德事神，强调了鬼神以人自身的行为，作为降福、降祸的依据，所以人便应该重视自己的行为，使之自觉地合于神明，这样便能与鬼神合其吉凶，而不用临事再祈祷于鬼神。这同时也说明了：天意是有规律可循的。

随着社会的变化、历史的变革，人们不断总结经验，最终摸索出天的意志表现在行与事中，并且是有规律的，这样的规律，就是天道。如果人们按照天道来治国，那么就会如荀子所说：“天行有常，不为尧存，不为桀亡。应之以治则吉，应之以乱则凶。”(《荀子·天论》)

“君子以为文，而百姓以为神”。礼起作用的背后，有人说是“神”，所谓“明则有礼乐，幽则有鬼神”(《礼记·乐记》)。“鬼神”能够决定福祸吉凶，故而鬼神才是礼起作用的关键。也有人说是“人”，因为鬼神是根据人的行为来赏善罚恶的，故而“人”才是行礼的关键。

其实，这两种说法都对，又都不对。因为无论是人，还是鬼神，在荀子看来，都遵循同样的法则。这个法则，就是“天道”。法则天道，自然能够国治天下平。尧就是“则天而行”的榜样：

> 子曰：“大哉尧之为君也！巍巍乎！唯天为大，唯尧则之。荡荡乎！民无能名焉。巍巍乎其有成功也！焕乎其有文章！”(《泰伯》)

尧则天而行以治天下，其实就是“神道设教”。

二、神道设教

何为神道？天为至上神，天道就是神道。

天，就是我们理解的头顶上的自然之天，而这样的自然之天在中国古代也被称为神，并且还是至上神。《荀子·天论》中说，“列星随旋，日月递照，四时代御，阴阳大化，风雨博施，万物各得其和以生，各得其养以成。”这是将天作为自然之天的描述。但正是这样的自然之天，在荀子看来，其另一面则为“不见其事而见其功，夫是之谓神。皆知其所以成，莫知其无形，夫是之谓天”。这句话中，“神”与“天”是同义语。天就是神，神就是天。依唐代杨倞的注，这句话的意思是说“不见和养之事，但见成功，斯所以为神。若有真宰然也”（《荀子注》卷十一）。

天是神，天道就是神道。宋代张载《正蒙·天道》中说：“天之不测谓神，神而有常谓天，运于无形谓道。”这是对天道神妙的精炼概括。而这样的天一直作为至上神被孔子所敬畏。

《乡党》中“迅雷风烈，必变”的记载，直接描述了孔子对天的敬畏态度。当孔子生了重病，因“孔子尝为大夫，故子路欲使弟子行其臣之礼也”①（《论语集解义疏》卷五）。但这极具人情的做法，在孔子看来，则是违礼欺天之举。故孔子说，“吾谁欺，欺天乎？”（《子罕》）而卫国权臣王孙贾为了使孔子亲昵自己，便借当时俗语问孔子：“与其媚于奥，宁媚于灶，何谓也？”孔子的回答很干脆：“不然。获罪于天，无所祷也。”（《八佾》）因为天是至上神，一旦违礼而得罪于天，无论是媚于奥神，还是媚于灶神，就都没有用了。

孔子敬畏天，同样也法则天道，神道设教。

何谓“神道设教”？此语出自《周易·观卦·彖传》：“观天之神道，而四时不忒。圣人以神道设教，而天下服矣。”对此，王弼《周易注》注释道：统说观之为道，不以刑制使物，而以观感化物者也。神，则无形者也。不见天之使四时，而四时不忒。不见圣人使百姓，而百姓自服也。（《周易注疏》卷四）

---

① 此为郑玄注。

“神，则无形者也。不见天之使四时，而四时不忒”，就是荀子所谓的“不见其事而见其功，夫是之谓神”，说的即是天在无形之中，使四时自行而不忒。圣人则天而行，以神道设教，故也在无形之中，使百姓自服。

圣人是如何法则天道的？唐代孔颖达的《周易正义》，对“圣人以神道设教，而天下服矣”这样解释：“圣人以神道设教而天下服矣者，此明圣人用此天之神道以观，设教而天下服矣。天既不言而行，不为而成。圣人法则天之神道，唯身自行善，垂化于人，不假言语教戒，不须威刑恐逼，在下自然观化服从，故云天下服矣。”（《周易注疏》卷四）

圣人以神道设教而天下服，无非就是“唯身自行善，垂化于人，不假言语教戒，不须威刑恐逼，在下自然观化服从”。这就如舜：

> 子曰：“无为而治者，其舜也与！夫何为哉？恭己正南面而已矣。”（《卫灵公》）

“恭己正南面”，就是则天而行，神道设教。所谓“教”，上所施，下所效也。故“恭己正南面”，用自己的德行，让在下者自然观化服从。

孔子所提倡的“为政以德”，也是法则天象而为之。朱熹《论语集注》（卷一）中说：“北辰，北极，天之枢也。……言众星四面旋绕而归向之也。为政以德，则无为而天下归之，其象如此。……范氏曰：‘为政以德，则不动而化，不言而信，无为而成。’”为政以德，就是重视君主的德行，以德行感化人，使在下自然观服。所以孔子提倡“为政以德”，就是则天而行，也即神道设教的体现。

不仅如此，孔子教学也希望能法则天道，神道设教。

> 子曰：“予欲无言。”
>
> 子贡曰：“子如不言，则小子何述焉？”
>
> 子曰：“天何言哉？四时行焉，百物生焉，天何言哉？”（《阳货》）

天不言，却能够四时行，百物生。那么孔子不言，是不是也可以弘道传教呢？如何行无言之教？汉赵岐《孟子题辞》说，“仲尼有云：‘我欲托之空言，不如载之行事之深切著明也。’”这其实就是儒者理解孔子“予欲无言”的本意。孔子提倡为政以德，恭己正南面，故注重君主自身的德行。因此孔子传教，也不单托之空语，还要载之行事，即通过自身的德行，使弟子自然观化受教。

张载在《正蒙》中结合《礼记·礼器》“天道至教，圣人至德”说：“天道四时行，百物生，无非至教。圣人之动，无非至德。夫何言哉？”（《张子全书》卷二）

关于“天道至教，圣人至德”，孔颖达说：“天道至教者，谓天垂日月以示人以至极而为之教。圣人至德者，圣人法天之至极而为德。”（《礼记注疏》卷二十四）这就是圣人神道设教，则天而行的意思。天道无非至教，圣人则天而行，亦无非至德。圣人在行为中已经蕴含了至德，故张载下文便说：“天不言而四时行，圣人神道设教而天下服。”再次强调孔子“予欲无言”是则天而行，神道设教。

而朱熹总结为：“圣人一动一静，莫非妙道精义之发，亦天而已，岂待言而显哉？”（《论语集注》卷九）这样一来，孔子便无行不是教，无行不体现天道天理。故孔子说：“二三子以我为隐乎？吾无隐乎尔，吾无行而不与二三子者，是丘也。”（《述而》）既然孔子无行不是教，无行不体现天理，那么《论语》中所记孔子的所有举止，就都是儒者体会天理之处。尤其是《乡党》篇，集中记载了孔子平日间的举止行为，故尤具“予欲无言”之旨。

其实，无论“天道”是曾经的天命无常，还是西周的天命有德，又或者是有规律可循的上天运行之道，再或者是蕴含于世间万物之天理，从上古圣王以至孔子，再到中国几千年的君与师，其治国、教学都法则至上之天，神道设教，并认为这才是最正确的治国之“道”。

那如何才能检验君与师是否法则天道，神道设教了呢？

三、天人相与

天意是人们行事的准则，又是行事成败的评判标准。既然人们按天的意志行事，尤其是君与师，治国、教学都是则天而行，那么，如何获得天意就成了关键。

古代祭司通过祭祀鬼神或者占卜来获得天意。随着对天道的认识,人们又通过观测天象来预知天意,即所谓“天垂象,见吉凶”(《易传·系辞上》)。比如《诗经·十月之交》所载:“日月告凶,不用其行。四国无政,不用其良。”

这就反映了天象与人事之间的关系。不仅日月食这样明显的天象预示着天意,星象的位置变化也都是天意的体现。《左传·昭公十七年》记载:“冬,有星孛于大辰,西及汉。”郑国裨灶便对子产说:“宋、卫、陈、郑将同日火,若我用瓘斝玉瓒,郑必不火。”虽然子产并不赞同裨灶对天象的解释,但仍然进行了祭祀。

孔子对异常的天象也十分敬畏,如“迅雷风烈,必变”。迅雷风烈,就是天垂象,代表着一定的天意,故每当天出现如此景象,孔子必定变容以对,以表示对“天意”的敬畏。

天既然是自然界与人间社会的主宰,那么不仅天上的天象可以作为吉凶的象征,地上与人间的事物也可以作为天意的体现。比如颜渊的早逝在孔子看来就是“天丧予”,后来又“凤鸟不至,河不出图”(《子罕》),最后竟然“西狩获麟”(《左传·哀公十四年》),对于孔子来说,这些都代表着天意,意味着上天虽命其传道于天下,但终不至成功。

天之所以会出现异常的天象,并不是因为天的意志是无常的,相反,正因为天行有常,即通过有规律的正常天象来体现其固定的意志,所以一旦人没有按照天的固定意志来行事,天即通过异常的天象来发出警告,故而正常的天象也代表着天意,甚至更为重要。

通过天行有常,人们知道天的意志是遵循一定规律的。而通过人类社会的更迭发展,人们进一步得出,天是一个喜爱德行的至上神:“天生烝民,有物有则。民之秉彝,好是懿德。”(《诗经·烝民》)

圣帝明王法则天道,后王就法则圣人之道。如此,都可以得到上天的福佑:“上天之载,无声无臭。仪刑文王,万邦作孚。”(《诗经·文王》)反之,若不依这个规律行事,就会得到上天的惩罚:“下民之孽,匪降自天。噂沓背憎,职竞由人。”(《诗经·十月之交》)

天行有常,并根据人的行为来决定赏罚,这就是“顺吉逆凶”的天命观。既然如此，人的行为才是关键，正所谓“吉凶由人”。

《左传·僖公十六年》所载周内史叔兴解答宋襄公问“六鹢退飞”之事的吉凶所在，就强调了“吉凶由人”的道理。这件事说明，当时某些对“天命有德”有所认识之人，已不再从具体的异常天象上来探测天意，而是转而从人事上来找问题。再比如，齐国晏婴不因彗星而禳灾：“齐有彗星，齐侯使禳之。晏子曰：‘无益也，只取诬焉。天道不谄，不贰其命，若之何禳之？且天之有彗也，以除秽也。君无秽德，又何禳焉？若德之秽，禳之何损？’”（《左传·昭公二十六年》）

“天道不谄，不贰其命”，说明天道有常。“君无秽德，又何禳焉”，说明以德是辅。“若德之秽，禳之何损”，进一步强调了人的行为才是决定吉凶的关键。其实，这应该也是老子“道法自然”的理念。

天与人之间能够相互影响，那又如何相互影响？这随着对自然的进一步发现与治国的需要，在汉代经董仲舒的发挥，汉武帝的肯定，集中体现在《天人三策》中。《天人三策》的基本内容，就是说究竟该如何治国，才能得到上帝的保佑。

汉武帝问：“三代受命，其符安在？灾异之变，何缘而起？性命之情，或夭或寿，或仁或鄙，习闻其号，未烛厥理。伊与风流而令行，刑轻而奸改，百姓和乐，政事宣昭，何修何饬而膏露降，百谷登，德润四海，泽臻亨木，三光全，寒暑平，受天之佑，享鬼神之灵，德泽洋益，施乎方外，延及群生？”（《汉书·董仲舒传》）

汉武帝提出了一个对于君王来说最为关键的问题：如何才能保住天命？又如何来理解天意？对此，董仲舒回答道：“臣谨按：《春秋》之中，视前世已行之事，以观天人相与之际，甚可畏也。国家将有失道之败，而天乃先出灾害以遣告之，不知自省，又出怪异以警惧之，尚不知改，而伤败乃至。”“以此见天心之仁，爱人君而欲止其乱也。自非大亡道之世者，天尽欲扶持而全安之，事在强勉而已矣。”（《汉书·董仲舒传》）

董仲舒的回答指出：上天是仁爱的，故而不会轻易改变自己的命令，所以才会以灾异提醒君主，若几次三番还不改正，这才收回天命。因此“事在强勉”。从这个意义上说，事情的成败，关键在于自己：“故治乱废兴在于己，非天降命不可得反。”(《汉书·董仲舒传》)这也就是孔子所说的“人能弘道,非道弘人”。问题是:人该如何做呢?该强勉什么样的道呢?

董仲舒的回答是:“道者,所由适于治之路也,仁义礼乐皆其具也。故圣王已没,而子孙长久安宁数百岁,此皆礼乐教化之功也。”(《汉书·董仲舒传》)

道,就是治国之道,也就是孔子所强调的仁义礼乐之道。只要遵行这样的道,就可以得到上天的佑护,就可以保持自己所受的天命。最后,董仲舒总结道:“《诗》云:宜民宜人,受禄于天。为政而宜于民者,固当受禄于天。夫仁义礼智信五常之道,王者所当修饬也;五者修饬,故受天之佑,而享鬼神之灵,德施于方外,延及群生也。”

汉武帝之后,《天人三策》中的观点便成为古代中国治国的重要思想。尤其是其中的灾异思想,更是检验君主行为的标准。

汉宣帝时,丞相丙吉有次外出,在街上碰到有人争道群殴,但他对此却不闻不问。向前走了不久后,又碰上有人赶牛,牛喘气吐舌。他竟然马上让车夫停下来,并派人去问这头牛走了几里路。属下对此十分不解。丙吉解释说:“民斗相杀伤,长安令、京兆尹职所当禁备逐捕。岁竟,丞相课其殿最,奏行赏罚而已。宰相不亲小事,非所当于道路问也。方春少阳用事,未可大热。恐牛近行用暑故喘。此时气失节,恐有所伤害也。三公典调和阴阳,职当忧,是以问之。”(《汉书·丙吉传》)

在丙吉看来,有人斗殴并不是丞相的职责范围。但如果牛不正常地喘气,很可能是天地阴阳不调所致,这就体现出灾异,是一种警示。而宰相的职责正是应该及时发现灾异以作人事上的调整。丙吉问牛因此受到后人的称赞。

那如果有了灾异,该如何调整呢?遵行仁义礼乐五常之道。用《大学》里的话来说,就是:格物、致知、诚意、正心、修身、齐家、治国、平天下。

宋代朱熹,把《大学》《中庸》《论语》《孟子》单独出列,集为“四书”,认为是读经的入门书。尤其《大学》更是重中之重,是“古之大学所以教人之法”,故专为作序,其《大学章句序》奠定了宋代之后治国的纲领:“盖自天降生民,则既莫不与之以仁义礼智之性矣。然其气质之禀或不能齐,是以不能皆有以知其性之所有而全之也。一有聪明睿智能尽其性者出于其间,则天必命之以为亿兆之君师，使之治而教之，以复其性。此伏羲、神农、黄帝、尧、舜所以继天立极，而司徒之职、典乐之官所由设也。"

朱熹的序言，不仅将仁义礼智作为外在的需要人们强勉之道来教化，更是将之作为人内在的本性来强调。君之治国，师之教化，无非就是教人"以复其性"。至此，天人相与之际不仅可以通过灾异来显示天意，人的本性就直接可以与天理相通，从而时刻保持对天与天理的敬畏。正如朱熹的《敬斋箴》所道："正其衣冠，尊其瞻视，潜心以居，对越上帝。"

而所有这一切，在朱熹看来，亦都源于孔子："及周之衰，贤圣之君不作，学校之政不修，教化陵夷，风俗颓败。时则有若孔子之圣，而不得君师之位以行其政教，于是独取先王之法，诵而传之，以诏后世。"（《大学章句序》）

孔子至圣先师的地位，于此又进一步被巩固和强化，而其所持政治、教育之思想，也随着朱熹所谓"四书"成为科举考试的标准参考而进一步得到继承与发扬。

孔子是中国传统文化的符号和象征。一提中国文化，首推儒家，至少儒家是最重要的代表。而一提儒家，首先和主要想到的，就是孔子。众所周知，孔子开创了儒家，上承三代之学，下启儒学之源。从汉代独尊儒术始，儒学即成为治国兴邦的道统，隋唐开科取士，所考之书目，亦主要以儒经为参考。儒经，成为传承中国文化的重要载体；科举，又成为发扬经学思想的重要制度保障。孔子的政治与教育思想，随着经学的历代注疏与科举取士，历久弥新，直至晚清。

1905年，袁世凯与张之洞联盟奏请废除科举制度，究其原因，正是孔子之儒学已不适应当时历史的需要，反而成为晚清中国前进之阻力。

古代中国的大学精神，正如梅贻琦校长所说，是在个人与社会两方面来作努力。于社会方面，大学精神以治国为目的，一切都以治国复礼为最终的目标。而就个人方面来说，大学精神通过加强个人的道德与行为，使社会臻于完善。

孔子在西周末年，针对"礼崩乐坏"之社会现状，更是创造性地提倡"援仁入礼"，使人"爱人"而守礼；并从"孝"入手，强调父子之间自发的情感，培养恭顺忠敬的品质，从而使社会恢复秩序。

面对当时社会秩序崩坏的局面，孔子所带领的师生精英团队强调人的作用，重视人的德行，用情感作为复礼的内在动力，的确有助于社会的安定。但无论是礼还是德，是仁还是孝，在孔子以及后世儒者看来，都源于天。故而神道设教，以德飨神，强调人的作用，才是治国与教育的本质。

通过对天的不断认识，无常之天命转而为有常之天道，有形之天道背后还有无形之天理。然而，正是这个"天"，也就是神道设教之"神"，成为中国古代教育精神之局限所在。天人相与之际的灾异思想，在今天看来，好像很是荒谬。"天道"与"天理"的规范，也使得人的道德与情感都必须受"礼"的束缚，无法使人获得真正的自由。然归根结底，这种束缚来源于人们错误的观念。道，并不只有天道。天道，也并不是儒家所认为的那样，是人的道德与行为的依据。只有将教育重新复归于人，从社会存在中去规范社会意识，最终"使群中之己与众己所构成之群各得其安所遂生之道，且进以相位相育，相方相苞"，也许才是后世教育努力的方向。

天道，就是社会发展的规律。一切都应该按规律来，按社会的发展需要来，按人的正常需求来。教育，就应该是让人养成一种好习惯，然后更好地完成人的社会化，顶替社会缺位，使社会良性运行和协调发展。

1912 年元月，中华民国临时政府在南京成立。以孙中山为临时大总统的新的国家政权，不认为自己是受天命而来，所以不再祭天。中华民国教育部于 1912 年 1 月颁布《普通教育暂行办法》十四条，其中除废止由清朝学部颁布的教科书外，还规定："小学读经科，一律废止。"(《临时政府公报》第 4 号)

到此为止，不要说中国的大学教育的路如何走，就是现代教育的路如何走，也必将经历一个十分漫长的过程。因为 2000 多年来的教育理念，已不能完成建设国家、培养民族复兴的有用之才的任务。那么用什么理念什么精神来统领呢?

中国大学教育，又该去往何处?

第二章
近代中国大学教育与大学文化

第一节　废科举、立大学

一、近代中国大学的起源

战败，割地、赔款，列强的残酷欺凌，急剧的社会动荡，近代中国陷入深重的民族灾难中。而近代的中国大学，正是晚清"救亡图存"的产物。

伴随着明末清初及晚清第一波、第二波"西学东渐"的浪潮，西方的高等教育思想传入中国，对近代社会的演变产生了重要的影响。在将西方大学文化向中土介绍方面，传教士中除了先驱者、意大利人艾儒略的《职方外纪》和《西学凡》外，后来还有德国人花之安 1873 年撰写发表的《德国学校论略》，以及美国人丁韪良 1883 年发表的《西学考略》。其中，艾儒略被认为是第一个将西语"university"翻译为中文"大学"一词的人。当然，在当时的中国，并没有出现像他所描绘的那样的大学实体，其大学之名也并没有得到普遍使用而流行开来。

在内外交困的局面下，清廷统治阶层中的一些开明官员，掀起了一场以"中学为体，西学为用"为主旨的洋务运动。除了建立新式海军、招洋匠办洋厂之外，洋务派还广设西式学堂，略分三类：外国语学堂、武备学堂、实业技术学堂。其中，应外交和学习近代军事技术之亟需，"必先谙其语言文字"，因此外国语学习在洋务学堂最被看重。京师同文馆规定："馆中功课以洋文、洋语为要，洋文洋语已通，方许兼习别艺。"①应该说，洋务学堂在传播西学、引入和创

① 程斯辉：《中国近代教育管理史》，武汉工业大学出版社 1998 年版，第 118 页。

立新式学校制度等方面作出了开拓性尝试，为后来近代教育制度的建立奠定了初步基础。

然而，“唤起中国四千年之大梦，实自甲午一役也”。随着北洋水师全军覆没，洋务派的“自强求富”计划全盘破产。有识之士纷纷激烈指责洋务学堂“仅袭皮毛”，培养出的学生只懂得西方的技艺，而不懂得西方的政治，无法承担起拯救国家危亡的重任。他们说，普鲁士在普法战争后发愤图强，重建大学，最终崛起。中国也必须彻底废除科举，创办新式学堂，培养新式人才。连洋务派内部的一些成员，也渐渐认识到了过去洋务教育的局限和欠缺，“西人谓华人所学西法，皆浅尝辄止，有名无实。盖总其事者，不精其学，未识师授优劣和课艺高下，往往为人蒙昧，所以学生每况愈下，不如人……广方言馆和同文馆虽罗致英才，聘师教习，亦不过只学言语文字，若夫天文、舆地、算学和化学，只不过粗习皮毛而已……他如水师武备学堂，仅设于通商口岸，为数无多，且皆未能悉照西法认真学习……况督理非人，教习充数，专精研习，曾无一生，何得有杰出之士成非常之才耶?”①很显然，洋务派教育并没有达到培养出安内攘外的“经世致用”之人才的教育宗旨，“师夷长技以制夷”式的“西艺兴学”育才并非中国之良策，民族生存呼唤新式大学堂以育高等人才。在风雨飘摇的清朝末期，面对强寇环伺的岌岌危局，穷途末路的光绪帝祈愿出现“中兴”之局面，下诏征自强、求治之策。

作为清末洋务运动以及启民智、废科举、兴新学的产物，中国近代第一所政府行使教育主权在本国国土上创办的“国批官办”大学，或通俗地说，中国人自己创办的第一所近代大学，是北洋大学。

盛宣怀创建北洋大学的初衷，源自其办洋务的实践。1895 年，他邀请中西书院院长、美国人丁家立共同草拟了《拟设天津中西学堂章程禀》，上书时任直隶总督兼北洋大臣王文韶，希望能奏请光绪皇帝开办一所“天津中西学堂”。《章程禀》也就成了我国高等教育史上第一个大学章程，它对大学学制、招生办法、规模、课程、经费和管理等都作出了详细的规定。盛宣怀筹设的这所学堂，

---

① 舒新城编:《中国近代教育史资料》，人民教育出版社 1981 年版，第 326 页。

虽名曰“中西学堂”，但其章程中所规定的课程内容均属西学范畴，王文韶索性将其直接改为“西学学堂”。1895年9月30日，向光绪上奏折《津海关道盛宣怀创办西学学堂禀明立案》：“伏查自强之道，以作育人才为本，求才之道，无宜以设立学堂为先”；“况树人如树木，学堂迟设一年，则人才迟起一年。日本维新以来，援照西法，广开学堂书院，不特陆军海军将弁皆取材于学堂，即今日之外部出使诸员，亦皆取材于律例科矣，制造枪炮、开矿造路诸工亦皆取材于机器工程科、地学和化学科矣，仅十余年，灿然大备”；“职道之愚，当赶紧设立头等二等学堂各一所，为继起者规式”。[①]仅仅两天之后，10月2日，光绪皇帝就在这份奏折上作出了“该衙门知道，钦此”的朱批，然后又以军事急件的形式，当日就送返天津。至于该学堂之名，光绪皇帝御批的是西学学堂，之后的政府公告则名为“天津头等学堂”，不过，时人却称之为“北洋大学堂”。12月7日，英文版《京津泰晤士报》刊登文章，并标有中文标题“北洋大学堂见闻”，文章结尾对盛宣怀在如此短的时间内就建起了一所西方式的大学表示了高度赞赏。

1899年底，北洋大学堂头班25名学生完成了四年的学业，经直隶总督考试合格后，成为中国人自己培养出来的第一届大学本科毕业生。1900年初，年仅19岁的王宠惠，从北洋大学堂获得了绘有蛟龙出海图样的“钦字第一号”考凭，堪称中国近代高等教育史上由中国政府颁发的第一张大学本科毕业文凭。1903年，天津头等学堂正式易名为北洋大学堂，1912年改称“北洋大学校”，1913年又根据中华民国教育部令改称“国立北洋大学”。

1913年是中国高等教育机构冠名“大学”的正式开启年。从此，这一作为机构名称的专有名词行遍神州大地，“大学”之名指向了具体的机构之实，并真正以新的内涵与外延进入了中国浩瀚的历史。

北洋大学出自“兴学救国”的目的，创办伊始就十分注重将人才培养和国家需求相结合。如当时清王朝在处理内政外交事务上亟需懂法律的人才，故创立了法律学门。甲午战争中国战败后，国家以提倡科学和“工业救国”为急务，新学堂应需设立土木、矿冶和机械三个工科学门。1897年因铁路建设需

① 北洋大学—天津大学校史编辑室:《北洋大学—天津大学校史资料选编》，天津大学出版社1991年版，第67页。

要，增设铁路工程专科。[①]1906 年为培养外事翻译人才，开办法文和俄文班。1907 年为满足中学师资需要，又开设了师范班。

自创办之初，北洋大学即聘请丁家立担任总教习，其学制、教学计划、授课内容进度方法，皆以哈佛大学和耶鲁大学为蓝图。学生所需的图书、标本、仪器和实验器材等，也都参照美国大学所有，并尽量自美购买。仅西方杂志一项，就经常保持 100 余种，且均为世界理工权威学术期刊，在当时的中国可以说是独一无二。“北洋当时与别的学校不同，它接受了美国教育的影响。由于教员很多是美国人，所以不是间接影响，而是直接影响，把美国大学教育的一套搬过来了，不但在课堂上讲授的是美国教材，课外还介绍了不少欧美科技发展情况，使学生思想开阔，拓展了知识面。”[②]

北洋大学自创办起，就倾向于尊重学生的主体性，哪个学生学哪门新课，都是根据其资质逐年安排，因人而异，因材施教，不强求一律。根据章程，学生“第一年功课告竣后，或欲将四年所定功课全行学习，或欲专习一门，均由总办总教习察看学生资质，再行酌定”。1907 年起，学校对学生个人专业兴趣更为重视，入学一两年内，还可以要求转学门。北洋大学在教学方面的另一个特点是注重实践。“本校定章，向以讲习之余，出外实习，每岁举行数次，一以开豁襟怀，一以实事考求。”该校首届毕业生王宠惠回忆说，“然受之于口，聆之于耳，求之于简篇，固亦可得梗概，究不如实地研讨之，能宏造诣也，是以每于暑假期内，从外国 Darke 氏赴矿山看矿，研究地质，长途跋涉，固甚劳苦，此不仅于学业可以孟晋，而于身体亦收锻炼之功。”[③]

北洋大学素以严格著称，管理上主要抓两项至关紧要的工作——“选延教习”和“挑取学生”。为保证质量，学校在延聘教师上始终严格把关，要求选择学行优长者，不准徇私情，不准以个人好恶来延聘和订立合同。正因如此，该校初创时就具有强大的师资阵容，如汉文教习吴稚晖是光绪时期举人，化学教

---

① 北洋大学—天津大学校史编辑室：《北洋大学—天津大学校史资料选编》，天津大学出版社 1991 年版，第 92 页。

② 左森：《回忆北洋大学》，天津人民出版社 1989 年版，第 262 页。

③ 左森：《回忆北洋大学》，天津人民出版社 1989 年版，第 172 页。

习福拉尔博士是爱因斯坦的好友，对相对论颇有研究，常在课余选定部分时间讲解相对论，使学生的科学思想顿然改观。北洋大学挑老师谨慎，挑学生也十分苛刻。1907年本科招生时，在天津、上海、汉口和广州等地刊登广告，花费甚巨，但各科考生只有法科一人合格，于是这一年除预科转升本科外，外考学生只取此一人。学生入校后的管理也非常严格："学生学业不进，积分不及格，由总教习核定，商之总办，高班者降班，无可降者，许留一月以观后效，又不及格则退之，总办当详加检校以定去留。"①据陈立夫回忆，他们那一届班次，原本有45名新生，到毕业时只剩下土木科16人，矿冶科15人，一共31人，几乎三分之一的人因成绩不合格而不得不退学。

严格的管理体制，也促成了北洋大学朴实无华、刻苦勤奋的校风。据回忆，一般同学均衣着朴素而怡然自得，绝无竞逐时髦讲求服饰的陋习。同学品评人物的标准是德行学问如何，对于浮奢表现，反有不屑一视的意向。因课程紧、作业多，即使是在课余和休息时间，同学也很少有人出门到市里去游逛。他们朝夕所想，只有"读书"二字，爱惜寸阴是普遍的现象。陶希圣曾说，北京、北洋、中国三个大学学风不同，学生态度也就不一样。下课休息时，北京大学学生大家在一起，有说有笑；北洋大学的学生读书用功，下课10分钟，仍然在课堂内；中国大学的学生则吊儿郎当。

值得注意的是，北洋大学的毕业文凭上除注明各科成绩外，再无皇帝的"上谕"，毕业也不搞祭孔礼仪。从办学效果看，北洋大学培养的学生不再走科举仕途，而是走科学、实业救国之路。如王宠惠留学耶鲁获法学博士，成为著名法学家；马寅初1907年毕业于矿冶科，同样留学耶鲁，初读矿冶，后学经济；刘瑞恒1906年留学哈佛，初学理科，后改读医科，成为医学界著名专家。1901年至1907年我国官费留美学生总计约有100余人，其中北洋大学堂就占有半数以上，这些毕业生后来大多成为中国学术界、科学界、工程界的名师泰斗。

如果说，我国第一所近代意义上的大学——北洋大学，采取的是"国批官办"的方式，那么，京师大学堂则成了中国历史上第一所"国批国办"的大学。

① 北洋大学—天津大学校史编辑室：《北洋大学—天津大学校史资料选编》，天津大学出版社1991年版，第245页。

1896年，刑部左侍郎李端棻上奏《请推广学校折》，指出洋务学堂教育种种弊端，如“徒习西语西文，而于治国之道，富强之原，一切要书，多未肄及”，“利禄之路，不出斯途，既得科第，遂与学绝，终为弃材”，提出重视教育，重设学堂，力议“于京师设大学堂，自京师以及各省府州县皆设学堂”。1898年1月29日，康有为在第六次上书《应诏统筹全局折》中提出“自京师立大学”。2月15日，御史王鹏运奏请开办京师大学堂，光绪当日诏谕：“京师大学堂，迭经臣工奏请，准其建立，现在亟须开办，其详细章程，着军机大臣会同总理衙门，妥议具奏。”①

1898年6月11日，《明定国是诏》铿锵发问：“试问今日时局如此，国势如此，若仍以不练之兵，有限之饷，士无实学，工无良师，强弱相形，贫富悬绝，岂真能制梃以挞坚甲利兵乎？”②成立京师大学堂，成为唯一写进这一维新纲领性文献“天字第一号”的变法项目，明确指出“京师大学堂为各行省之倡，尤应首先举办”。7月3日，总理衙门奏《筹办京师大学堂并拟学堂章程折》，所奏拟之《京师大学堂章程》为梁启超代总理衙门参考日本和西方学制起草。该章程明确规定，“各省学堂皆当归大学堂统辖”，这就使其在充当“各省之表率”的“全国最高学府”角色的同时，还身兼国家最高教育行政机关的职能，直到1905年学部成立为止。《章程》还提出筹办京师大学堂的四大要求：拨专款，开办费三十五万两白银，常年经费十八万两；拨官地，以宏建学舍；派大臣，以管理大学堂事务；精选总教习，以提纲挈领。

1898年8月5日和8月10日，意大利和德国公使分别照会总理各国事务衙门，干涉京师大学堂设置之事。26日，管学大臣孙家鼐复总理衙门片称：“查中国开设大学堂，乃中国内政，与通商事体不同！岂能比较一律，德国、意国大臣，似不应干预。”③9月21日，政局动荡，变法陷于失败，维新派的各项改革措施几乎都被废除。26日光绪谕令《着停止变法京师大学堂仍行开办谕旨》，令大学堂不以政治动荡而停止，继续开办。12月31日，京师大学堂正式开学。

① 舒新城编：《近代中国教育史料》，中国人民大学出版社2012年版，第4页。

② 舒新城编：《近代中国教育史料》，中国人民大学出版社2012年版，第5页。

③ 王学珍等：《北京大学纪事》，北京大学出版社2008年版，第51页。

1900年5月，义和团入京造成大乱，京师大学堂被迫停办。1902年1月10日，改任张百熙为管学大臣，恢复京师大学堂办学秩序，并将京师同文馆并入大学堂。1912年5月3日，京师大学堂改名为"北京大学校"，大学堂总监督改称大学校校长，严复为首任校长，分科大学监督改称学长。5月15日，蔡元培参加开学典礼并发表演说，并言"大学为研究高深学问之地"。5月24日，"北京大学校之关防"启用，但私人已经简称为北京大学了。7月22日，严复向教育部写了《论北京大学不可停办说帖》，"北京大学"一称已成定则。

1898年底北京大学正式开学时，学生不满百人，第二年学生虽略有增加，也不到二百人，生源又多是"令进士、举人出身各京曹入院学习"。课程仅设诗、书、礼、易、春秋，担任教习的大都是翰林院的官僚腐儒。他们根本不懂新学，所授课程名为讲解古代典籍，实际不过是教一些八股文的作法以应付考试。那时慈禧下令恢复八股取士，大学堂的学生也只有取得功名后才有做官的资格。因此，每届科举期间，大学堂的学生便纷纷请假赶考。可见，彼时各省学堂未立，大学堂虽设，不过略存体制。1902年，复办后的京师大学堂作为执行"国颁"制度的"国立"大学，招收速成科学生考试入学。第一批速成科学生到1907年期满毕业，为此举行了隆重的毕业典礼，先由总监督率领全体师生分别向"万岁牌"和"圣人位"行三跪九叩礼，最后由监督发给学生毕业证书，证书上还印有光绪皇帝的"整理学风上谕"。

不难看出，执行"国颁"章程的京师大学堂，仍然遗留有大量封建的礼仪文化，实质上仍处于封建太学向近代大学转变和过渡的阶段，从教育制度以及教学内容和方法来看，同近代西方大学还有很大差距。严格地说，整个京师大学堂在清末没有培养出一名正规的大学本科毕业生。直到辛亥革命以后，京师大学堂摘下皇家招牌，才真正实现了本质上的脱胎换骨，成为一所现代意义上的大学。

继北洋大学和北京大学兴办之后，清政府于1901年初宣布实行新政。8月颁布"兴学诏书"，除京师已设大学堂应切实整顿外，着各省所有书院，于省城均改设大学堂，各府厅直隶州均设中学堂，各州县均改设小学堂，并多设蒙养学堂。正是在这一年，时任山东巡抚的袁世凯上奏《山东试办大学堂暂行章程折稿》并获准，11 月 6 日在济南泺源书院正式创办了官立山东大学堂。这是中国最早的一所省立大学堂，成为后来各省举办近代教育的榜样。

从 1901 年至 1905 年令废科举的四年中，以直隶、江苏为例，相继又创办了一些新式学堂，如袁世凯在保定创办的师范学堂（1902 年）和北洋陆军学堂（1903 年），严修、张伯苓等在天津创办的南开中学堂（1908 年）。而据 1904 年的《东方杂志》第十期载，江苏省学堂计 99 所，内计高等专门学堂 8 所，中学堂 4 所，小学堂 24 所，蒙养学堂 63 所，以三江师范学堂规模最大。

除兴办新学校外，原有书院的改制也不失为一条提高效率的途径。19 世纪末全国约 1800 多所旧式书院，虽绝大多数并未与时俱进，但 1901 年后，有 20 所左右的省城大书院先后改制为具有近代色彩的高等学校。辛亥革命后，高等教育则迎来了大发展。据民国元年（1912 年）的年度统计，全国大专院校（包括公立、私立）115 所，其中大学 4 所，专科学校 111 所。大学生 481 人，专科学校学生 39633 人。1919 年至 1927 年，公立大学又增加了 10 倍多，由 3 所增到 34 所，私立大学从 7 所上升到 18 所，即大学数量由 10 所增长到 52 所。①

清末开始，随着中国成为半殖民地半封建国家，在中国大地上出现了一批特殊类型的大学，就是外国人办的教会性质的大学。

从时间来看，西方传教士开始在我国土地上举办西式高等教育，是早于官办大学的兴建的。1868 年，中美《蒲安臣条约》允许美国传教士自由无阻地进入内地传教与办学，随后西方国家开始陆陆续续地在中国开办教会学校。

清末第一所教会大学，大概是山东的登州文会馆。1863 年，美国长老会传教士狄考文来华，于次年在登州创办“蒙养学堂”，招收了 6 名家境贫寒的学生。1876 年，蒙养学堂改名为“登州文会馆”，具备了中学水平。1882 年，美国纽约长老会总部正式批准登州文会馆为大学。登州文会馆在中国教育史上创造了许多个“第一”——第一套全面系统的自然科学课程，第一批通行全国的新式教科书，第一个使用阿拉伯数字等西方现代数学符号，第一个引进 X 射线理论知识，第一个使用发动机、亮起电灯、制造电子钟，第一个使用白话文教学

① 郑登云：《中国高等教育史》，华东师范大学出版社 1994 年版，第 145 页。

和写作，第一个引进西方现代音乐声学理论，第一首学堂乐歌，第一个发展学生自治组织，等等。①

待到穷途末路的清廷在“新政”中废除科举制后，一批新的教会大学如雨后春笋般出现了，其中重要的有苏州东吴大学（1901 年）、广州岭南大学（1904 年）、武昌大学（1910 年）、南京汇文书院和宏育书院合并而成的南京金陵大学（1911 年）等。清末民初，教会大学发展迅速，已建成 8 所，而此时的国立大学只有 3 所。到 1917 年，英国在华设立高等学校 19 所，美国设立 14 所，英美合办 9 所，在校生共计 9492 人。可以说，在 20 世纪 20 年代以前，教会大学或基督教人士创办的大学几乎统治了我国的高等教育事业。

教会大学是半殖民地的产物，表现出外国势力对于中国教育主权的控制。教会大学的举办者与管理者，是外国教会和传教士，而不是中国组织和法人，其批准举办机关是外国教会，而不是中国政府，毕业文凭也由外国机构签发。正如圣约翰大学校长卜舫济在 1900 年中华教育会第六届会议上曾坦白地承认：“立案后的中国大学便变成为中国土地上的美国附属学校。”这可以说是一种特殊的治外法权原则的扩充。最初的教会大学除了都带有强烈的基督教色彩，还完全引入西方的教育制度、课程设置和管理模式，向学生灌输西式思想文化和价值理念。可以说，教会大学抓住了中国“沉梦乍醒后一片空白的机缘”，不失时机地充当了西学的有力载体，排斥和否定中国传统文化，全盘西化是中国近代教会大学的根本目的。

当然，我们应该以历史的眼光来看待教会大学。按照马克思的观点来看，西方教会学校在华“完成了双重使命”，一个是“破坏性的使命”，即冲击了中国传统的教育方式，另一个是“建设性的使命”，即为本土建立近代意义上的大学提供了示范性的借鉴。教会大学最直接的作用就是把西方现代大学教育模式移植到了中国本土，给处于危机中的中国传统教育提供了向近代教育转变的某种示范与启迪，与几千年来沿袭的官学、书院、科举等传统教育模式形成了鲜明的对比，正如张百熙在《拟进学堂章程折》中坦言，学堂制度系节取欧、美、

---

① 吴骁：《谁是中国近代第一所大学？》，《光明日报》2015 年 11 月 8 日，第 13 版。

日本诸邦之成法，以佐我中国二千余年旧制。

二、近代中国大学的建制演变

大学建制，指的是学科专业的编制方式及其组织形式。中国近代大学建制，在大约半个世纪中，经历了曲折而又复杂的探索与构建过程，其间充满新与旧、中与西的冲突和融合，逐渐从混沌到清晰、从无序到有序，最终形成了一种既比较符合我国的传统和现实，又遵守高等教育通例的建制。

随着京师大学堂的创立，1901 年清廷特设管学大臣，由张百熙充任，“将学堂一切事宜，责成经理”。管学大臣既是京师大学堂的校长，又是全国教育行政机关的长官。[①]张百熙对京师大学堂的办学实情作了较充分的调研，提出“办学宜豫定”“讲舍宜添建”“译局宜附设”“书籍、仪器宜广购”“经费宜宽筹”等五事项，并拟出《京师大学堂章程》《考选入学章程》《钦定高等学堂章程》《钦定中学堂章程》《钦定小学堂章程》《钦定蒙学堂章程》等六个办学章程，合称《钦定学堂章程》，也称为《壬寅学制》。

在《壬寅学制》下，“经学”没有被单独设为一科，而是作为课程科目放置到文学科中，这种做法受到朝野的诸多反对。经学是中国传统价值观的理论依据，也是封建社会结构得以维持的重要基础。清廷认为，应该让读书人群体在原有的价值取向上学习一些西方技术，但作为本位的经学，必须是教育的核心。“三纲五常”的伦理道德体系，仍是中学之“体”的核心。这也是为什么，《壬寅学制》虽经制定，但并没有实施。

在保守派的压力下，1904 年又出台了一部新的《奏定大学堂章程》，也称《癸卯学制》。它成为日后正式指引京师大学堂办学的指导性文件。表面上看，京师大学堂采用新型学制，其体制是在直接学习日本大学的基础上建构的，在办学模式、课程设置、教学管理等方面处处仿效日本，但中体西用仍旧是其办学宗旨和根本所在。

《癸卯学制》首先强调，“以谨遵谕旨，端正趋向，造就通才为宗旨”，“以忠

---

① 毛礼锐、沈灌群：《中国教育通史》第四卷，山东教育出版社 1988 年版，第 315 页。

孝为本，以中国经史之学为基，俾学生心术一归于纯正，而后以西学瀹其智识，练其艺能，务期他日成材，各适实用，以仰副国家造就通才、慎防流弊之意”。[1] 这是制订章程者所奉行的办学原则，也是京师大学堂办学思想的具体阐释——以忠君尊孔为本位培养人才的取向。

《癸卯学制》的里程碑意义不容忽视。它首次确定了“科—门—目”的体系：按八“科”设“分科大学”，即经学科大学、政法科大学、文学科大学、医科大学、格致科大学、农科大学、工科大学、商科大学；每科大学下再设若干“门”，如文学科大学下设中国史学、万国史学、中外地理、中国文学等九门；在每门之下则再设若干“目”，也就是具体的课程。章程还特别规定，以上八科大学，在京师大学务须全设，若将来外省有设立大学者可不必限定全设，惟至少须置三科以符学制。换句话说，《癸卯学制》第一次明确了以三科作为设立大学的基本条件。

《癸卯学制》颁布以后，虽然有些学校出于各种原因，并未完全照此执行，如两江师范学堂当时曾将“科”改称“学部”，但从总体上看，“学堂—科—门”建制在近代大学基本得以确立。《癸卯学制》还推行“学年制”和“班级制”，并确定了更为完备的大学预科制，并对升入相应的分科大学作出规定。

京师大学堂开办以后，逐年增加了专业领域。1902 年与京师同文馆合并，并举行了招生考试。1903 年增设了医学实业馆，1907 年增设博物实习科，1909 年开始筹办分科大学。此外，在管理方式上，《癸卯学制》引入第一个近代教育行政体系。在教学制度上，突破了个别化教育模式，采用同时入学、同时升级、同时放假、同时实习和同时毕业等管理制度，具有初步制度化的特征。此外，大学堂还实行分班和分科教学，并且对教学和自习时间都作出严格安排。可以说，《壬寅学制》和《癸卯学制》堪称近代第一个系统、完备的学制，为创立我国真正意义上的高等教育体系作出了开拓性的尝试。

对于近代中国人而言，辛亥革命所带来的个体与整体精神变化都是显著的。南京临时政府成立伊始，就着手对国民教育进行革故鼎新的改革。1912

[1] 舒新城编：《近代中国教育史料》，中国人民大学出版社 2012 年版，第 36 页。

年9月,《壬子学制》公布,至1913年8月,经过各种补充和修改,又总合成一个更加完整的学制系统,即《壬子癸丑学制》。其中,蔡元培任总长的民国教育部颁布的《大学令》,对大学教育方针和组织原则,作出了详尽而严格的规定。《大学令》从培养目标、课程设置、学校管理制度及教育内容方面,反映了资产阶级寻求科学与民主的社会要求,为此后中国三十余年的学术繁荣奠定了重要基础,影响了中国大学教育的百年走向。

《大学令》中的学科体系,与《癸卯学制》相比最重要的变化,就是取消了经学科,改八科为七科。从表面上考虑,将经学科并入文科,是因为《周易》《论语》《孟子》的教学已进入哲学系,《诗经》《尔雅》的教学列为文学系的内容,《尚书》、《大戴礼记》、《春秋》三传、三礼则归为史学系的教学任务。因此,这些内容已无独立存在的必要。但从更深层次的因素考察,将独立设置的经学科从体制建构层面予以消除,不仅宣告了晚清"忠君尊孔"教育宗旨的消亡,更是试图将维护中国两千年封建社会与传统价值观的理论基础进行根除,并奠定了近代学科体系和知识系统的基本框架,开始了从传统向现代的迈进。与经学科的取消相关,《大学令》还取缔了"谨遵谕旨""以忠孝为本""以经史之学为基"等思想,废止《圣谕广训》,废止《大清会典》《大清律例》《皇朝掌故》等有碍民国精神的课程,而"关于前清御批等书"则一律禁止使用。

《大学令》还规定,大学"以教授高深学术,养成硕学闳材,应国家需要为宗旨",分文、理、法、商、医、农、工各科,以文理二科为主,须合于下列条款之一方得名为大学:第一,文理二科并设者;第二,文科兼法商二科者、理科兼医农工三科或二科一科者。换句话说,大学设法、商等科的必设文科,设医、农、工等科的必设理科。这种规定,反映了蔡元培心目中"学"与"术"的差别:"学与术虽关系至为密切,而习之者旨趣不同……文、理,学也,虽也有间接之应用,而治此者以研究真理为目的,终身以之,所兼营者不过教授著述之业,不出学理范围……法、商、医、工,术也,直接应用,治此者虽亦有永久研究之兴趣,而及一程度,不可不服务于社会,转以服务时之经验,促进术之进步。"①蔡元培认

① 《蔡元培全集》第三卷,浙江教育出版社1997年版,第256页。

为，中国固然要有好的技师、医生等，但必须有熟悉技能而又深通学理的人，要是只知练习技术，不去研究学术，或一国中，练习技术的人众多，研究科学的人很少，那技术也是无源之水，不能会通改进，发展终属有限。所以“在大学，则必择其以终身研究学问者为之师，而希望学生于研究学问以外，别无何等目的”①。鉴于文理二科的主体地位和基础地位，研究高深学问的大学，重点应当发展专属学理的文、理两科，对法、医、农、工、商五科，则可别立为专门性质的高等专门学校，以发展经世致用的专门技术为目的。正是出于以上指导思想，后来出台的《专门学校令》就大学与高等专门学校作了分类，设法政、医学、药学、农业、工业、商业、美术、音乐、商船、外国语等专门学校，这类院校以“教授高等学术、养成专门人才”为宗旨，不同于大学“用高深学术培养硕学闳才”的目标。可以看出，此时中国的大学，从制度建设上已突破了“中体西用”的局限。

1922 年，民国北洋政府颁布《壬戌学制》。这个全新的学制，作为我国近代大学学制体系全面形成的标志，表明中国的大学已走向现代性逐渐增长、与国际通行的学制系统并轨的发展之路。一个比较大的变化是，《壬戌学制》规定大学校设数科或一科均可。其单设一科者称某科大学，如医科大学校、法科大学校之类。这就肯定了单科性大学存在的合法性，奠定了单科性大学和多科性大学并存的格局。新学制允许单科性大学的设立，给了专门学校、独立学院升格为大学的机会，曾掀起一股高校升格的热潮。然而，这种情况很快得到纠正。为了限制滥设大学，保证教育质量，1929 年 7 月，民国政府又公布《大学组织法》，规定大学分文、理、法、教育、农、工商、医各学院，凡具备三学院者，始得称为大学；不符合上项条件者，为独立学院，得分两科。8 月，教育部颁布的《大学规程》对大学设置标准作了进一步说明：“大学依大学组织法第五条第二项之规定，至少具备三学院，并遵照中华民国教育宗旨及实施方针，大学教育注重实用学科的原则，必须包含理学院或农、工、医各学院之一”。自 20 世纪 20 年代末开始，这一设置标准一直延续到 1949 年。可以说，这二十年间，大学设

① 《蔡元培全集》第三卷，浙江教育出版社 1997 年版，第 256 页。

置标准比以往任何时期都高，规定必须具备至少三个学院才能称为大学，否则只能称为独立学院，并且实用学科被提高到前所未有的位置，理、工、农、医学院成为大学不可缺少的部分。这一设置标准在民国时期影响最大，它标志着我国近代大学设置标准基本成熟。

《壬戌学制》还增加了"大学校用选科制"条例，说明教育管理方式开始尊重学生的主体性和自觉性，关注教育促进人格均衡发展的功能。

蔡元培从1917年就任北京大学校长开始，就非常重视培养学生深厚的文理科基础知识，为此曾大力推行通识教育，包括文科增设史学门，理科增设地质学门，法科准备独立成法科大学，商科归并于法科等。为扩大知识领域，他还要求学生文理兼修，遂废止文、理、法诸科的界限，废门改系，全校设置了14个系。1917年底，北大分别建起了文学研究所（哲学研究所）、理科研究所、法学研究所，为完成建设研究性大学的目标开辟了道路。

蔡元培认为，年级制太束缚学生的思想了，不能让学生自由地"专研其心向之学科"，因而不利于学生人格和谐、健康的发展，也有悖于学术自由、思想自由的原则。于是在1919年，文理科各系相继改年级制为选科制。这是蔡元培对北大教学管理体制的另一重大改革。北大采选科制后，相应采用学分制管理学业成绩与毕业考核。以每周一学时，学完一学年为一个单位即一学分，规定本科生学满80个学分，其中一半是必修课，一半为选修课。可以说，民国以后，以蔡元培为划时代代表的中国近代大学教育的先行者，倡导学生身心和谐发展，采用分科教学、选修课及学分制管理，充分表达出学习自由原则对于构建现代大学的意义，摆脱了以往封建专制的习俗，有助于大学生自主选择人生进取之路，成为民族国家的栋梁之材。

纵观以上中国近代大学建制的演变，可以发现一个不断摆脱古代官学影响，并逐步引入西方现代大学模式的过程。中国最早的大学，在骨子里还遗留有古代官学的基因。这些大学初始多以"馆""门"为某级建制的名称，正是古代官学"分馆授业""门闱之学"模式的直接承袭。然而，封建官学在体制上的等级性、在内容上的保守性，与西方近现代大学与生俱来的独立性、自主性和自由探索的精神是格格不入的。一大批曾经留学欧美的新型知识分子回国担任大学校长或教授，他们在各自的专业上筚路蓝缕、开拓创新，不遗余力地把近现代西方，尤其是欧美大学教育的思想和模式引进来，对我国大学建制的构建起着主导的作用。以西方大学的模式为蓝本来构建中国近代大学的建制体系，也就成为那个时期大学建制演变的大势所趋。

19 世纪 20 年代，美国一些大学开始建立学系，其初衷是克服德国大学讲座制“门户主义”的弊病，以便将既有联系又有区别的诸多学科、众多教授，汇集到同一组织形式之中，在一个较大的口径上建立教学与科研的基本工作单位。“系”建制的确立，带来了大学教育方式的巨大变化，也带来了大学观念的深刻变化。

五四运动期间，“系”建制开始进入中国的大学，首先在北京大学、东南大学等校得以实行。“系”建制的建立，标志着中国古代“门馆之学”在高等教育领域的终结，标志着中国近代大学在基础建制上对西方模式的认同，也标志着中国大学教育开始步入近代化阶段。在学系的性质与功能明确之后，“校—院—系”三级建制的最终形成，就是水到渠成之事了。

早在 1923 年，蒋梦麟在代表杭州大学董事会拟就的《杭州大学章程》中，就曾设计了一个非常清晰的三级组织体系。这个章程较多地借鉴了美国高等教育的模式。到 1929 年《大学组织法》，以法律的形式规定了“校—院—系”体系，表明中国近代大学建制已基本与西方模式接轨，完成了对西方现代大学建制的移植。

中国近代大学建制的发展过程，也是对大学的本质不断探索、理解不断深化的过程。大学是什么？对于这个问题，从不同的角度，可以得出不同的答案。人们可以说，大学有“大师之谓也”（梅贻琦语）；也可以说，“大学者，研究高深学问者也”（蔡元培语）；甚至还可以说，“大学是培养领袖人才的地方”（竺可桢语）。从中国近代大学建制沿革发展的过程中，可以比较清晰地看出中国近代教育家对“大学”本质的认识是如何与时俱进的。

《癸卯学制》规定大学堂“至少须置三科以符学制”，肯定了大学的多学科性。但是，它在限定的八大学科后面缀以“大学”之名，以“经学科大学”领各科之首，显露出自相矛盾之处。只要有“单科大学”之名，就说明还没有真正认识大学的本质。对"单科大学"一说,胡适当时曾发表过尖锐的批评,很有代表性。他说:"吾国今日有称大学者若干所。然夷考其学科,察其内容,其真能称此名者,盖甚少也。大学英名 University,源出拉丁 Universitas,译言全也,总也,合诸部而成大全也。故凡具各种专门学科,合为一大校者,始可称为大学……今吾国乃有所谓文科大学、经科大学者,夫既名经科,既名文科,则其为专科学校可也,而亦以大学名,足见吾国人对于'大学'之真义尚未洞然也。"① 到《大学令》,就摒弃了"分科大学"一说。这表明其制订者对大学的认识已经向前推了一步,那就是大学应该是多科的、综合的。特别是自《大学令》始,强调文理二科对其他学科的基础作用,更是表明,教育家们已经清楚地意识到,大学里的多种学科,不是混乱无序的"乌合之众",而是建立在牢固基石之上的有机结合。而这个基石,就是文、理二科。1923 年,时任东南大学工科主任的茅以升对于当时的东南大学将文理合为一科的做法,称赞道:"本大学学制,以农、工、商与文理、教育并重,寓意深远,此种组合为国内所仅见,亦即本大学精神所在也。"②

因此,从建制沿革的角度看,近代大学教育家们所揭示的"大学真义""大学精神",归纳起来主要有两个要点:其一,大学之大,首先在其学科之大,也就是学科之多、学科之全,没有学科之多、学科之全,也就无所谓大学。其二,大学的学科之多、学科之全,不是杂乱无章的,而是要综合成为一个相互关联的有机体。其综合的纽带,就是文理等基础学科。只有建立在文理基础学科之上的多学科性,才能体现出知识的高深性;基础学科越深,其他学科大厦才能建筑得越高;没有文理学科作基础,就无所谓多学科的综合性,因而同样也就无所谓大学。这就是中国近代大学建制发展的历程所昭示的大学本质之所在。反过来说,大学建制不仅仅是一个学科专业的编制方式问题,也不仅仅是一个组织形式的问题,它本质上是由大学的性质与目的决定的,是由大学教育的内在逻辑所决定的。

---

① 《非留学篇》,载《胡适教育文选》,开明出版社 1992 年版,第 18 页。

② 张百熙:《进呈学堂章程折》,载璩鑫圭、童富勇编:《中国近代教育史资料汇编》,上海教育出版社 1997 年版,第 421 页。

三、近代中国大学的本土化构建

中国近代的高等教育是在国门被打开之后，外来的教育理论通过各种途径传入中国，并与固有的传统教育思想发生冲突，进而实现交会的过程中发展起来的。换句话说，在近代中国大学的初创和发展进程中，东西方文化不断地碰撞，在这种“体用”相分、两元对立的局面中，经过一番艰难的探索，最终从对立走向融合。

1840年鸦片战争以后，我国传统的文化与外来的西方文化相互碰撞，首先产生了器物层面的文化冲突。西方文化对中国传统文化的影响是以坚船利炮打头阵的，比照之下，我们武器的战斗力是如此虚弱。西方器物文化，以最明显、最剧烈、最直接的方式让社会精英强烈地感受到生存危机。

在中西器物文化的冲突中，产生了洋务派。他们认为，西方之所以在武力上优胜于我们，关键在于“中国之睿知运于虚，外国之聪明寄于实……中国以义理为本，艺事为末；外国以艺事为重，义理为轻”[①]。也就是说，我国传统教育培养出来的人才缺乏相应的知识和技能，已经无法适应近代社会发展的要求，需要重新思考德行与技艺的关系，重新审视科学和技术的作用。换句话说，中国的历史进入近代以后，传统教育产生了前所未有的危机。面对这种危机，统治阶级不得不作出反应。

晚清新式教育每前进一步，背后总有一个非常直接的现实动因，不是出于长远的文化考虑，而是基于现实的直接的刺激——军事、政治和外交上的全面溃败，这是一种功利性的价值取向。洋务派的官办大学从建立初期，就是为了应当下急务之需，而远非西方洪堡式的大学理念所提倡的大学应该具有非官方品质，注重知识全面化等特点。

洋务派遵从绝大多数人所共同信仰的传统价值观和制度体系，针对我国当时的社会发展状况，认为凭借学习西方的“实学”来达到“自强求富”是必由之路，但“自强求富”的目的仍然是通过维护稳定的社会运行体系，求得“保

① 左宗棠：《创办福州船政局的上奏》，载璩鑫圭、童富勇编：《中国近代教育史资料汇编》，上海教育出版社1997年版，第367页。

国”，即保国的根本手段在于维持纲常名教，这就是洋务派的“中体西用”文化观。如张之洞明确指出的，“五伦之要，百行之原，相传数千年，更无异议。圣人之所以为圣人，中国之所以为中国，实在于此。”[①]冯桂芬也提出，以中国之伦常名教为原本，辅以诸国富强之术。

在上述文化观之下，洋务派对大学教育进行了改革，改革方向主要是将课程设置为“中学”和“西学”两个部分。

“中学”的内容主要是围绕明人伦的“立身之道”——“立身行道，取法于圣者贤者，自以经史为正规，而朝章宪典，吏治民情，亦宜切实讲求，历代文体工于文者，皆能模仿”，即“中学”的主要内容包括经史子集、礼义条款、朝章法典等，以此来培养学生的民族性和忠君尊孔的精神。

“西学”的内容以外国语和军事制造技术为主，而后又逐步增加了历史、地理、数学等各种实用专门知识和科学知识。可见，“中体西用”作为洋务运动时期教育内容的指导思想，旨在培养既懂西文、西艺，能够运用西方科学技术，又具有儒家纲常名教的思想与品德的洋务人才，即“明体达用”或“体用兼备”的各种专门人才。洋务派首次将“西文”“西艺”引进教育，这一改革打破了中国传统文化一统天下的局面。对“西艺”的充分重视和肯定，使得科学技术知识得以进入大学教育。这表明在传统的中国文化价值体系里，把“至善”作为终极目标的纲常名教在大学教育中的独尊地位受到了严峻挑战，“真”不再从属于“善”，而是成为一种与“善”相并列的价值范畴。

甲午战后，洋务派官僚的“中体西用”梦碎，帝国主义更加疯狂地侵略中国。随着“救亡图存”成为时代的主旋律，资产阶级维新派首先登上历史的中心舞台，中国社会掀起了更为主动的政治改革浪潮，也引发了东西方文化的第二次剧烈冲突——制度层面的冲突。

康有为、梁启超认为，洋务派的文化观，本质上是文化冲突停留在表层的器物层面而不得深入的一种妥协，是一种按照中国传统思维修修补补的加法式思维方式。维新派试图对更为深刻的制度文化的冲突作出回应，从全方位

---

① 张之洞：《劝学篇》，“明纲”，载璩鑫圭、童富勇编：《中国近代教育史资料汇编》，上海教育出版社1997年版，第366页。

来建构新的中国文化形态。可以说，他们所要改变的不仅仅是封建政体，更重要的是封建制度的思想基础。

由此，维新派提出“会通中西”的文化观，指出高等教育不仅是要培养懂得西文、西艺的各种经世致用的专门实用人才，而且要培养明体达用、懂得“西政”的政治人才。大学教育，是为了普遍开民智，提高国民的文化教育素质，为经济和政治制度改革奠定基础，而不是仅仅着眼于少数专门技术人才的培养。新派将“西政”知识引进教学领域，认为不仅要学习近代西方的天学、地学，还要学习包括人的生理科学和人文社会科学在内的“人学”。为此，他们增加了一些反映西方文化精神的课程，将哲学、美学、心理学、社会学、伦理学、法律学、经济学、生物学等大量现代社会科学和自然科学的科目引进了学校教育。他们还对中国传统文化的某些内容进行了调整，废除体现“忠君、尊孔”的封建人伦道德和经史科目，在以上思想框架内，创立了许多新式学堂，有效地推动了变法运动。如 1891 年康有为在广州长兴里创办的万木草堂，学生除了读中国的古书，研究经、史学问外，更重要的是要读西学著作，学习声、光、电、化一类的自然科学知识。

总之，维新派提出“会通中西”的文化观，要求培养通古今、达中西的人才。虽仍没脱离简单的工具主义指导思想，但已呈现出较为明显的科学主义思想萌芽，从单纯对技艺的重视过渡到了对科学的重视。尽管如此，清末维新思想并未脱离“中学为体，西学为用”的框架。京师大学堂的课程设置上，虽然将西方课程纳入了中国话语，例如将数学、天文学、物理、化学、生物学等纳入格致学，政治、法律纳入政治学，也增设了许多实用性的科目，然而，忠君尊孔仍为教育的第一要务。京师大学堂初创时，学生寥寥百人，教师多为翰林院的官僚腐儒，考试仍是以科举的形式，所以直到清朝灭亡，它也没有培养出一名真正意义上的大学本科毕业生。

中华民国建立后，封建专制文化的根基并未从根本上动摇。在此社会背景下，新文化运动的发动者们，高举“民主”与“科学”两面大旗，对以儒家为核心的传统文化发动了激烈的批判，其间所呈现的各种文化冲突，标志着近代中国社会文化的冲突升级到了精神层面，也预示着中国文化寻求彻底变革的历史契机已经到来。新文化运动的倡导者最初也是把中西文化冲突看成不同地域、不同民族文化的冲突。但他们逐渐认识到，一般所谓的东洋文明和西洋文明之异点，实在就是古代文明与现代文明的特点。因此，在现今世界中，一个民族不能不吸收他族之文化，犹如一人之身不能不吸收外界之空气及饮食，否则不能长进也。也就是说，全社会必须要有一种“世界的而非锁国的”健全开放意识，主动向外学习。可见，他们突破了地域、民族文化冲突的传统观念，树立了新的文化价值观。这一时期，中国文化观由以往“非西即中”的二元对立状态，转变为在中国本土文化的基础上有选择地吸收西方文化、整合西方文化，逐渐消除二者的对立，以达到“体用不二”的中西文化会通格局。

在此思想巨变的基础上，以中国古代教育或以西方近代教育为唯一典范的一元化教育发展模式被否定，文化的多元性得到承认，从而使建立适合中国国情的大学制度成为办教育的新的出发点。精英们试图重构大学的管理思想和制度，主动学习西方学术自由、教授治校、学生自主管理等先进思想，并积极吸收和传播当时最新的科学知识及方法，进而形成了一套整合东西方文化的大学文化系统。

在全方位的变动时代，民国初建时，曾一度出现汪一驹所描述的局面——“加速甚至被迫地由上而下采用西方的教育制度”。在那段时期，不论哪一种教育思潮或教育制度的提出，背后都有西方源头的身影或隐或现，所不同者仅在于此前的时代主题尚可讨论是否应当西化，此后便一变而为如何西化和选择哪一种西化了。

新文化的精英们试图改变这种局面。他们肯定民族文化在文化整合中的主体作用，但更希望将民族文化与西方文化进行整合，以融入世界文化体系中，从而使民族文化焕发出内在的新的生命力。因此，其着力推行以中国传统教育目的论为指南、以人格培养为目标的教育目的论，并以中国传统价值观为基础的社会本位价值观。在课堂教学中着重加强民族文化教育，确保大学教育中民族文化的主体地位，这充分体现了中国大学独特的人文特色，增强了学生的民族认同感和归属感，也促进了民族文化向前发展。

辛亥革命之后，中国近代大学制度开始有意识地摆脱单一的日本模式影响。曾任教育总长和北大校长的蔡元培，在理论和实践上都对大学制度的本土化构建起着重要的推动作用。蔡元培主张借鉴德国模式并结合中国的实际来改造大学制度。在《壬子癸丑学制》制定的说明中，他提出，“惟欧洲各国学制，多从历史上渐演而成，不甚求其整齐划一，而又含有西洋人特别之习惯；日本则变法所创设，取西洋各国之制而折衷之，取法于彼，尤为相宜。然日本国体与我不同，不可不兼采欧美相宜之法；即使日本及欧美各国尚未实行，而教育家正在鼓吹者，我等亦可采而行之，我等须从原理上观察，可行则行，不必有先我而为之者。”①这段话，从理论层面为大学制度本土化探索确立了基本原则，即兼容并包，择善而从，因地制宜，注重创新。在形式上，蔡元培虽竭力推崇德国模式，但是在大学的内涵上，他特别强调建立中国自己的制度，而非全盘西化。蔡元培非常明确中国近代大学制度是来自西方，其在中国的发展也存在着许多问题，因而指出要用孔墨教育的精神弥补西方体制的不足。作为教育家的蔡元培，目的是建立有中国自己特点、符合中国实际的大学制度。

蔡元培积极主张学习西方，但在“学什么”“怎样学”等关键问题上，则“器局大，识见远”，目光远大，见解深刻。他反对机械模仿西方的教育制度和方法，主张从我国实际国情出发，从理论上找根据，兼采相宜之法，保持和发展中华文化教育的特性。“吾国学生游学他国者，不患其科学程度之不若人，患其模仿太过而消亡其特性”，因此，要求“能保我性，则所得于外国之思想、言论、学术，吸收而消化之，尽为‘我’之一部，而不为其所同化”。②这便是蔡元培在北大改革的思维方式，也是推动中国近代大学制度本土化构建的逻辑起点。

大学制度与文化有着密切的关系。尽管中国近代大学制度产生于传统教育制度断裂的时期，但并不意味对传统的全盘否定。蔡元培认为既要学习西洋文化中的科学精神，又要以科学的精神来对待中国文化，要在旧文化中求得与“现代科学精神不相冲突”的东西，进而达到新旧文化的融合。同理，对于西方大学制度在中国的教育实践中存在的问题，蔡元培是从中国教育传统中寻找补救方法的。他明确提出对中国传统书院中自由研究和自由发展的继承，

---

① 《蔡元培全集》第三卷，浙江教育出版社 1997 年版，第 177 页。

② 《蔡元培全集》第三卷，浙江教育出版社 1997 年版，第 211 页。

高度评价和推介毛泽东所创办的湖南自修大学，称其为将古代书院与现代大学制度结合的典范。

毛泽东的《湖南自修大学组织大纲》第一章“宗旨及定名”中指出：“本大学鉴于现在教育制度之缺失，采取古代书院与现代学校二者之长，取自动的方法，研究各种学术，以期发明真理，造就人才，使文化普及于平民，学术周流于社会。”[①]蔡元培因此而大加赞赏，向学界广泛推荐，称“合吾国书院与西洋研究所之长而活用之，其诸可以为各省新设大学之模范”。从本质上看，蔡元培推进的大学制度改革的最终目的，都是建立中国自己的大学制度，而不是简单移植而形成“欧化”的大学制度，对中国传统书院的提倡更说明了他对中国传统大学制度精华的继承与发扬。

1922年《壬戌学制》是中国近代大学制度转向美国模式的重要标志。它既有对美国大学教育体制的借鉴，又有对民初相关规定的继承，不但努力与世界先进国家的高等教育体制接轨，也考虑了中国化的问题。

《壬戌学制》的出台，经过自下而上、长达七年多的反复论证和试验，是近代中国教育界探索符合中国国情的教育制度的可贵尝试。在学习美国模式改革学制的态度上，一方面，坚持以我为主，集中了我国教育界的集体智慧，是在广泛讨论、反复修改的基础上形成的；另一方面，在学习外国经验时采取了明辨择善的原则。陶行知的观点很有代表性：外国的经验，如有适用的，采取它；如有不适用的，就回避它；本国以前的经验，如有适用的，就保存它；如有不适用的，就除掉它。去与取，只问适不适，不问新和旧。正是持这种态度，才具有自我反省与批判的功效，使得美国化倾向出现以后，能够得到及时的纠正，这也是中国近代大学制度能够坚持本土化发展的原因之一。

《壬戌学制》对大学制度本土化的改造主要体现在三个方面。第一，通过习得西方大学精神来改造大学制度。对西方大学精神的学习也是一个本土化的过程。在吸收和消化外来因素的同时，融入中国传统大学制度的合理因素，由此制定出的大学制度，不仅是形似，更在于其神，因而更具有本土适应性。

---

① 舒新城编：《近代中国教育史料》，中国人民大学出版社2012年版，第257页。

第二，大学制度反映了中国国情。它顺应了中国近代大学发展的需要，符合中国历史潮流。与以前的学制在历史巨变的背景下仓促制定不同，《壬戌学制》在一定程度上反映了中国社会的实际需要，特别是反映了中国民族资本主义发展对人才的要求，采取了因地制宜的原则，照顾了我国地域辽阔，各地发展不平衡的现实特点，充分注重了学制的弹性和灵活性，克服了之前学制单调、整齐划一、过度刚性的缺陷。因此，它具有明显的本土化特色。第三，在实践层面对西化倾向进行反思并对中国传统高等教育以及文化进行继承。在五四运动之后出现了文化反思的潮流，重新认识和评价中国传统文化的价值，反映在大学教育上，是对中国传统大学教育的重新认识和评价，包括新文化运动的核心发起人胡适、陈独秀都提出应当吸收旧教育的精神和方法。五四运动之后中国高等教育对书院的重视，反映了人们对引进西方教育制度的反思，是当时整个大学文化反思的一部分，它不是怀旧、复古，而是在对外国高等教育全面了解和对中国半个世纪以来高等教育改革反省的基础上，探索现代大学制度的一次飞跃。

总之，自始至终，大学制度的本土化探索都是引领中国近代高等教育发展的重要动力。蔡元培以兼容并包的理念治理北大，在北大实行教授治校制度，带动了全国范围内的大学制度改革。张伯苓在南开大学推行"土货化"的办学方针，推动了南开大学的本土化发展。梅贻琦将教授治校制度在清华办学实践中贯彻落实，使清华由一所留美预备学校转而成为追求学术自由的真正意义上的中国式大学。郭秉文在东南大学进行大学制度改革，一度成为全国大学教育制度改革的典范。一直独立于中国高等教育体系之外的教会大学也主动向国民政府备案，越来越中国化。西南联大"外争民主、内树学术自由"的精神更是中国近代大学制度的楷模。

通过对国外大学制度的借鉴与融合，至20世纪二三十年代，中国近代大学制度已由被动地接受外来的教育影响，转向主动面向世界寻求自身变革之路，学术独立开始在中国现代大学土壤上孕育、扎根并蓬勃生长，迸发出鲜活的生命力，历经学术理念创新、学术组织创新、学术体制创新而逐趋完善。中国现代大学的学术，一种真正意义上相对独立于其他活动的学术活动，实现了从观念到形成制度、从制度到实践使制度思想化的过程转变，从而使我国现代大学步入学术独立的殿堂。

四、近代中国大学的通识教育

中国的历史进入近代之后，中西文化激烈碰撞，传统的以人文为主的通识课程体系面临着挑战。时代在呼唤新价值观与新理想人格的出现。在此背景下，洋务派在他们的官办学堂里，首先对通识课程作出了改革。洋务学堂的课程虽然没有明确分类为通识课程和专门课程，当时的课程是以中、西学来分类的，但仔细分析其章程，我们不难发现，其课程仍包括基础课和专业课两部分。外国语、算学、“四书”“五经”和史学属基础课，军事、科技方面的各类专门科目属专业课。

《京师同文馆章程》拟订的学程分为八年和五年两种。其中，“由洋文而及诸学者共须八年”。八年课程次第为：首年，认字、写字、浅解词句、讲解浅书；二年，讲解浅书，练习句法，翻译条子；三年，讲各国地图，读各国史略，翻译选编；四年，数理启蒙、代数学、翻译公文；五年，讲求格物、几何原本、平三角、弧三角、练习译书；六年，讲求机器、微积分、航海测算、练习译书；七年，讲求化学、天文、测算、万国公法、练习译书；八年，天文、测算、地理、金石、富国策、练习译书。从以上课程设置可以看出，京师同文馆每年都有外国语课程，还有广泛的科学课程。除了第一年完全为认识和讲解外国语言文字，计有七年翻译练习，五年算学，一年各国地图，一年各国史略，这些都属于基础课。此外，还有两年天文、测算及一年的格物化学等新添科目，这些在当时属于专业课程。另外，“其年齿稍长，无暇肄及洋文，仅借译本而求诸学者，共须五年”，减去了学习外国语的时间。五年课程表是：首年，数理启蒙、九章算法、代数学；二年，学四元解、几何原本、平三角、弧三角；三年，格致入门、兼讲化学、重学测算；四年，微分积分、航海测算、天文测算、讲求机器；五年，万国公法、富国策、天文测算、地理金石。由此可见，五年学程的课程设置也是分为基础课和专业课，涵盖着通识教育的内容。

需要说明的是，京师同文馆的课程中，未列出有关汉文经学的科目。这是因为一方面，由于入馆学生是“科甲”出身的官员，已经有了相当的“中学”基础，没有必要开设传统科目课程；另一方面，在《同文馆题名录》中明确说明：“至汉文经学，原当始终不已，故于课程并未另列。向来初学者每日专以半日用功于汉文，其稍进者亦皆随时练习作文。”[①]可见，洋务派仍然非常注重汉文经学的教育。

仔细分析洋务学堂的通识课程设置，不难发现，它主要由中学和西学两部分组成。中学的内容主要是围绕明人伦“立身之道”，为培养学生的民族性和忠君尊孔的精神开设的，具体内容包括“立身行道，取法于圣者贤者，自以经史为正规，而朝章宪典，吏治民情，亦宜切实讲求，历代文体工于文者，皆能模仿”[②]。也就是说，经史子集、礼义条款、朝章法典等都是“中学”的主要内容。西学的内容以外国语和军事制造技术为主，其后逐步扩大到史地、各种实用专门知识和科学等多方面。西学中除了外国语、各国史略、数学属于通识教育范畴外，其余多属于专门教育范畴。可见，洋务时期的课程设置是以“中体西用”为主要指导思想的，旨在培养既具有儒家纲常名教的思想与品德，又懂西文、西艺，能够运用西方的科学技术的洋务人才，即“体用兼备”或“明体达用”的各类专门人才。洋务派学堂的通识课程，打破了传统儒家文化一统天下的局面，使科学技术知识得以进入大学课堂。这意味着在中国文化的价值体系里，以“至善”为终极目标的纲常名教在学校课程中的独尊地位，遇到了严峻的挑战。

洋务运动失败之后，戊戌变法的大学教育改革思想，开始表现出诸多突破性倾向。最明显的一点，就是将“西政”知识引入教学领域，使中西学的关系趋向于有机的结合。维新派开始意识到从社会实用的角度去引进西学，不太注意西学是否符合中学的要求这一规范。这时的课程开始考虑学生个性发展的需要，而不只是考虑社会的需求，认为学生通过对学校课程的学习，不但要能为社会服务，而且要能自立。在此基础上，戊戌变法前后建立的很多学校，明确将“通才教育”作为教育宗旨和办学思想，课程的构成也更具科学性，在重视专业教育的同时，将通识教育放在了一个前所未有的高度。

---

① 郑登云：《中国高等教育史》，华东师范大学出版社 1994 年版，第 67 页。

② 舒新城编：《近代中国教育史料》，中国人民大学出版社 2012 年版，第 113 页。

"通才教育"思想最早出自张百熙主持起草的《钦定京师大学堂章程》。他认为,"京师大学堂之设,所以激发忠爱,开通智慧,振兴实业。谨遵此次谕旨,端正趋向,造就通才,为全学之纲领。""通才"作为我国政府首次颁布的大学教育宗旨,其培养规格在"德"和"智"两方面都有要求。1904 年,张百熙等在《重定学堂章程折》中更明确地说明通才应以德为先:"至于立学宗旨,无论何等学堂,均以忠孝为本,以中国经史之学为基。俾学生心术一归于纯正,而后以西学瀹其智识,练其艺能,务期他日成材,各适其用,以仰副国家造就通才,甚防流弊之意。"①

如《定国是诏》中所说,京师创立大学堂,自应以"中学为主,西学为辅;中学为体,西学为用。中学有未备者,以西学补之;中学有失传者,以西学还之。以中学包罗西学,不能以西学凌驾中学,此是立学宗旨"②。依据此指导思想,大学堂课程分为两大类:一曰溥通学(或称普通学,即通识课程),一曰专门学。具体规划为,所有学生必须首先学习一项两年制的普通学科,包括经学、理学、中外掌故、诸子学、初级算学、初级格致学、初级政治学、初级地理学、文学等;然后是由学生选修而与溥通学同时教授的语言文字学 5 科(英、法、俄、德、日),学生任选其一;最后是溥通学卒业后选修的 10 科专门学,包括高等算学、高等格致学、高等政治学、高等地理学、农学、矿学、工程学、商学、兵学、卫生学等课程。由此可见,维新派已经不满足于西学、西艺的传播,有了在普通教育基础上进行专门教育的人才培养构想。

20 世纪初,中国思想界激烈动荡。也正是在这个历史的关键时期,有一批大学校长,秉持通识教育理念,并付诸办学实践,对后世高等教育的发展产生了深远的影响。当时,"不批判旧文化,就无以倡导新文化"成为文化思想界的主流,中国传统文化遭受很大冲击。然而,很多大学校长的通识教育思想,不仅包含学习西方的长处,更难能可贵的是,还体现出对中国传统教育精神的认可和推崇,这集中体现为他们的全人教育思想。儒家认为教育要德智体美并

---

① 张百熙:《重定学堂章程折》,载璩鑫圭、童富勇编:《中国近代教育史资料汇编》,上海教育出版社 1997 年版,第 423 页。

② 孙家鼐:《遵议开办京师大学堂折》,载璩鑫圭、童富勇编:《中国近代教育史资料汇编》,上海教育出版社 1997 年版,第 423 页。

重，培养人格健全的人，即所谓“君子不器”。很多大学校长在高举民主与科学旗帜的同时，还继承了儒家文化中培养君子、培养士的人格理想，使“君子不器”与现代知识分子的养成相衔接。在学术研究和办学过程中，他们都非常注重“知识、情感、意志”三者的平衡训练，坚持“知类通达”的通才培养目标、文科与理科平衡的学科布局、通识课程与专业课程并重的课程设置，以培养学生完整的人格，追求身和心之间的和谐、人与人之间的和谐、人与自然的和谐，从而实现“知人、知物、知天”的理想。

梅贻琦从儒家传统的“大学之道”出发，结合当时的社会实际，力举“通才教育”。梅先生认为，现代大学理念仍不外是《大学》一书中所说的“在明明德，在亲民，在止于至善”。而要达此目的，大学阶段就要对学生进行通识训练，使学生“知类通达”。他指出，“窃以为大学期内，通专虽应兼顾，而重心所寄，应在通而不在专。”因为“社会所需要者，通才为大，而专家次之”。否则，“以无通才为基础之专家临民，其结果不为新民，而为扰民”。从社会需求的角度看，他认为在大学本科阶段应是“通重于专”，“要求学生对自然、社会和人文三方面都具有广泛的综合知识”，而“不贵乎有专技之长”。他强调，“学问范围务广，不宜过狭，这样才可以使吾们对于所谓人生观，得到一种平衡不偏的观念。对于世界大势文化变迁，亦有一种相当了解。如此不但使吾们的生活上增加意趣，就是在服务方面亦可加增效率。这是本校对于全部课程的一种主张”。①

在具体的改革实践中，梅贻琦建立了学系制度，又实行延缓分院系制度，秉持了先通后专、以通为主的原则。从 1933 年开始，清华大学规定大学一年级不分系，专用于文字工具之预备，自然科学与社会科学之普通训练，除体育、军训、党义为部定必修课外，还规定五门必修课：国文、英文、通史（本国、西洋任选一门）、算学或伦理学，其目的在于“使学生勿囿于一途，而得旁涉他门，以见知识之为物，原系综合连贯的，吾人虽强为划分，然其在理想上相关联相辅助之处，凡曾受大学教育者不可不知也”。②第一年的通识课程共计 36 至 38 学分，占总学分的 27.2％至 28.3％。在梅贻琦看来，这一“通论”课程至关重要，

① 梅贻琦：《大学的意义》，古吴轩出版社 2016 年版，第 33 页。
② 梅贻琦：《大学的意义》，古吴轩出版社 2016 年版，第 34 页。

它将自然、社会与人文学科作为通识教育的基础课程，要求学生既能够“分而理解”，又能够“会其所通”。

根据梅贻琦的原则，学生第二年以后，得选定专修学系，以从事于专门的研究。尽管如此，各系规定的课程，多不取严格的限制，在每专系必修课程外，给予学生很多自由时间，“使与教授商酌，得因其性之所近，业之所涉，以旁习他系之科目。盖求学固贵乎专精，然而狭隘之弊端与宽泛同，故不可不防”。大致说来，每名清华学生必修的本系课程，一般占 1/4 到 2/5 左右，并且多属基础课程，目的是给学生打下广博的基础。此外，梅贻琦认为大学的课程还非常有必要进行修改，比如工学院增加有关通识的课程，而减少专攻技术的课程。因为工业建设要靠技术、机器，还要依靠资金、原料，所以工业建设人才对经济、管理、地理、地质都应该有充分的认识。真正工业的组织人才，对于心理学、社会学、伦理学，以至于一切的人文科学、文化背景，都应该有充分的了解。因此，大学工学院应该增加一些心理学、社会学、伦理学等方面的课程，包括工业心理、工商管理、人力工程，等等。

同样是为了使培养的人才具备融会贯通能力，蔡元培一边高举学术自由的旗帜，网罗众家学者，兼容并包；另一边，废除年级制，采分系选课制和学分制，以打通文理沟壑，舒展个性。在具体的实践中，1919 年，他在北京大学进行改革，强调文理渗透，重视基础知识的学习。在他的倡导下，文科开设了“科学概论”等自然科学类课程，理科开设了国文等文史类课程，并且废止了文理法等壁垒森严的科别，改设 14 个系，在系与系之间教师能够流动、学生可以兼习。蔡元培还最先在北京大学实行了选科制。改革后的本科课程一半为必修，一半为选修。学生除了学习规定的必修课程外，还可自由选择占一定比例的选修课程。选修课程既可以是本系开设的，也可以是相关学系开设的。同样，学生修满学校规定的学分就可以毕业，不受修业年限的限制，优秀的学生可以提前毕业。可见，蔡元培实行的选课制，实质上在一定程度反映了当时文化变迁的需求，唤醒了学生的主体自觉意识，强调尊重学生的个性、发展学生的个性。另外，蔡元培还努力促进中西文化的交流与融合，认为“今世为中西文化融合时代，西洋之所长，吾国自当采用”。由此，在课程建设上，在文科方面，要求“于旧文学外，兼提倡本国近世文学，及世界新文学”，“力矫偏重英语的旧习，增设法、德、俄诸国文学系”，并将世界语列为选科；在理科方面，要求教材必须吸收该学科世界各国的最新科技成果；同时，提倡开设中西文化比较课程，以加深对中西文化的认识。这些都是对世界多元文化背景所作出的积极反映。

从 1913 至 1936 年担任复旦大学校长的李登辉，同样秉持全人教育的理念。他认为，当时旧的东西打倒了，新的制度却没有建立起来，必然导致“一般青年所受的教育，都只有理智的片面，丝毫谈不到全人的发展”。在《我们所最需要的教育》一文中，李登辉讲道，人类生活，包含德智体三原素，是缺一不可的。三者的发展，贵在平匀。忽略其一，未有不牵及其他之理。因此，大学教育必须以道德或精神的发展为重心，不管是新的、旧的，还是东方的、西方的，都要择其善者取之，其不善者去之，集东西之精华，从而把个人身体、智力、社会和道德各方面的潜能引导出来，实现个人的平衡发展。在以上理念基础上，李登辉在复旦倡导“大学之教，百家渊薮”，正式确立了“学术独立，思想自由”的通识教育理念，并据此把课程调整为语言、哲学、国文、数学、自然科学、社会科学、工学等类，实行按类教学，这在当时的中国大学是相当超前的。

竺可桢自 1936 年起，担任浙江大学校长，历时 13 年。其间，一套完整而高效的通识教育体系得以建立。他尖锐地指出，当时很多大学的缺点在于只传授知识，而不注重智慧和思想的训练，“专重知识的传授而不注重训练智慧，过重于用授课方法来灌输各国学者已发明的事实，而对于思想的训练方面全未顾及”。许多人常以学校培植学生和工厂制造物品相比，毕业生没有出路好像是工厂出品无处可销，竺可桢认为这种比喻是不恰当的，因为工厂出货无论是一部汽车、一只表，还是一个铁钉，总是出厂的时候最适用。等到旧了，表会停、汽车会抛锚、铁钉会生锈。毕业学生，可不能一离校就天天腐化下去。他必得在学校的时候，已经有一种内在力，使其出校门后能利用其思想以增加知识经验，锻炼身体品性，使学问道德又日新日日新。学校应该注重智慧的训练，培养学生的“内在力”，而不仅仅是知识。这种内在力就是一种通识思想，体现了通才而不是职业化、专业化的要求。

毕业于哥伦比亚大学的哲学博士郭秉文，同样秉持通识教育理念，以民主与科学精神治校，为东南大学的创立与发展打下了优良传统。郭秉文主张，要培养“全人”，必须达成四个平衡，即通才与专才平衡、人文与科学平衡、师资与设备平衡、国内与国际平衡。首先，他重视学科之间的平衡，为通才和专才的成长提供完备的学科背景。而从五四运动之后中国思想界、教育界的实际情况看，人文与科学的平衡突出地表现在对人文学科，尤其是传统文化的宣扬和继承上。1919 年，郭秉文不仅在南京高师引进了一批传统文化大师，而且还支持他们创办了《学衡》杂志，主张发扬民族精神，沟通中西文化。南京高等师范学校，正科分为文史地部与数理化部，此外又设立工、农、商、教育、体育等专修科。1921 年东南大学正式设立以后，相继设立了 5 科 28 个系，包括文理、工、农、商、教育五科，学科布局是十分齐全的。除此之外，郭秉文还坚持“寓师范于大学”，认为师资培养应该是一种综合性人才或通才培养模式。他反对当时向日本学习，设立专门的师范学校培养师资的做法，主张采取美国的模式，由综合性大学来培养教师。东南大学就设置了师范专业与教育科，培养具有综合素质、通才式的教师。这种教师教育思想与今天通识教育理念的基本精神是一致的。东南大学还设立了文理科，专门负责通识教育，为通识教育的实施提供了制度保障。文理科是由文史地部、数理化部合并而成，下设国文、历史、外文、政治、经济、哲学、物理、化学、数学、地学等系，生物系以及心理系。东大文理科彰显文理融合的理念，堪称中国近代最早的文理学院。在郭秉文看来，作为综合性的大学，既要有偏重理论的学科，也要有偏重应用的学科，使学科之间做到取长补短、互通有无，由此才能造就“平正通达的建国人才”，而这种人才都能为社会所重视，不曾发生过就业问题，而且多能成功立业，彬彬称盛。

五、近代中国大学的教授治校

从某种程度上讲，教授群体是大学精神的主体，教授的价值取向决定着大学精神的实际内涵。近代中国大学教授群体的形成是一个非常复杂的过程。大学教授伴随着近代大学的发端而产生，与大学的发展水平相一致。清末大学教授的名称尚未出现，仅有“官师合一”型的“教习”。教习之称始于洋务运动时期的新式学堂，是对教育者的通称，代表教育者的职业化、社会化，是中国教育近代化的一个表征。1904年颁布的《奏定大学堂章程》始称"教员"，规定大学堂教员分正教员、副教员两种。在清末相当一段时间里，在高等教育机构的文史等传统科目的教习甚至外籍教习都有官衔，说明清末教习处于传统绅士向近代知识分子的嬗变之中。而且，清末大学数量较少、规模较小，大学教授群体的规模也很小，社会影响并不明显。直到1912年，全国专科以上全部教习人数约为2312人，其中专科学校教习2083人，大学及独立学院教习只229人。[①]1912年后，中国大学在数量上迅猛发展，教授规模随之迅速增大，加快了大学教授群体的形成。《大学令》规定："大学设教授、助教授……大学遇必要时，得延聘讲师……大学各科设讲座，由教授担任之"，教授不足时，则由助教授或讲师担任讲座，首次提出"教授"名称作为大学教师职称之一，这标志着制度上被认可的近代中国大学教授的出现。

中国近代大学是西学东渐的产物。先驱者们在创业过程中，不得不时时参照西方大学的各种规章制度。国外大学教授参与校政的一些做法，也较早地被他们注意到了。1898年6月，就在京师大学堂紧锣密鼓筹办的当口，保国会首领李盛铎启奏，大学堂"乃当参照各国学校办理"，并曰"日本大学设有评议会，以各科学长及教授为议员，而大学总长为议长，凡各科废置规制变更，皆公议而后定，又授学位有须各员评议而后酌量选授者，似宜仿照办理"。[②]这大概可以算作清末最早提出的设立大学"评议会"的动议了。不过，这个提议并没有被当时正在拟定的《京师大学堂章程》所采纳，也没有被1902年的《钦定大学堂章程》所吸收。

1904年初，张之洞主持制定的《奏定大学堂章程》得以颁行。这个章程第一次以法规的形式明确了教员参与校政的"会议所"形式。在大学层面，"堂内设会议所，凡大学各学科有增减更改之事，各教员次序及增减之事，通儒院毕业奖励之事，或学务大臣及总监督有咨询之事，由总监督邀集分科监督、教务提调、正副教员、监学公同核议，由总监督定议"。在学科层面，"各分科亦设教

---

① 郑登云：《中国高等教育史》，华东师范大学出版社1994年版，第256页。

② 璩鑫圭、童富勇编：《中国近代教育史资料汇编》，上海教育出版社1997年版，第384页。

员监学会议所，凡分科课之事，考试学生之事，审察通儒院学生毕业应否照章给奖之事，由分科大学监督邀集教务提调、正副教员、各监学公同核议，由分科监督定议”。其中的要点，一是正副教员在大学、学科两个层面同时参与；二是正副教员全体参与；三是以会议的形式“公同核议”；四是分别列出了大学层面和学科层面需要“公同核议”的主要事项。[①]《奏定大学堂章程》在中国近代高等教育史上自有其意义，然而遗憾的是，它没有得到切实的实施，因为不久清朝的最后一个皇帝就退位了。

首任民国教育总长蔡元培着手对大学制度进行新的设计，其智慧和魄力集中体现在《大学令》中。《大学令》不足千字，篇幅比清末各版大学堂章程都小很多，但其中关于教授参与校政的条文却不厌其详，具体规定了“评议会”和“教授会”两种机构的组成和权限。在大学层面，“设评议会，以各科学长及各科教授互选若干人为会员，大学校长可随时召集评议会，自为议长”，其主要权限是审议“各学科之设置及废止”“讲座之种类”“大学内部规则”“大学院生成绩及请授学位者之合格与否”等事项。在学科层面，各科各设教授会，以教授为会员，学长可随时召集教授会，自为议长，教授会主要“审议学科课程，学生试验”，以及审查“大学院生属于该科之成绩，提出论文请授学位者之合格与否”等事项。

《大学令》的这些规定，与《奏定大学堂章程》有几个显著的区别。首先，《大学令》取“评议会”之名，并且取消了《奏定大学堂章程》中“由总监督定议”一款，表明评议会所有成员（包括校长）在地位上的平等；其次，评议会的教授成员由各科教授互选产生，体现了民主的特点；第三，取“教授会”之名，表明了这是教授自己的组织，学科的事要由教授自己做主；第四，《大学令》是在确立了“教授高深学术，养成硕学闳才，应国家需要”之新大学宗旨的基础上制定的，这就从根本上将它与清末的各版大学规章区别开来。然而同样遗憾的是，作为辛亥革命成果的这份《大学令》在颁布之后的四五年里，也没有真正付诸实施。鉴于当时不安定的社会环境和动荡的政局，再好的顶层设计也难免落

① 《奏定大学堂章程》，载璩鑫圭、童富勇编：《中国近代教育史资料汇编》，上海教育出版社 1997 年版，第 237 页。

空，就连蔡元培自己也在做了短短几个月的教育总长后就辞职了。

历史注定要让蔡元培在中国的近代高等教育的发展中占有开创性的地位并实现他的教育理念。1916 年底，蔡元培被任命为北京大学校长。他到任之后，立即着手改革管理制度，其中关键举措之一便是落实评议会和教授会。将评议会确立为学校最高权力机构，是蔡元培对北京大学管理制度进行改革的重中之重。首先，建章立规，完善制度。1917 年春夏之际，蔡元培主持制定了《北京大学评议会规则》，规定评议会由"校长，学长及主任教员，各科教授（每科二人、自行互选）组成"，同时还具体规定了评议会的权限、议事程序等。1919 年 10 月，蔡元培又主持制定北京大学《评议会选举法》，对原先的规则进行修订，规定评议员"不分科不分系，但综合全校教授总数互选五分之一，此外加入教务长、庶务主任、图书馆主任、仪器室主任，但无表决权"。这就基本保证了评议会中教授占多数。1920 年 10 月，蔡元培主持制定《评议会规则修正案》，规定评议会仅"由校长、教授互选之评议员"组成，取消了原先学长、系主任为评议会当然成员的条款，从而确保了教授在评议会中人数的绝对优势。北大评议会下，设立各种职能委员会，诸如组织委员会、财务委员会、聘任委员会、入学考试委员会、审计委员会、图书委员会、仪器委员会、出版委员会、庶务委员会等。更重要的一个方面是，蔡元培作为校长身体力行，始终将自己置于评议会之下，尽力维护评议会的权力和权威，并努力执行评议会的各种决议。

蔡元培在北大，还致力于充分发挥教授会在科系管理中的重要作用。1917 年夏，他主持制定《北京大学各科教授会组织法》，规定本校各科各门之重要学科，各自合为一部，每部设一教授会，每一部教员，无论其为研究科本科预科教授、讲师、外国教员，皆为本部教授会之会员，同时还规定了须经教授会讨论议决，及须由教授会参与讨论的主要事项。此外，蔡元培于 1919 年底主持制定的《国立北京大学内部组织试行章程》还规定，各学系主任由本学系教授会公举，评议会各职能委员会的委员长及学校的教务长、总务长等职务，均必须以教授为限。很明显，如此等等，用意都在加大教授在学校管理机构中的权重。为了让教授行使好参与校政的权力，减少其后顾之忧，蔡元培还在 1922 年初亲拟"北京大学《教员保障案》提案"，提议凡已得续聘书之各系教授之辞退，应由该系教授会开会讨论，经该系教授会五分之四之可决，并得到校长之认可，方能办理。同时，各教授应担任何项功课，应由该系教授会开会共同商定。蔡元培详释其理由是，教授的辞退和任课，不应凭主任或教务长一人之意见。

在蔡元培的推动下，五四运动前后，北京大学的整个治理结构已发生了根本改变，以评议会和教授会为核心的教授治校制度已基本成型。也正是在这个过程中，"教授治校"这个口号逐渐从北京大学传播开来。时任文科教授的沈尹默 1966 年回忆道，就在蔡元培出长北京大学后不久，自己曾提议在北大的章程上规定教师组织评议会，而教育部始终不许成立。中国有句古话，"百足之虫，死而不僵"。与其集大权于一身，不如把大权交给教授，教授治校，这样，"将来即使您走了，学校也不会乱"。另外，马非百晚年回忆说，他于 1919 年 6 月考取北京大学，因不满当时北京大学沿袭多年的京官具保制度，遂写信给校长蔡元培。蔡元培接信后，很快给马非百回信道，查法国各大学，并无此制。然本校系教授治校，事关制度，必须经教授会讨论通过才可决定。

"教授治校"一词，确切见诸文字的，是蒋梦麟 1920 年 2 月 23 日在《申报》上发表的《北京大学新组织》一文。该文开宗明义指出，北京大学的新组织是本着"教授治校之宗旨"改组的。1922 年底，胡适在北京大学校庆纪念会上发表讲话，回顾北京大学五年来的成绩，第一个成绩就是"组织上的变化"，即从"校长学长独裁"制变为"教授治校"制。1923 年春，蒋梦麟协助蔡元培筹办杭州大学，在《杭州大学意旨书》中说明："吾国办学，向来重视校长，而不重视教员。但一校之学术，出自教员而不出自校长，故同人等主张以学校行政兴学术之权，畀诸全体教授。校长由教授互选，所以选教授治校之目的也。"①这里提及的"同人"肯定包括蔡元培在内。而到 1925 年 4 月，蔡元培在《中国现代大学观念及教育趋向》一文中，回顾了在北京大学推行评议会和教授会的过程。从那时开始，"教授治校"一词在各种媒体频频出现，在高等教育界更是耳熟能详，甚至成了一个很流行的口号。

---

① 张淑锵、蓝蕾主编：《浙大史料·选编一（1897—1949）》，浙江大学出版社 2017 年版，第 13 页。

由于蔡元培在北京大学的成功实践，加之五四运动的推动，以评议会和教授会为核心的教授治校制度在 20 世纪 20 年代的大学中得以广泛推行，只不过具体形式和名称各校略有不同罢了。清华学校的制度有自己的特点。按照 1926 年《清华学校组织大纲》规定，校评议会以校长、教务长及教授会互选之评议员七人组织，其职权除了常见的之外，还包括规定全校教育方针、审定预算决算、审定全校课程，以及至关重要的——决定讲师与行政部各主任的任免等。更加独特的是，清华教授会不是设在学科层面上，而是设在学校层面上，是校级“教授会”。当时清华分为校、系两级，另在学系层面设“学系会议”，相当于系教授会。到《清华学校组织大纲》，又设置了校教授会。评议会若干事项，在议决之前，应先征求教授会意见。评议会有关重要决议，经教授会三分之二之否决时，应交评议会复议。这样一个校教授会，实际上已然是校评议会的一个制约机构和监督机构，对立法有建议权，且对评议会的决议有否决权。1928 年清华大学的“改隶废董”运动，就是在这个教授会的主导下发动，并获得成功的。

东南大学于 1921 年制定《国立东南大学组织大纲》，也确立了评议会和学校、学科两级的教授会制度。校教授会由校长暨各科及各系主任和教授组成，其权限包括建议系与科的增设废止或变更于评议会，赠予名誉学位的议决等重要的教务上公共事项。相比较而言，各科教授会的职权更加实在一些，包括决议本科教育方针、规划本科发展事业、建议本科各系于校长、建议本科各系的变更于评议会、编订本科课程及其他规程、审定本科学生毕业资格、决定给予免费学额等。但是，情况在 1926 年 8 月发生了变化，当时出台的组织大纲《修正稿》赋予校教授会数项重要职权，其中第一项就是选举校长。获得如此大权的校教授会，其地位俨然在校评议会之上。

20 世纪 20 年代的确是教授治校制度发扬光大的时代。各省、市立大学，与国立大学同属公立大学，都倾向于向国立大学看齐，因此也纷纷建立了评议会、教授会，与国立大学在治理结构上基本同质。私立大学为私人所设立，代表设立者利益的校董事会是学校的最高权力机构，治理结构有其特殊性。但是，1912 年民国《大学令》特别说明，该法令的主要条款对私立大学“均适用之”，私立大学在教授参与学校管理的大方向上与公立大学也基本一致，只不过形式与名称更加多样化罢了。例如，按照《厦门大学组织大纲》的规定，校董会是学校最高权力机构，同时学校也设立“校务会议”和“院务会议”，校务会议的组成人员基本同于国立大学的评议会，但其职能主要是审议相关事项，而院务会议在人员和职能上都相当于学院的教授会。此外，学校也设各种委员会，其职能相当于校董会和校务会议的工作机构，其人员由校长指定或院长教授互推产生。复旦大学于 1924 年成立行政院，以校长、副校长、教务主任、各科处主任及教职员每二十人代表各一人组成，协同校长管理本大学一切行政事务，包括决定教育方针及规划行政事宜、议决各科处及其他各种机关之增设废止及变更、议决。关于经济之建设、审查每学期总预算及总决算、议决教职员十人以上及学生团体之建议、议决及修改本大学章程等。

教授治校制度顺应了历史发展的潮流，符合高等教育的内在规律，并且对中国近代高等教育发展的实际进程起到了积极的推动作用。尽管时不时也会表现出一些明显的局限和缺陷，但是这个制度的历史意义无疑十分重要，对后世的启发不容忽视。

第一，教授治校制度确立了教授在大学里的主人翁地位。教授是教学科研工作的承担者，是大学基本职能的履行者，是大学的主体和主力，理应也是大学的主人。教授治校从制度上确立了教授的主人翁地位，确保了他们在大学治理中的主体性和主导性，使得他们能自己来管理自己的事情。教授有没有这种主人翁的地位，不仅事关他们的治校，更事关他们的治学，会影响他们本职的教学和科研，进而影响大学的职能及其水平。从这个角度看，教授治校固然有效率不高的一面，却也未必没有提高效率的一面。虽然教授议校所花的时间可能比较多，过程可能比较慢，但只要真正“议”得充分了，真正代表大多数教授的意志了，教授的积极性主动性提高了，那么执行就会更顺利、更有力，效率势必就会得到弥补甚至更高。

第二，教授治校制度体现了民主的要义，有效地将治校的权力从个人分布到群体、从行政分布到学术。很少有其他的社会群体能像教授群体那样，既具有强烈的民主诉求和民主意识，又具备必要的民主素养和能力。教授治校制度，本质上是一种民主制度，实行的是民主治校。它将治校权力制度化地授予了教授群体，使得教授群体在大学治理结构中发挥主体、主导的作用，由此较好地防止了大学管理的个人专制和独裁。蔡元培被任命为北京大学校长之初就演讲说，“盖一国之政治，操之少数人之手，权势偏重，最易生反动力”。大学里的情况，更加如此。因为在大学里，专制独裁所造成的危害远甚于其他社会部门，它直接危害的不仅仅是教职员工的民主权利，更是学术工作必不可少的“精神之独立”“思想之自由”，是教授职业的生命底线。

第三，教授治校制度能维护大学的正常秩序，维护大学的相对稳定。中国近代的大学“校长风潮”此起彼伏，校长很少有当得长久的。而校长一人的进退，往往又导致学校长时间的动荡不安。蔡元培当初推行教授治校制度，这也是一个很现实的考虑，即“希望本校以诸教授为各种办事机关的中心点，不要因校长一人的去留使学校大受影响”。在实行教授治校制度之后，学校权力的重心从个人转向群体，从流动性较大的行政人员转向相对稳定的教授群体。因此，校政不易随着校长个人的进退而产生大的动荡和损失，从而保持了学校的秩序和稳定。清华大学在罗家伦辞职之后的一段时间里一直没有校长，整个校务由校务会议维持，所有计划照常进行。最重要的是，“学生毕业丝毫未受影响”。这就是一个很好的例证，而且这在当时绝非孤例。

第四，教授治校制度是大学最好的自卫武器，能有力地卫护大学的自治和独立。陈岱孙晚年在回忆 20 世纪三四十年代清华大学的教授治校制度时说，在清华实行了十八九年的校内领导体制，这在很大程度上是当时环境的产物。在校内，它有以民主的名义对抗校长独断专权的一面；在校外，它有以学术自由的名义对抗国民党派系势力对教育学术机关的侵入和控制的一面。这就是说，教授治校制度不仅对校内的民主有意义，而且在校外也有自卫的功能。一般来说，大学的自治和独立地位主要应该由法律法规来保证，但是在那个特定的历史阶段，党派的势力、官员的权力，甚至军队的武力和商人的财力，都有极强的干预力，乃至成为一种暴力，都会以各种方式干预、控制甚至摧残大学。当这种情况发生时，大学内部最强有力的自卫群体，只能是教授。教授因其职业的特性，比之其他职员威望更高、底气更足、腰杆更硬、力量更强。因此，推行教授治校，实际上有助于教授卫校、教授护校——卫护大学的自主和独立、卫护大学的正义和尊严。

第二节　学术建国　民族独立

一、思想自由　兼容并包

自由主义教育思想形成于19世纪初的英法等西欧国家。它强调个性解放，主张教育独立和人的自由发展，反对外界势力对教育的控制，反对模式化教育。20世纪初，自由主义教育思想传入中国，立即表现出特殊的生命力和强大的感召力，对当时的中国大学教育产生了深刻的影响。

自由主义教育一般体现出以下三个方面的特征：

首先，在教育目的上，自由主义教育着眼于促进人的个性自由的发展，致力于完善人的"完全人格"。蔡元培和蒋梦麟在这一点上很有代表性。他们虽然也意识到个人与社会的相互关系，但在教育目的上，更强调个性的发展。因为几千年的中国封建教育，强调守成和划一，缺乏的正是人的自由发展。蔡元培认为，国民而无完全人格，欲国家之隆盛，非但不可得，且有衰亡之虑焉。蒋梦麟也指出，教育根本方法之一，便是"个性主义"，即以个人固有特性而发展，个人享有自由平等之机会，而不为社会家庭所抑制。他们的主张，与穆勒对"将立一格""陶铸一国""劫持人心"的批判，可谓异曲同工，与中国封建教育"化民成俗""存天理，灭人欲"的传统思想则截然相反。

其次，在教育组织的管理上，自由主义教育倾向于教授治校，力求教育独立和大学自治。教育者们把这些作为大学组织的原则，而在当时的历史背景下，教育独立，无疑是指独立于政府、政党和教会，使教育不受其干涉和左右。蔡元培主张"教育事业当完全交与教育家保有独立的资格，毫不受各政党或教会的影响"。胡适执掌中国公学期间，学校不挂国民党党旗，抵制党化教育。他们主张教授治校，民主管理，即通过教授会和评议会等组织来实现治理。但教授治校的作用是双重的，既有校内的直接作用，又有校外的间接作用——在校内，它有以民主的名义，对抗校长独断专权的一面；在校外，它有以学术自主的名义对抗国民党派系势力对教育学术机构的侵入和控制的一面。

最后，也是最重要的一点，在教育过程上，自由主义教育奉行学术自由原则，主张思想自由，兼容并包。学术，顾名思义是学者从事的研究高深学问的活动。大学，蔡元培称之为研究高深学问的机构。显然，学术为大学运行提供基础支撑。近代大学以学术自由原则为指导，逐步走上了从事科研事业及高级专门训练的现代化发展之路，成为从根本上与封建学堂区分开来的关键要素。奉行自由主义教育观的大学校长们认为，人与动物之根本区别，首先在思想之有无，而学者教授又应以研究学术为要，以发表新思想为职责。思想言论自由和研究自由，是教授生涯的本质要求，是大学生命力之所在。因此，他们都将此奉为大学通例和基本原则，热情倡导并坚决捍卫。

所谓学术自由，一般被理解为不受妨碍地追求真理的权利。证明学术自由正确的理由基于这样的假设：知识对于社会是宝贵的，不受干预的教学自由、研究自由、出版自由等，是追求知识的必由之路。为了保证认识的正确，学者的活动必须只服从真理的标准，而不受任何外界压力，如国家、教派或利益集团的影响，因为“大概没有任何打击比压制学术自由更直接指向高等教育的要害了”。学术自由是大学精神中心的、普遍性的指导原则。这体现在以下几个方面：第一，学术自由主要适用于大学的学术活动，包括教学自由、学习自由和研究自由；第二，享有学术自由的群体是大学的教师和学生；第三，学术自由的目的是保护学者在追求真理的过程中不受外界不合理因素的干扰和影响。据此，我们将学术自由理解为大学中的学术成员——教学人员、科研人员、教师与学生——在进行学术活动时最小限度地接受来自外界强制的权利。可以说，不尊重学术自由，就不可能建成真正的大学。

的确，在中国近代，自从大学创立以来，学术自由始终都是其精神的根本性特征。正如 1921 年叶恭绰在做交通大学校长的时候，在一个开学演讲中总结的：“诸君皆学问中人，请先言学问之事……尝以为诸君修学当以三事为准衡：第一，研究学术，当以学术本身为前提，不受外力支配以达于学术独立境界。第二，人类生存世界贵有贡献，必能尽力致用方不负一生岁月。第三，学术独立斯不难应用，学术愈精，应用愈广。试申言之。夫学术之事，自有其精神与范围，非以外力逼迫而得善果者……是故求学术造诣之深，必先以学术为独立之事，不受外界之利诱，而后读书真乐，此所谓学术独立非必与致用分离。"①

中国近代大学的自由主义教育大体经历了发端、迅速发展至高潮、衰亡三个阶段。在这一方面，严复堪称先驱。他曾协助马相伯创办复旦公学并任校长，1912年2月出任京师大学堂总监督，同年5月京师大学堂改称北京大学，严复即成为首任校长。在不到一年的校长生涯中，他顶住北洋军阀"欲停办"的动议，使北大得以幸存，并将经学、文学合并为文科，增设自然学科等。可以说，自由主义教育思想在北大初现。严复对中国近代自由主义教育的贡献，在思想而不在事功。他把这一思想引入了中国。

经过三十余年的演进，到20世纪40年代中后期，中国的自由主义教育日渐式微，胡适不幸成为终结者。作为近代自由主义思想的执旗者，胡适主张大学应注重学术思想自由，鼓励个性发展，还大加宣传教授治校制。他早年曾任中国公学校长，主张无为而治，沟通文理学科，抵制"党化教育"，争人权、争自由。1946年10月，胡适出任北大校长后，积极主张学术独立、呼唤民主自由。1947年，他提出一个"争取学术独立的十年计划"，并论证到，这个十年计划将导致整个大学教育制度的全面革新，也应该包括"大学"的观念的根本改换，应多多减除行政衙门的干涉，多多增加学术机关的自由和责任。胡适的这项计划不可谓不宏伟，不可谓不细致，然而，人民解放军的炮声已经兵临北京城下。一年后，胡适带着他的这项计划，永远地离开了北大。

在发端与衰亡之间，中国近代大学的学术自由精神，无论是在理论上，还是在实践上，发展并达到高潮，无疑是在蔡元培任北大校长的那段时间。辛亥革命后，京师大学堂虽改名为北京大学，但校风腐败令人寒心。学生多数继承前清遗风，课外则吃喝嫖赌，恣意妄为，上学有跟班，作业有代笔，不想读书，只想混张文凭，作为做官发财的敲门砖。当时北大的教员也多不事学术研究，甚

① 吴立保:《大学校长与中国近代大学本土研究》，中国社会科学出版社2010年版，第305页。

至敷衍度日，学术空气稀薄。蔡元培曾留学德国多年，对新人文主义思想的洪堡式大学深为熟悉并推崇备至，又多次游学法国，熟识贡当斯的自由主义学说。1916年末，他启程回国，临危受命。上任伊始，蔡元培便仿世界各大学通例，循"思想自由"原则，取"兼容并包"主义，锐意革新，取得了非凡的成就，无论在当时，还是对后世，都产生了巨大的影响。

蔡元培坚信，一个民族或国家要在世界上立住脚——而且要光荣地立住，是要以学术为基础的。依此，他在就职演说中就明确指出，"大学者，研究高深学问者也"。大学学生当以研究学术为天职，不当以大学为升官发财的阶梯，要求学生"抱定宗旨，为求学而来。入法科者，非为做官；入商科者，非为致富"。这就指明了办学、求学的宗旨——是为学问、学术……"苟能爱惜分阴，孜孜求学，则其造诣，容有底止。若徒志在做官发财，宗旨既乖，趋向自异"。①

蔡元培时代的北京大学，被认为是自由主义教育的滩头阵地。在他看来，学术的自由主义立场与办学的自由主义主张应当互容。换言之，自由主义作为思想立场，与其他思想体系是有差异，并有排斥性的，但自由主义作为教育思想导向，则必须与其他思想和平共处，共存共荣。"兼容并包"的办学理念，正好在后一方面显示了它的自由主义特性。正如蔡元培所说，"大学者，囊括大典、网罗众家之学府也"，学术上的派别，是相对的，不是绝对的，每一种学科的教员，即使他们主张不同，若都是"言之成理，持之有故，尚不达自由淘汰之命运者，虽彼此相反，而悉听其自由发展……亦使学生有自由选择的空间，而不囿于一己之见"。②

在北大最辉煌的时期，学术流派林立，广泛参与、百家争鸣。尊梁启超为鼻祖的资产阶级维新派及其新民思想，李石曾等为代表彻底批判封建传统文化的虚无派及无政府主义，章太炎、刘师培等为代表的国粹派及欧化主义，新文化运动中出现的以陈独秀为代表的《新青年》及新潮派、以林纾为代表的古文派、梁漱溟为代表的"东方文化派"，新文化运动后期出现的以梅光迪、吴宓

① 《蔡元培全集》第三卷，浙江教育出版社1997年版，第35页。

② 《蔡元培全集》第三卷，浙江教育出版社1997年版，第134页。

等为代表的学衡派，等等等等，不一而足。蔡元培为此曾高兴地说，自从请来了这批新派教员，北大的文学革命，思想自由的风气，遂大流行。值得注意的是，蔡元培主张学术研究自由，可是并不主张假借学术的名义，作任何违背真理的宣传。有如马克思的思想，他以为在大学里是可以研究的。不过在“五四”时代，北京大学并未开过马克思主义研究的课程。经学教授中有新帝制派的刘师培，为一代大师，而刘教的是三礼、尚书和训诂，绝未讲过一句帝制。英文教授中有名震海外的辜鸿铭先生，是老复辟派，他教的是英诗，也从来不曾讲过一声复辟。

蔡元培既“兼容”不同学术流派，也“兼容”不同政治主张，即大学教授以学术造诣为主，并不限制其校外活动。蔡元培任用陈独秀，以及蔡陈两氏援引胡适诸人，不纯出于在学术上“兼容并包”的考虑。援引思想先进、用心改革文化教育和致力整顿社会风气的志士，自是蔡元培和陈独秀在北京大学初期用人的重要倾向。在 1917 年 1 月 18 日，蔡元培曾致函吴稚晖申明了他的用人方针。信中说，大约大学之所以不满人意者，一在学课之凌杂，二在风纪之败坏。救第一弊，在延聘纯粹之学问家，一面教授，一面与学生共同研究，以改造大学为纯粹研究学问之机关。救第二弊，在延聘学生之模范人物，以整饬学风。正是出于这种以“模范人物整饬学风”的用人倾向，蔡元培才聘用了如此多的新派人物，使之与北京大学原有的改革力量结合，使沙滩红楼成为新文化运动的大本营。

正如当时报刊所评论的，蔡元培在北大，独开中国学术思想之新纪元。面对如何将被割裂的中学和西学加以整合这一核心问题，上述学术流派都提出鲜明的观点，论战范围极其广泛，包括如何对待传统文化的精髓、如何培养资产阶级新人、对学术自由和理性哲学进行广泛探讨，以及如何确立新时代的教育宗旨等。上述思想争论的成果，就是造就了一种全新的近代学术观，其关键要素主要包括：以学术自由、学术平等为指导思想的新教育宗旨、新教师观——教学自由、新学生观——学习自由、以中西兼学为核心的新知识观、新校园文化观等。在此基础上，蔡元培对于大学科研也提出了独特的看法：“研究者，非徒输入欧化，而必于欧化之中为更进之发明，非徒保存国粹，而必以科学方法，揭国粹之真相。”[①]上述主张受到学术界普遍的支持和响应，用科学方法研究中国传统一时成为学术界的主流。学术平等的观念在当时的北京大学成为公认的基本原则。正如胡适所说，“发明一个字的古义，与发现一颗恒星，都是一大功绩。”

“思想自由，兼容并包”还包括另一个重要内容，就是鼓励师生创办各种社团及刊物，以科学知识的标准和人道主义的原则发出改良社会的号召。20 世纪 20 年代初期，北大著名的社团就有新闻研究会、哲学研究会、进德会、平民教育讲演团、地质研究会、国民杂志社、新潮社、国故月刊社、孔子研究会、雄辩会、数理学会、阅书报社、书法研究社、画法研究社、技击会和音乐研究会等。当时在北大工作的毛泽东就曾参加新闻研究会和哲学研究会。北大师生还推出了《北京大学月刊》等许许多多的刊物，说得上社团犹如夜空繁星，刊物好似雨后春笋。蔡元培对这些社团和刊物的观点虽然不尽然同意，但作为校长，真正做到了不管人数多寡或观点异同都一视同仁。

蔡元培在北大力行“学术自由”改革，另一大举措是主张民主办校，倡导教授治校。他从制定北大《评议会章程》入手，让“大学评议会”能切实施行。章程规定“大学内部规则”须经评议会通过，始能生效；“各学科的设立及废止”“讲座的种类”“学生风纪”等重要事项，须经评议会通过，始能付诸执行。评议会由校长与教授代表组成，对议案一经讨论决定后，校长也须带头执行，一改校长独断专行的做法，首开教授治校之先河。为发挥教授们的作用，成立了各科教授会，讨论决策教法、教科书、专业设置、图书购置和仪器装备等事项，充分显示了蔡元培民主治校的精神。在倡导民主的同时，蔡元培高举科学旗帜，也极大地促进了北大的学术管理。提倡学生成立各类研究会，探讨物理、化学等科学问题；邀请留学回国的科学家到校任教；对外国专家，礼聘周到，邀请杜威、罗素到北大讲学等。这些举措重民主、重科学，使北大学术空气变得浓厚，培养和造就了一大批具有科学精神的学术人才。而正是这些懂学术的人来管理大学，蔡元培实行教授治校的方略，方才获得成功。

---

① 《蔡元培全集》第三卷，浙江教育出版社 1997 年版，第 321 页。

总之，在蔡元培看来，大学的理想和使命绝不仅仅在于培养出一批批拥有文凭的知识者，更在于营造出一种氛围，这种氛围能洇润丰富的人性，摒弃膨胀的物欲，注重精神品位的提升，唯向真理折腰。在《我在教育界的经验》中，他写道，“旧教员中如沈尹默、沈兼士、钱玄同诸君，本已启革新的端绪；自陈独秀君来任学长，胡适之、刘半农、周豫才、周启明诸君来任教员，而文学革命、思想自由的风气，遂大流行。”①也正是在这种氛围中，北大学生中富有者面对老师们洗得发白的蓝布中式长衫竟不敢西装革履。张中行在《负暄琐话》中忆及：“进门以后，并没有很多混混过去的自由，因为有无形又不成文的大法管辖着，这就是学术空气。说是空气，无声无臭，却很厉害。”②氛围的力量不在强制而在潜在的震慑，而大学人所应具有的洞察力、想象力、判断力和鉴赏力，正须在充满理性与情感的氛围中才能培养，在无拘无束、从容自在中浸润。唯有在这里，知识分子守护理想与消解权威才能合二而一，大学也才有自己永恒的风景。

蔡元培把西方自由主义教育转化为中国特定的话语形式——“思想自由，兼容并包”，这在当时有很强的启蒙性和震撼力，从而使“学术自由”在中国大学里逐渐意识形态化。可以说，蔡元培从思想和实践上开拓了中国近代大学自由主义教育的道路。正是由于他的这种贡献，加上北大的特殊地位和它在五四运动中的作用，“学术自由”精神下的办学体制和办学理念在中国才逐渐成为一种趋势，为其他大学纷纷效法，一度表现出强大的生命力。

清华大学秉承着陈寅恪“独立之精神，自由之思想”的学术传统，梅贻琦任校长期间，更是把“学术自由”发挥到了极致。梅贻琦以民主思想、思想自由为治校原则，对各种思潮从不干涉。共产主义有之，如张申府；三民主义有之，如姚从吾；国家主义有之，如闻一多；战国策派、野玫瑰派同样不乏其人。而教授治校更充分体现了梅校长的大师论，给予教授以中心地位，使得学术自由得到充分保证。在清华人的眼中，自由意味着只受法律和规则的制约，而不受其他一切所谓公意的束缚的权利。正是这样一种办学理念和身体力行的办学实

---

① 《蔡元培全集》第三卷，浙江教育出版社 1997 年版，第 255 页。

② 张中行：《负暄琐话》，中华书局 2012 年版，第 146 页。

践，促进了清华大学良好学术气象的铸造和浓郁文艺气氛的养成，从而为清华大学在20世纪20至30年代的群星璀璨、名家辈出，奠定了坚硬而明朗的质地。可以说，当时的清华吸引学人，主要并不是因为薪水的丰厚，而是依靠一个宽松的治学环境。比如1929年，蒋廷黻从南开转到清华，就是看中了清华大学的学术氛围："如果一个人为了拿薪水，就不必到清华。但是如果为了研究、写作、进修，他就会到清华来。在那段时日中，我们能够从其他大学中挖来著名学者，他们来清华不是因为待遇优厚，而是为了做学问。"①

蔡元培所开创的北大精神，与陈寅恪所燃起的清华薪火，最后都汇聚为中国近代大学的"学术自由"之真精神。大学是容纳探索和思想开放的地方，它鼓励人们不是功利地、而是为了理性而利用理性，它提供一种气氛，使哲学怀疑不至于被道德风尚和占上风的势力吓倒。学术是独立而自由的，不能独立而自由的学术，根本不能算是学术。真正的学术是人类理智和自由精神最高的表现。它是主动的，不是被动的；它是独立的，不是依赖的。学术失掉了独立自由就等于学术丧失了它的本质和它伟大的神圣使命。学术自由是大学的灵魂，唯有充分享有学术自主权，富有浓厚的学术氛围的大学，才能真正找回大学的"自我"，大学也才能正确地享受其他的权利，主动、自觉地走向社会中心。

二、国家主义与爱国主义

中国近代大学从诞生之日起，就是民族国家的辩护人，是为服务民族国家的利益而存在的。在近代中国王朝崩塌和民族国家进程开启的历史语境下，从"天下"到"国家"的历史转型中，如何培养"国民"意识、"国家"意识，而去"臣民"意识、"家庭"意识？如何实现对内凝聚人心，维护国家的秩序、统一和富强，对外彰显主权，与列强抗衡？从张之洞到严复、从康有为到梁启超、再到孙中山，无一例外地，都将目光转向了教育。通过教育实现民富国强，通过教育建构现代民族国家，已经成为当时的政治精英和知识精英持有的广泛共识。

---

① 蒋廷黻：《蒋廷黻回忆录》，岳麓书社2012年版，第251页。

大学制度从一开始植入晚清政府之初，就被看作应对民族国家危机的一个重要选项，被寄予救亡图存的使命。张之洞提出的"中学为体，西学为用"的教育主张，目的在于保持秦汉以来的君主制度和儒家文化的传承。1898年，康有为在《请开学校折》中上书，效法德国兴办"国民学"，重视培养学生的国家观念。1902年，梁启超在《新民丛报》上发表了《新民说》和《论教育当定宗旨》，批判传统教育培养的人虽然"有可以为一个人之资格，……有可以为天下人之资格，而独无可以为一国民之资格"。他主张厘定国家主义的教育宗旨，把教育作为培养国民的工具，通过教育造就国家的"新民"。戊戌维新，光绪帝颁布诏令废除书院，兴建普及全国的新式学堂，并在全国各省都兴办以西方大学制度为蓝本的高等学堂。可以说，清末国家主义的教育思想，其归宿和出发点都指向改变中国被列强瓜分的命运，以期民族保存、自立于世界民族之林。维新变法虽然没有挽救满清王朝灭亡的命运，但是建立民族国家的教育体系、建立民族国家的大学制度的进程并没有中断，而是得以保留和发展。

20世纪的最初十年，外患内忧，社会动荡，民不聊生，尽管清政府实施新政试图挽救危亡，废科举、兴新式教育、派遣留学生，但仍改变不了政权垮台的命运。中华民国建立后，亟需大办国家主义教育，培养共和国民来维护和保障新政权的合法性。孙中山在论证"三民主义"和国家主义教育时说，"普查古今和现代世界各国生存之道，如果我们想拯救中华民族于水深火热之中，我们就必须发展国家主义……中华民族具有共同的血缘、共同的语言和共同的习俗，但是却只有家庭和帮派的概念，而缺乏国家的精神……因此，我们现在才沦为世界上最贫穷、最软弱和最低等的国家。如果我们现在不热切地提倡国家主义，将四万万同胞凝聚成一个强大的国家，我们就会面临巨大的悲剧，国家荒废，民族解体……要阻止这样的危险发生，我们必须大力提倡国家主义，通过培养国家精神来拯救国家。"①这有可能是最早明确提出的"教育救国论"，即通过培养青少年和广大民众的国家意识和精神来拯救国家。从此，近代大学也有了一个终极的目标和理想，那就是，作为民族国家教育体系的部分而存在，为构

① 转引自张彬:《浙江教育家和中国近代教育》，浙江大学出版社2008年版，第45页。

建一个强大的民族国家而存在。

1912年，蔡元培被任命为教育总长，他主持制定的《大学令》标志着中国近代大学从传统向现代转型的开始。《大学令》首先确立了大学的宗旨，“以教授高深学术、养成硕学宏材，应国家需要”。以“国家需要”作为最高宗旨，对大学的国家主义取向要求昭然若揭。这里的“国家”当然是新兴的资产阶级民族国家，因此培养新的“国民”则需要新的教育方针，蔡元培提出了国民主义、实利主义、公民道德、世界观、美育的“五育”和谐发展的方针，以取代忠君尊孔的教育理念。蔡元培信仰德国的学术兴国的观念，推崇费希特改良大学和用教育挽救民族危亡的观念。为此，他按照德国柏林大学的蓝本苦心经营北京大学，确立了“研究高深学问”的学术旨向、“思想自由，兼容并包”的原则、“教授治校”的管理体制、“文理沟通”的教学制度、“学术自由”的运行机制，使北大真正成为一所近代中国的“柏林大学”。值得指出的是，蔡元培认为，学术自由与服务国家的目标是完全可以并行不悖的，因为二者在本质上是相通的。蔡元培在近代中国被人们敬为“教育之神”，也说明国家利益至上的国家主义教育思想在那个时代得到了普遍的接受。民国的大学虽然经历了时代的风风雨雨，却总体上在蔡元培等教育精英奠定的基础之上，随着民族国家进程，朝着国家主义取向往前发展。

20世纪20年代的中国，军阀混战，社会动荡不安，人民处于水深火热之中，这时国家主义及其教育思想更符合广大人民群众和知识分子要求对内安定统一、对外抵御列强欺侮的心理诉求，很多人对其的推崇，甚至达到宗教般狂热的程度，代表就是余家菊、陈天启、李璜的“国家主义教育派”。在《国家主义教育学》一书中，余家菊写道，国家主义教育，简而言之，即以国家主义为依归之教育也。其涵义可随时伸缩。就中国目前言之，莫不基于：第一，培养自尊精神以确立国格；第二，发展国华以阐扬国光；第三，陶铸国魂以确立国基；第四，拥护国权以维国脉矣。基于国家主义的教育精神，余家菊提出的政策建议包括收回国家教育权，开展国庆日教育，国歌、国旗、国耻教育，注重军事训练等。九一八事变后，蒋廷黻、丁文江、钱端升等自由主义者在民族危急关头主张新式“独裁”，也即梁启超当年的“开明专制”。而后，“战国策派”学人在血火纷飞的20世纪40年代热情宣扬“国家主义”“集体主义”以鼓舞抗战。抗日战争全面爆发后,“抗日救国”成为那一时期教育的最高目标,国家主义达到一个高峰。

近代中国,不管是在晚清末年的保路运动和辛亥革命的斗争中,还是在北洋军阀统治时期的反帝反封建运动里,以及在全民族抗日救国的激流中,大学师生都高举着爱国主义的旗帜,为了民族国家的命运,写下了光辉的篇章。

抗日战争全面爆发后,民族危机空前严重。每一个中国人,在生死存亡的关键时刻,都必须面对如何拯救国家与民族的问题。面对这个问题,西南联大的师生们,用自己义无反顾、投身抗战的实际行动,给出了坚决而响亮的答案。

西南联大成立于日本入侵、国家蒙难的时代。从成立的那天起,它就担负着救亡图存、重建国家的使命。虽然师生备尝艰辛、饱经磨难,但他们始终怀着抗战必胜的信念,并为此前赴后继、奋勇向前。联大校歌中的“千秋耻,终当雪;中兴业,须人杰”,便是师生同仇敌忾、不忘救国的爱国主义精神的真实体现。联大办学八年培育出的五千多名学生可以分成三个部分:一批学生奔赴解放区,八百多名参加远征军,留校学生则为将来抗战胜利后祖国的“中兴大业”拼命学习。对西南联大校史颇有研究的作家张曼菱概括道,西南联大师生们有一个总体情结,也可以说是“南渡情结”。他们“万里长征,辞却五朝宫阙”,含着深重的国恨家仇,为国教书和读书于昆明。无论他们有保存民族文化之命脉,有寻求现代化科技以强国力,有倡呼民主以促社会进步,还是有直接投军去筑血肉长城的种种不同,那段在昆明的生活成为一代知识分子共分国忧的“大人生”。也正是基于对祖国的热爱和深厚的民族感情,师生们尽管来自三个不同的学校,却团结成一个坚强的整体,形成了巨大的向心力。就是这种“为中华之崛起而读书”的爱国主义精神,使得西南联大在战火硝烟中创造了世界高等教育史上的奇迹。

联大青年学子投笔从戎,是爱国之举,也是民族复兴精神在大学生群体中最突出、最直观的表现。清华大学航空研究所在其抗战期间的工作报告中指出:“同仁等因念抗战期间,抗敌将士,浴血前方,分属国民,何能逃避其赴难的天职，故几年来竭尽绵薄，勉力挣扎”[①]。在青年学生的心目中，国难当头，国民应竭尽全力挽救国家于危亡之中，这是国民的天职。这样的信念导致抗战之后联大的三次从军热潮，有姓名可查的计有834人，占联大学生总数的10.4%。其实早在1937年11月，长沙临时大学就成立了以张伯苓为队长的大学军训队，负责对学生进行军事管理和训练。12月，又成立学校“国防工作介绍委员会”，介绍学生参加抗战工作，并承诺“凡服务国防有关机关者，得请求保留学籍”。随后，有295名学生报名从军或参加了战地服务团的工作。1941年，随美国航空志愿队等来华美军日渐增多，教育部下令内迁各大学外文系三、四年级男生应征参加翻译工作一年。联大又有400余学生志愿应征。一向治校严谨的梅贻琦为鼓励学生从军，在动员会上说，“国家已进入紧急状况，需要你们马上从军，你们也不必再犹豫了。既然学分已够，马上就去，不必等大考了”，并宣布了鼓励政策：四年级同学服役期满发给毕业证书，低年级学生志愿应征期满返校，可免修32学分。同时规定，合格的应届毕业生“不服征调两年兵役者，不发毕业文凭”。1944年，又有200多名联大学生响应号召加入了青年军，大部分参加了入缅远征军。没有从军而留在学校的师生们，在校学习期间，结合实习等活动，深入农村、工厂和市民中，用各种形式宣传抗日，有力地鼓舞了云南各族人民的抗日精神。

西南联大还通过教学和科研直接为抗战服务。在教学方面，开设了直接为抗战服务的课程，并利用已有教学资源为军队培训军官和专门人才。如与陆军交辎学校合办汽车方面的技术人员培训班，航空研究所为航空委员会举办了试飞员训练班，张奚若等10位教授参加军官训练团的培训等。在科研方面，无线电研究所为满足国防技术的需要，进行了军用无线电技术研究。航空研究所进行了飞机改良机型的研究试验、日本九六式机翼切面特性研究、高空气象等研究，并编著了《炸弹的威力》《空军战略的检讨》《防空壕洞》《战争机械化》等作。机械系、电机系、化工系与经济部资源委员会合作进行了水轮机的设计与制造，内燃机用酒精燃料特性研究，工具机应用范围增进，工业电力调

① 余斌：《西南联大的背影》，生活·读书·新知三联书店2017年版，第275页。

查研究，电压稳定法，载波电话系统及制造上各问题，测验战时国内自制无线电收发机、广播机、显微音器、扬声器听筒等的特性及研究其改良方法，褐煤分析及炼焦试验等项目的研究。联大图书馆与国立北平图书馆合作征集中日战争史料。南开大学经济研究所进行战时通货膨胀研究、战时粮食政策与粮食管制等研究。政治系研究了国际法与中日事件。尤其是航空研究所，“恐怕是全国任何与国防研究工作有关的机构中经费最少的一个”，但他们的国防研究却硕果累累，共计出版著作 7 部、编译航空方面论著 8 部、发表论文及研究报告 108 篇。

如果说一大批联大教师，着力于学术文化的重新建构或贯彻，是停留在民族复兴的理论层面的话，从长沙到昆明期间西南联大教授们对生活及国家命运的认识，则凸显出忍辱负重、坚持胜利的特征。从长沙临时大学到西南联大这一历史征程之中，一些大师级的教授发生了焕然一新的蜕变。学者王瑶曾指出，闻一多早年写的诗爱国主义情感很浓厚。1937 年以前，学生们要求抗日，他仍然拥护国民政府，但从湖南到昆明这段经历，可能对他的思想及生活产生了很大影响，使得他慢慢转向了民主主义。茅盾则在做报告时拿磨刀石作比喻：汪精卫认为中国越消耗越弱，最后难免灭亡，所以叛国投敌；但他则认为中国越磨炼越强，抗日战争最后一定胜利，所以坚持抗战到底。这种坚持到底的抗战精神在日军的轰炸中得以强化，联大的教授们并没有被吓倒，反而是敌机的轰炸使得他们忍耐力更强。朱自清用他独特的散文化的语言，透露出知识分子们坚忍的品格：“敌机的轰炸是可怕的，也是可恨的……但是也未尝不是可喜的……轰炸使得每一个中国人，凭他在那个角落儿里，都认识了咱们的敌人……这是第一回，每一个中国人都觉得自己有了一个民族，有了一个国家……警报响了，谁都跑，谁都找一个角落儿躲着……谁都一样儿怕，一样儿恨……敌人是咱们大家的，也是咱们每一个人的……谁都觉得这一回抗战是为了咱们自己，是咱们自己的事儿。”①“抗战为自己”，本身就是爱国主义精神最佳的宣传口号，尤其在内忧外患的时代境遇下，将国家、民族的命运与每一

① 任继愈：《自由与包容：西南联大人和事》，江西教育出版社 2017 年版，第 191 页。

个人自己的命运联系起来。

三、永恒的“联大精神”

1937年，卢沟桥事变爆发，平津沦陷。此前文化界曾一度流行的、将面临日军虎视觊觎的北平变成一座不设防的文化城，以避免侵略炮火的设想化为泡影。北方大批高等学府被迫南迁。北大、清华、南开三所名校南迁长沙，联合组成国立长沙临时大学。然而，正面战场形势不断恶化，1937年底，南京沦陷，武汉震动。而11月以来，长沙接连遭到敌机狂轰滥炸，市内国、公、私立大、中学校纷纷计划外迁，临时大学当然也不可能办下去了。1938年1月，国防最高会议决定将临时大学再迁昆明。不久，正式更名为国立西南联合大学。这一段为人熟知的历史告诉我们，作为抗日救亡运动的坚强阵地、培养国防技术和翻译人才的摇篮、爱国民主运动的堡垒，西南联大的成立，虽然是在战争环境中为了保存中国近代高等教育脉息的暂时举措，是战争背景和国家体制结合的偶然产物，但其独特文化品格的形成却渊源于三所名校业已具备的制度和精神的相互融合和互补，是特殊环境下三校原有风格的继续与相互尊重的无间合作精神的体现。

从1938年2月起，国立长沙临时大学的师生分三路离湘赴滇。第一路乘海轮转越南后，乘滇越铁路火车到昆明；第二路乘火车、汽车经镇南关到越南，再乘火车赴昆明；第三路，由师生300余人自愿组成“湘黔滇旅行团”，步行横穿三省，前往昆明。闻一多、曾昭抡、李继侗、袁复礼、黄钰生等5位教授以及6位教师也参加了这支队伍。他们脚穿草鞋，身背干粮，爬山越岭，栉风沐雨。沿途学生随老师分别学习写生、考古、地质，采集标本，还到苗族、侗族村寨进行社会调查，收集民歌民谣，不仅增长了知识，锻炼了身体，培养了艰苦奋斗和集体主义精神，更重要的是，亲眼看到劳动人民，特别是少数民族家徒四壁、饥寒交迫的困苦生活，听到群众对红军长征的称颂，学到了很多在学校里学不到的东西。步行团历时68天，行程3500余里。实际上，西南联大师生们是“徒步三千，流亡万里”。因为从平、津两地南下，经长沙到昆明，达万里以上。可以认为，这是我国教育史上的一次“万里长征”，是教育界在抗战时期作出的一项了不起的壮举。广大师生无论怎样颠沛流离、困苦艰辛，却始终保持着安贫乐道、超越世俗、旷达无羁的自由心态，将“君子固穷，小人穷斯滥矣”“穷不失义，达不离道”所表达的“忧道不忧贫”信念，体现得淋漓尽致，真正做到了，尽管“物质上得不了”，而“精神上了不得”。

尽管上无片瓦、下无寸土，西南联大仍于 1938 年 5 月 4 日正式开课。1939 年，学校在昆明西郊购买了 120 亩荒坟地重建的新校舍，全是泥地土坯墙、木格窗的平房，除图书馆是瓦顶、教室是铁皮屋顶外，宿舍则用茅草覆顶。每当下雨时，铁皮的房顶叮当声不停，泥土的地面不久便成了泥坑。窗栏没有安装玻璃，四壁洞穿，难避风雨。学生宿舍是一排排低矮的茅草房，每间草房内摆着 20 张双层床。有时夜晚下雨，同学们只得在自己床上撑着雨伞睡觉。学校原来的大部分仪器设备都因来不及搬迁而沦入敌手，迁出的部分贵重图书也在重庆被毁于敌寇的轰炸中。实验设备很差，实验室狭窄简陋，缺水缺电，药品不全，往往不得不使用代替品或者自制，数据误差很大，教师只能一般地训练学生做实验的方法、步骤。

物质生活的匮乏，是对精神生活的考验。正如陈平原曾说，联大人贫困，可人不猥琐，甚至可以说“器宇轩昂”。他们的自信、刚毅和聪慧，全都写在脸上，真正达到了“一箪食，一瓢饮”“不堪其忧，不改其乐”的精神境界。战时昆明通货膨胀，物价飞涨，联大教授们的生活异常艰辛，其薪金已经无法维持一个标准家庭的最低生活水准。据美国学者胡素珊《中国的内战》一书提供的数据，从 1937 年至 1945 年 8 月，国统区物价平均水平上升了 2000 多倍，教师的收入降到了战前薪金的 6%—12%。经济学系教授杨西孟在 1946 年 9 月 14 日所作的《九年来昆明大学教授的薪津及薪津实值》一文中，通过详尽的统计，说明了 1944、1945 年间在昆明的大学教师收入的均值相当于战前薪津的八到十元。整体而言，教师群体逐渐从战前社会的中上层滑落至底层水平，可以说从昔日的“贵族”沦为贫民。在这样困窘的条件下，联大那些在价值取向和文化观念上颇多西方色彩的知识分子，却在遭到挤压时表现出了中国传统文人清贫自守、士志于道的道德情怀。

面对拮据的生活，联大院长、系主任等多次给当时的教育行政当局写报告要求增加生活津贴，“惟望每月薪津得依生活指数及战前十分之一二”，但当局答应给予“非常时期国立大学主管人员及各部分主管人员支给特别办公费”时，数位兼任行政领导工作的教授却又联名谢绝了。此中原因何在？缘于他们不愿意享受做院长、系主任的行政“特权”，这些教授认为，“盖同人等献身教育，原以研究学术、启迪后进为天职，于教课之外兼负一部分行政责任，亦视为当然之义务，并不希冀任何权利。……希望当局尊师重道，应一视同仁，统筹维持。倘只瞻顾行政人员，恐失平均之谊，且令受之者无以对其同事。”①在日常生活极端贫困的情况下，教授们宁肯靠家人炸麻花来维持生计，也要“维持联大甘苦共尝之精神”，以严格自律显示道德尊严，令人感佩。校长梅贻琦布衣蔬食，生活清苦，学校虽然给他配了小汽车，但他为了节约经费，除乘车参加时间紧的公务活动外，总是以步代车。为了节省编制，他自己学会开车，不用司机，后来索性连汽车也彻底不用了。联大工业服务社赚的钱，部分用来补贴教职工生活，而梅贻琦却拒领给自己的一份，他的夫人制作糕点在市场上出售，以缓解家用困难。

极端恶劣的物质条件，却丝毫没有影响联大教授们泰然自处的心态，他们依然可以心无旁骛地沉浸于学问境界。1938 年冬，华罗庚一家没有住处，闻一多就邀请他们搬到自家一起住。于是，闻家八口和华家六口开始了隔帘而居的生活。就这样，闻一多还在帘子这边进行考古研究，华罗庚则在帘子那边进行数学研究。后者专门写了一首诗描述当时的生活和心理状态：“挂布分屋共容膝，布东考古布西算。岂止两家共坎坷，专业不同心同仇。”若无云淡风轻、宁静致远的大境界，何来这般地气定从容？联大教授还要克服纸张匮乏的困难。陈寅恪曾向史语所借纸：“弟前作两书，一论唐代制度，一论唐代政治。此书则言唐代社会风俗耳。此间坊间，稿纸不堪用，且不合格式，增改极不便。不知所中尚有旧式之稿纸否？如有之，不知可以分寄少许否？近日纸贵，如太费钱，可作罢论，不该多费公币，于心不安也。”②对吴大猷来说，物质生活困难还是次要的。他的妻子常年生病卧床，给他造成了巨大的心理压力。于是，学

① 杨祖陶：《回眸：从西南联大走来的 60 年》，人民出版社 2010 年版，第 194 页。

② 任继愈：《自由与包容：西南联大人和事》，江西教育出版社 2017 年版，第 53 页。

术研究就成了吴大猷缓解压力的妙法。在这个时期，他写了一部专门讨论近年来物理发展的书，撰写了 17 篇研究论文，将尤金、维格纳关于群论的德文书译成英文。可见，贫乏的物质生活没有使联大教授放弃学术研究，他们反而借助学术创作来纾解生活中的痛苦。自由求真所释放的精神力量在此得到淋漓尽致的体现。

联大的学生，同样是“忧道不忧贫”。他们来自全国，战区流亡学生很多，经济十分困难，吃饭主要靠贷金，勉强果腹。很多学生打工兼差，从兼中小学教师到打字、抄写、校对、卖报以及其他各种出卖廉价劳动力的差事，无所不干。唯一能够得到些许悠闲的事性当数“泡茶馆”。泡茶馆对联大学生的意义，按汪曾祺的看法：第一，养其浩然之气；第二，茶馆出人才，不是穷泡，不是瞎聊，茶馆里照样读书；第三，泡茶馆可以接触社会。这种泡茶馆，比之于 18 世纪的法国沙龙、咖啡馆，更显一种镇定。何兆武写了一本《上学记》，书中记述了这样一则故事。一天他在茶馆看到两个物理系学生在学习。一人问，爱因斯坦最近又发表了一篇文章，你看了没有？对方不屑地回答，看了，毫无“创新”，是老糊涂了吧。问话的是黄昆，答话的则是杨振宁。跑警报也是如此。根据汪曾祺的回忆，1939 至 1940 年间，三天两头有警报。一有警报，别无他法，就都往郊外跑，叫作“跑警报”。大家都认为此事若称为“躲警报”或“逃警报”都不准确——躲，太消极；逃，又太狼狈。唯有这个“跑”字，于紧张中透出从容，最有风度，也最能表达丰富生动的内容。这或者可视为文人的咬文嚼字，但此间更能反映师生在危难之际的一种泰然自若、从容不迫的心理状态。跑警报时，师生大多处变不惊，甚至还有在简易防空洞里用碎石子嵌缀对联的雅兴，“人生几何，恋爱三角”的浪漫，“见机而作，入土为安”的坦然，调侃戏谑中自有一番洒脱。

如果说，联大师生们安贫乐道、君子固穷，彰显了中国传统文化的价值，那么，学术自由、学术建国，更多地体现了对西方大学精神的融会和发展。

学术自由是西南联大师生的普遍共识和最大公约数，在这里体现得最为彻底和全面，它既是对蔡元培“兼容并包”理念的延续，也注入了许多新内涵。梅贻琦对学术自由十分关注，认为学者要无所不思、无所不言。在 1945 年的一篇日记中，他说得很明确，对于校局则以为应追随蔡先生兼容并包之态度，以恪尽学术自由之使命。昔日之所谓新旧，今日之所谓左右，其在学校应均予以自由探讨之机会，情况正同。1946 年，贺麟在《学术与政治》一文中强调，真正的学术是人类理智和自由精神最高的表现。它是主动的，不是被动的；它是独立的，不是依赖的。学术失掉了独立自由就等于学术丧失了它的本质和它伟大的神圣使命。可以说，在联大这个独立的精神家园内，近代中国大学创立以来形成的大学学术自由的传统得以保留和延续。

学术自由首要的表现就是教师的教学自由。西南联大教师都是学识深厚又卓尔不群的现代知识分子，他们具有鲜明的学术自觉、知识自信，对所谓统一的知识大纲、教学手册之类标准化的东西总是抱有一种敬而远之甚至弃而不用的态度。自 1938 年底陈立夫出任教育部部长起，国民政府制定了一系列管控大学的规定和措施，其中统一教材和授课内容等就遭到了联大教授的强烈抵制。冯友兰对此发表了精辟见解，充分表现了捍卫教学自由的决心："夫大学为最高学府，包罗万象，要当殊途而同归，一致而百虑，岂可刻板文章，勒令从同？"世界各著名大学之课程表，未有千篇一律者；即同一课程，各大学所授之内容未有一成不变者。惟其如是，所以能推陈出新，而学术乃可日臻进步。对当局布置为必读书的《中国之命运》，金岳霖等就拒绝阅读，并带着蔑视和受辱的神情称其为无聊的废话，是对著书立说的学术界的公然侮辱。

联大鼓励不同学派观点的教师开设课程，在课堂上各抒己见，将自己的观点新知应用于教学之中。陈寅恪公开宣布"前人讲过的，我不讲；近人讲过的，我不讲；外国人讲过的，我不讲；我自己过去讲过的，也不讲"。他说到做到，每节课都可让学生获得新的知识。很多情况下，同一门课程常常有两位教师讲课，学生们可以听到不同的观点。八年中，联大共开出课程 1600 多门，选修课品种繁多，丰富多彩，基本上都是教师们自己多年来研究的成果。一些造诣很深的教授都勇于坚持真理，修正错误，不断地更新自己的知识，这在联大可说是一种为师生共同称道的风尚。文人相轻的不良习气，在这里基本上是没有市场的，从而真正形成了浓厚的学术氛围和求是民主的学风。

联大教授十分注重培养学生的求真精神。闻一多在指导郑临川的论文时,语重心长地说道,做学问当像你们三湘的女红,是成年累月用一针一线辛苦织成的,不是像跑江湖的耍戏法突然变出来的,你能懂得学问的艰难,才会自己踏实用功,也不致信口批评,随意否定别人的成绩。教授在上课时,也以研究的态度开展教学,把自己的研究成果和心得融入教学内容中。贺麟对探究性教学的表述颇具代表性:"真正讲来,我们须透彻明白,任教即求学之另一方面;教不是机械地照本宣科,毫无自学的心得可以发抒,教更不是像商贾之抛售存货,只是输出旧日蓄积,而毫无新的收获。教的主要目的是不断的精进研究,求学问之日新不已。"①

联大教授抱着求真的态度教书育人,师生间就容易形成探究的氛围。在学术面前,教师之间、师生之间是平等的。学生对教师的观点,可以当场提出异议,教师绝不会以师道尊严而拒绝考虑。学生们都十分尊敬老师,即使在向教师提出异议时,在语气、态度上都是恭敬的。整个大学生涯中,联大学生都有选择教师和学习什么的权力,并且在教育管理上拥有参与评议的权力。何兆武回忆自己的求学时光时说,那几年生活最美好的就是自由,无论干什么都凭自己的兴趣,看什么、听什么、怎么想,都没有人干涉。这正是学术自由的另一个方面——学生的学习自由。

西南联大学术自由的第三个表现,当然就是新旧、中西各类观点、各派人物的兼容并包、民主宽容。其中,它对新学、旧学的态度是权衡新旧,强调新旧兼学、以新带旧,而对所谓中西并包,何炳棣认为联大历史系国史及西洋史课程丰富均衡,蔚为大观。这个新学风在历史系中表现得最显著,可以溯源到20世纪30年代的清华。蒋廷黻主持清华历史系六年之中,坚信只有先体会西洋史学的分析、综合、观点、理论的种种长处,国史研究和写作才有望能提升到世界先进水平。联大兼容并包的风气在课外学术演讲上表现得淋漓尽致。每学期都安排许多次由若干教授连讲的专题学术演讲,每个参讲教授都把自己独立思考后的研究新成果拿出来,各抒己见,百家争鸣,有时候就唱起对台戏来,真正实现了联大纪念碑碑文所言——同无妨异,异不害同,五色交辉,相得

① 谢泳:《西南联大与中国现代知识分子》,福建教育出版社2016年版,第52页。

益彰。

联大八年，从未因政治思想等问题批判处理过一个教工和学生。在教师中，既有像闻一多、张奚若、吴晗等那样直接反对蒋介石的进步教授，也有吹捧帝王之术的御用哲学家和战国策派人物，还有身任国民党中央委员的教授专家。文法科教师中学派很多，有的教授彻底否定封建文化，有的却向慕古风，“宁愿坐牢三年，也不愿看一句新诗”；有的倾心儒家哲学，有的欣赏尼采、柏格森的唯意识论；有的坚持中学为体，有的主张全盘西化。在学生中，有宣传马克思主义和中共政策主张、坚持民主进步的社团，也有国民党三青团举办的壁报。校内大墙上贴出了几十种壁报，琳琅满目，壁垒分明的报告会、讨论会比比皆是，学校都一视同仁，从不加以干涉。实践证明，联大倡导学术自由精神，为师生治学、出好成果创造了良好的环境，成为激发人们探索真知、勇攀科学高峰的动力。

在国难当头之际，西南联大一方面创造性地吸纳了西方学术自由、“为学术而学术”的知识论导向，另一方面也继承和发挥了中国学术经世济民的功用论传统，以刚毅坚卓的精神投入时局，服务抗战。这两种知识观有机地融合在“学术建国”这一理念之中。1938 年 5 月，贺麟发表《抗战建国与学术建国》，梳理了学术兴衰与国家强弱的关系，强调抗战不忘学术，学术不忘抗战。在论及学术建国的意义时，他说：“中国百年来之受异族侵凌，国势不振，根本原因还是由于学术文化不如人。……所以我们现在的抗战建国运动，不是义和团式不学无术的抗战，不是袁世凯式的不学无术的建国。由此看来，我们抗战的真正最后胜利，必是文化学术的胜利。我们真正完成的建国，必是建筑在对于新文化、新学术各方面各部门的研究、把握、创造、发展、应用上。换言之，必应是学术的建国。”①可以说，“学术建国”这一理念是联大在战争时期处理学术和政治、大学和国家关系的一种表述，表达了知识分子处理这些复杂关系的平和心境和理性态度。如果说上一节所提到的，联大师生的从军热潮，是从国民的角度共赴国难，尽着一般国民救国的责任，那么，他们从知识分子的立场上，着眼

---

① 杨祖陶：《回眸：从西南联大走来的 60 年》，人民出版社 2010 年版，第 187 页。

于民族的长远利益,维系民族文化血脉、维护民族大义与社会正义的行动,更令人钦佩。

学术建国的首要意义,就是西南联大师生表现出的以高深学问为业、为学术而学术的学者人格。费希特在建校伊始的柏林大学发表演讲《学者的使命》,特别强调只有献身于对知识的追求、高度重视人类一般的发展进程的人,才能称之为学者。蔡元培、陈独秀等新文化运动的领军人物引入了学术至上的观念,联大教师则延续了这种精神,他们服膺"学德不如人,此实吾之大耻",即使在极端困难的条件下也还保持对学问的一种谦逊、真诚的"真理之爱",执着地做学术的献身者。在敌人进占安南,滇境紧张之日,敌机更番来袭,校舍被炸之下,"弦诵之声,未尝一日或辍",此皆因师生怵于非常时期教学事业即所以树建国之基,故对于个人职守不容稍懈也。

当文学院还滞留湖南南岳时,闻一多、吴宓、钱穆等人曾暂居一室,不过学术空气依然非常浓厚。钱穆对此有过描述:"室中一长桌,入夜,一多自燃一灯置其座位前。时一多方勤读《诗经》《楚辞》,遇见新解,分撰成篇。一人在灯下默坐撰写。雨僧则为预备明日上课抄笔记写纲要,逐条书之,又有合并,有增加,写定则于逐条下加以红笔勾勒……雨僧在清华教书至少已逾十年,在此流寓中上课,其严谨不苟有如此……翌晨,雨僧先起,一人独自出门,在室外晨曦微露中,出其昨夜所写各条,反复循诵。"[①]朱自清即使身患痢疾,在一夜腹泻三十多次的情况下,仍坚持整整改了一夜作文,以致"脸色蜡黄,眼窝凹陷,人都变了相",而他却脸都没洗,提起包就去给学生上课了。陈达跑警报时把课堂搬到避空袭的场所,在小山树林间讲授人口理论"历一小时半有余"。

联大物理、数学等学科的教授严谨治学的风气也分外浓郁。在图书、设备不足的情况下,吴大猷的理论物理论文已能连续刊载于美国和英国几种权威期刊,他用英文写作的《多原子分子的结构及振动光谱》一书,是该领域首部经典著作,成为此后多年在国际上采用的该领域的标准专著。联大数学家至少发表了127篇论文,其中多篇达到了国际水平。华罗庚在危楼欲倒、一灯如豆

① 余斌:《西南联大的背影》,生活·读书·新知三联书店2017年版,第143页。

的条件下，发表了20多篇高质量论文，并写出高水准的《堆垒素数论》。此外，还有赵访熊的《高等微积分》、许宝禄的《数理统计论文》、王竹溪和汤佩松的《离活体细胞水分关系的热力学论述》、周培源的《激流论》、刘仙洲的《机械原理》等标志性的高水平科研成果相继完成。从1941年至1945年，教育部连续举办了五届学术评奖活动，共有293项学术成果获奖。其中西南联大就有32项，占获奖成果的11%。其中，32项中一等奖为7项，占一等奖总数的46%。此外，联大还组建并完善了很多研究所，从1940年开始重新启动了留学生派遣工作，以"储才备将来建国之用"，自1939年开始恢复研究院并招收研究生。

学术建国的另一个意义，则是通过学术来延续民族文化，用教书和学习的方式，肩负起民族振兴的责任。的确，外敌的凌辱，南渡的悲愤，北归的期待，促使西南联大的读书人让自己的研究与整个国家和民族的命运联系在一起。早在1919年，陈寅恪就认定，"救国经世"尤必以精神之学问、谓形而上之学为根基。1942年的战乱时期，他依然坚信学术的长远价值——考自古世局之转移，往往起于前人一时学术趋向之细微，迨至后来，遂若惊雷破柱，怒涛振海之不可御遏。正如地质学家孙云铸说的，也尝观我国每当政治腐败衰乱之际，恒有二三大儒讲学振世，维持正义于不敝，以为民族后继复兴之基。联大师生们就是以这些"鸿学大儒"为榜样，站在知识分子的立场上，着眼于民族的长远利益，把教学、科研等学术活动当作维系民族文化血脉、振奋民族精神的途径，以此为其安身立命之所在，以弘扬民族文化、学术救国为民族复兴的基础。

执守学者本位、维护学术的纯粹性是西南联大的传统。传承文化与积累知识应是知识者确定无疑的价值本位。联大教授对此有着清醒的认识，相当一部分学者理智地认为在战争环境竭力维存文化的脉息至关重要。在长沙三校刚刚组合之时，钱穆与冯友兰曾有过一番争执。钱穆回忆说："某一日，有两学生赴延安，诸生集会欢送。择露天一场地举行，邀芝生与余赴会演讲，以资鼓励。芝生先发言，对赴延安两生倍加奖许。余继之，力劝在校诸生须安心读书。不啻语语针对芝生而发。谓青年为国栋梁，乃指此后言，非指当前言。若非诸生努力读书，能求上进，岂今日诸生便即为国家之栋梁乎？今日国家困难万状，中央政府又自武汉退出，国家需才担任艰巨，标准当更提高。目前前线有人,不待在学青年去参加。"[①]耿介的钱穆作如此发言,确实与当时的气氛不相吻合,但读书人应以认真治学作为服务于国家的意见还是相当地鲜明。这并不意味着钱穆漠视在战争中知识分子肩负的责任,他只是认为,担当责任的方式应不离知识分子的价值本位和特有的行为方式,作用于社会应依靠学术活动自身的延伸和转化。立足价值本位,将学术研究视作知识分子安身立命的重要方式,这是联大知识分子在战乱与困厄中努力确保薪火不灭、弦诵不辍,致力于学问精进的原因。

正是钱穆,以一个史学家的崇高责任感,在"既乏参考书籍,又仆仆道途,不能有四天以上之宁定"的环境下完成《国史大纲》,号召国人对本国历史要抱有温情与敬意,批判偏激的虚无主义和一种浅薄狂妄的进化观,清楚地表明了他对文化与国家命运关系的认识,成为抗战时期宣传民族精神的经典。正如《国史大纲》序言中的开宗明义:"我国家民族之前途,仍将于先民文化所贻自身内部获得生机。我所谓必于我先民国史略有知识者即谓此。是则我言乃可悬国门,百世以俟而不惑者也。"[②]

与钱穆不同,冯友兰的学术建国思想主要建立在构造哲学体系"新统"上。冯友兰撰写"贞元六书"时正值抗战民族复兴思想勃兴时期。他曾在《新原人》自序中写道:"'为天地立心,为生民立命,为往圣继绝学,为万世开太平',此哲学家所应自期许者也。况我国家民族,值贞元之会,当绝续之交,通天人之际,达古今之变,明内圣外王之道者,岂可不尽所欲言,以为我国家致太平、我亿兆安心立命之用乎?虽不能至,心向往之。非曰能之,愿学焉。此《新理学》《新事论》《新世训》及此书所由作也。"[③]国家致太平是民族复兴的首要诉求,冯友兰显然将哲学新道统的建构理解成民族复兴的首要手段。他认为,"贞元六书"的编撰涉及安身立命的大问题,通过梳理传统思想,"帮助中华民族,渡过大难,恢复旧物,出现中兴",这是他在感怀故国陆沉的艰难时世中的治学心境。

---

① 谢泳:《西南联大与中国现代知识分子》,福建教育出版社 2016 年版,第 87 页。

② 钱穆:《国史大纲》,商务印书馆 2010 年版,第 2 页。

③ 冯友兰:《新原人》,北京大学出版社 2012 年版,第 3 页。

冯友兰曾说，从表面上看，我们好像是不顾国难，躲入了“象牙之塔”，其实我们都是怀着满腔悲愤无处发泄。联大的师生，都是“忍受着现实为将来工作”的人。他们的学术活动或许没有直接针对国家和民族面临的现实问题，但其中所蕴含的学术建国信念确是真实而浓烈的。罗常培亦说，假如能在危城中奋勉写成几本书，以无负国家若干年养士的厚惠，那么，就是敌人把刀放在我的脖子上，也会含笑而逝，自觉对得起自己、对得起学校、对得起国家。用传道授业保存中华文脉，用学术活动增强民族生存的意志，使纯粹求知的学术劳动在战时有了特殊的意味。在联大师生们看来，民族文化是一个民族存在的基础和表征，只要民族的文化不灭，民族就不会灭亡。反过来，一个没有学术文化根底的民族，即使能靠武力横行一时，终至一蹶不振。因此，学术活动已不仅仅停留在追求真理的意义上，更重要的意义在于文化的创造活动是延续民族的生存和奠定民族复兴的文化基础——通过文化的传播和创造维系民族的文化血脉、夯实民族复兴的基础。正是这样的认识，成为联大师生克服一切困难和重重障碍，坚持不懈地进行教学与科研的永不衰竭的力量源泉。

四、精彩纷呈的校训

校训是贯穿在学校群体每一个成员与每一项活动中的文化。它是学校管理者的文化、是教师的文化、是培养学生应具备的文化，也是教学内容、教学过程、教学方法及各种团队活动所着力培植的文化。研究百年来中国大学的校训，既可以感受到近代中国大学在跌宕起伏的历史进程中所经历过的一次次凤凰涅槃般的重生，也可以领悟到这一时期中国高等教育乃至中国社会共同的思想价值取向和追求。

纵观近代中国大学的校训，无论是公、私立大学，还是教会大学，都堪称不拘一格，很少有重复和雷同。然而，深切体味其中底藏的涵义，还是会发现一些共同的特征。从形式上看，校训多采用国人一贯认可和接纳的单字、格言警句式等短语形式，还采用对偶、押韵等二字、四字或多字句式。从内容上看，很多大学不约而同地选用了古代经典著作中的文句和一些耳熟能详的古语、格言，可以说，中华传统文化在近代大学的校训中，得到了广泛而深刻的体现和彰显。

清华大学的校训制定得比较早。1911年，清华学堂初创时就提出“以进德修业、自强不息为教育之方针”。很明显，当时作为留美预备学堂的清华，在创立之初就给学子们指明了未来发展的方向，以德业的修进为己任，力图自立自强，争取早日摆脱唯有留学才有出路的误区。1914年11月5日，梁启超莅校作题为《君子》的演说，他引用《易经》上乾坤二卦辞“天行健，君子以自强不息”“地势坤，君子以厚德载物”作为演讲中心内容。在梁公看来，清华大学的育人目标正是如此：乾象言君子自励，犹人之运行不息，不得有一曝十寒之弊，且学者立志须坚忍强毅，虽遇颠沛流离，不屈不挠；坤象言君子接物，度量宽厚犹大地之博，无所不载，君子责己甚厚，责人甚轻。梁启超通过阐发“君子”之义，提出，“清华学子，荟中西之鸿儒，集四方之俊秀，为师为友，相磋相磨”。他年遨游海外，吸收新文明，改良我社会，促进我政治。“所谓君子人者，非清华学子行将焉属！”此次演讲之后，学校便把“自强不息，厚德载物”八字定为校训，成为师生共同遵守的训言。“自强不息，厚德载物”作为中国传统文化的重要内涵，体现了一种健全的人格，它集刚健和柔顺两种不同的特质于一身，标志着人格发展的一种全面性和协调性。而在这里作为校训时，它已经被赋予了时代的新意：“自强不息”要求清华学生具有奋发图强、勇往直前、争创一流的品格；“厚德载物”则要求他们具有团结协作、严于律己、无私奉献的精神。

除了清华，很多国立大学也倾向于从古代圣贤的言论中寻找自身的行动指南。赵天麟任北洋大学校长后，根据北洋大学的办学经验，概括出“实事求是”的校训。“实事求是”（或“求实”）一语，来源于《汉书·河间献王传》中“修学好古，实事求是”一语，后颜师古注为“务得事实，每求必真”，明代哲学家王守仁也曾有“君子之学，唯求其是”之语。而湖南大学提出“实事求是，敢为人先”的校训，激励师生追求真理、崇尚科学、争创一流，同时也彰显出作为辛亥革命“首应”之区的气魄。北京大学校训“博学、审问、慎思、明辨”和中山大学校训“博学、审问、慎思、明辨、笃行”则源于《中庸》：“博学之，审问之，慎思之，明辨之，笃行之”。其原意是指人具有“诚”之本性，只要按“至诚”之本性从事修身，通过学、问、思、辨、行五个环节，便可以把自己修养成为“君子”。1924年成立的国立广东大学，其校训同为孙中山亲笔题——“博学、审问、慎思、明辨、笃行”。明末清初思想家顾炎武也曾提出“博学而笃志，切问而近思”“博学于文，行己有耻”，强调学、问、思与立志的统一。其他如中央大学的“诚朴雄伟”、暨南大学的“忠信笃敬”、西南联合大学的“刚毅坚卓”、西北联合大学的“公诚勤朴”等也多是中国古代常用的伦理范畴和道德格言。

厦门大学成立之初，陈嘉庚也以“自强不息”作为校训，希望学生为追求理想和民族富强而坚持不懈地努力学习。1921年林文庆接任校长，觉得仅有良好的愿望而没有脚踏实地的奋斗精神是不够的，只有将“自强不息”和“止于至善”结合起来才更完美。而新添加的这下半句，语出《礼记·大学》：“大学之道，在明明德，在亲民，在止于至善”。所谓“明明德”，即彰明自己天赋灵明的德性，也就是通过学习和实践发掘光大个人内在的优良品德；所谓“亲民”，即亲近、爱恤人民；而“止于至善”即达到人生修养的最高境界。朱熹曾阐述道：“言明明德、新民，皆当止于至善之地而不迁”。其他像“诚朴雄伟”“忠信笃敬”“刚毅坚卓”“礼义廉耻”“诚”“真”“勤”“仁”等，也多是中国古代常用的伦理范畴和道德格言。

与厦门大学齐名的另一所私立大学就是复旦大学。马相伯曾为震旦学院制定了“崇尚科学，注重文艺，不谈教理”的办学宗旨。马相伯的解释为，中国人不但懒于行动，尤其懒于思想，只重视记忆，在文化方面、经济方面、政治方面莫不如此，所以希望学子不仅要学习知识，而且要有远大的志向。借鉴耶鲁办学理念和蔡元培办学思想，李登辉为复旦大学提出“学术独立，思想自由”办学理念。后来，他又决定仿美国名校制度，为复旦制定校训。最后，确定为“博学而笃志，切问而近思”。这句话出自《论语·子张》：“博学而笃志，切问而近思，仁在其中矣。”意思是说，广泛地学习且能够坚守自己的志向，恳切地提出疑问，联系当前情况，“仁”就在里面了。“仁”是中国古代人生修养所树立的目标之一，而李登辉对此的解释为，引导学生为国家和人类进步服务，后期演化为“服务、牺牲、团结”的复旦精神。

相对于以上由国人所创办的公、私立大学，近代中国盛极一时的教会大学，其校训很多则出自基督教经典。燕京大学是教会大学中著名的一个。

1919年司徒雷登就任燕京大学校长后不久即与同僚商谈校训的制定，当时同僚曾建议用《马太福音》中，耶稣所说的“人本来不是要受人的服侍而是要服侍人的”。同时，司徒雷登还想起了弗吉尼亚大学正门上方的一句希腊文、出自《约翰福音》的“你们必须晓得真理，真理必叫你们得以自由”。由此，司徒雷登便把这两句耶稣的话结合起来，将燕京大学的校训概括为“因自由得真理而服务”。燕大校训体现了该校所倡导的宗教信仰、科学精神和方法，对学生的人格培养产生了深刻的影响。司徒雷登曾自豪地称，“我所知道的大学校训，没有哪一个曾对它的学生产生过如此重大而有力的影响”。华南女子文理学院校训“受当施”源自《圣经·使徒行传》：“我凡事给你们做榜样，叫你们知道应当这样劳苦，扶助软弱的人，又当纪念主耶稣的话，说：‘施比受更为有福。’”类似这样的校训，很符合基督教“非以役人，乃役于人”的精神。

即便如此，教会大学扎根在中国的土地上，传统的儒教伦理无疑会在其文化氛围的塑造过程中，扮演重要的角色。可以说，在更多的情况下，近代教会大学的校训，体现的是西方大学理念与中国古代教育理念的融合，是一种中西合璧的道德、价值取向。圣约翰大学的校训既有出自《论语》的中文格言“学而不思则罔，思而不学则殆”，又有英文格言“光和真理”。岭南大学的校训为“今之学者为人”。这句格言表面看来是与古训所讲的“古之学者为己”相对应，但更深一层的含义是，要求培养的学生能发扬真理，贡献所学，以为人类谋幸福，为社会服务，不为自己谋私利。这是一种既符合基督教原理，又融合中国儒学传统的精神气质。另外，部分教会大学直接用中文格言作为校训，这也表明了对于中国传统教育理念培养人才目标的认同。如东吴大学的校训是“养天地正气，法古今完人”、华中大学的校训是“礼义廉耻”、金陵大学的校训是“诚、真、勤、仁”。由此，我们可以感受到在近代中西文化交流与融合的时代大潮中，一方面是深厚博大的中华文化魅力的彰显，另一方面也是教会教育结合中国实际调适的结果。

总之，以儒家文化为主体的中国文化形成了勤劳、诚实、朴实等传统美德，而反映这些传统美德的词句又构成了近代大学校训的主体。“勤”“诚”“敬”“朴”“俭”“德”“勇”“公”“忠”及它们的同义近义词如“勤俭”“诚朴”“笃敬”“忠信”等，都是反映传统文化的词语，而它们又都是主要的校训内容。“自强不息，厚德载物”“实事求是”“敬业乐群”“嚼得菜根，做得大事”等校训，都是通过引经据典，反映传统文化的精髓。“重学”“好学力行”等校训词语，则体现了传统文化注重知识的习得和强调学习知识的重要。此类校训和反映道德修养的校训相比，数量较少，这也反映了我国是以“德性”文化为主的传统文化特征。

探究上述大学校训的取材及意义，可以发现，在国人所创办的公、私立大学中，其校训表达了培养“君子”、追求学问的“是”以及达于“止于至善”境界的目标。教会大学的校训体现了教会大学传播基督福音、服务他人、追求真理的信念。总体而言，在近代中国大学的发展史上，无论其办学形式如何，在校训的制定方面却有着共同的特点，即执着并继承了传统。然而，如果再进一步细致、深入地考察校训制定的经历及掌校者对其蕴含意义的阐发，我们又会发现新的特征，原来，近代中国大学校训在继承古典教育理念的基础上，都紧随潮流，持续不断地被赋予新的时代意义。

浙江大学的校训是“求是”。在学校的发展史中，以上二字的广阔含义，得到了充分的彰显。浙江大学自创建之初，就具有优良的文化传统和学术风气。19 世纪末，一批有识之士已经认识到，欲使国家强盛，必须引进现代科技，兴建学堂，培育人才。杭州知府林启，排除各种阻力，创办中西求是书院，开我国自办新式学堂之先河。由于杭州求是书院提倡“务求实学，存是去非”，所以引用“求是”的名称，体现了先行者的学风追求和在当时条件下的开拓创新意识。而后，以“诚”与“勤”为特点的求是精神逐步成为历届学校主持者的办学追求和学校在社会上的整体形象。至 20 世纪 30 年代，哈佛大学气象学博士竺可桢出任校长。1938 年 11 月 19 日，西迁途中，竺可桢在广西宜山的开学典礼上提出以“求是”作为浙江大学校训。此后，他多次就“求是”进行了阐释，包括 1939 年 2 月 4 日对新生作的名为《求是精神与牺牲精神》的专题演讲，1941 年初为浙大出版的《思想与时代》杂志撰写的《科学之方法与精神》的论文。在演讲中，竺可桢指出，到如今“求是”已定为我们的校训。何为求是？英文是 faith of truth。美国最老的大学哈佛大学的校训亦是“求是”，可谓不约而同。所谓

“求是”，不仅限为埋头读书或是在实验室做实验。求是的路径，《中庸》说得最好，就是“博学之，审问之，慎思之，明辨之，笃行之”。“求是”的精义，就是追求真理，忠于真理，实事求是，不盲从，不附和，不武断，不专横。“求是”精神，就是科学精神、牺牲精神、革命精神、奋斗精神和开拓创新精神。他尖锐地提出，一个民族内忧外患，贫穷落后，并不可怕，可怕的是人民，特别是大学里培养出来的知识分子没有科学头脑，轻信，盲从。他平时常以哥白尼、伽利略、达尔文、范仲淹、文天祥、孙中山等人视死如归、献身真理的精神，教导和勉励学生，认为大学能彻底地培养理智，于道德必大有裨益。凡是有真知灼见的人，无论社会如何腐化，政治如何不良，他必独行其是。唯有求真理心切，才能成为大仁大勇，肯为真理而牺牲身家性命。在这里，浙大校训“求是”，不再仅仅拘泥于穷经证理、注儒训诂之学，我们可以其被赋予的时代气息，即要求大学教育从社会实际出发，追求学术真知，切实为社会实际服务。可见，浙江大学以“求是”为校训，既符合高等教育的普遍规律，又显示了这座学府的独特追求。

在私立大学中，南开大学校训“允公允能，日新月异”堪称紧密联系实际的典范。该校训是 1934 年张伯苓亲自制定的。他认为，中华民族之大病，约有五端，曰“愚”“弱”“贫”“散”“私”。惟“公”故能化私，化散，爱护团体，有为公牺牲之精神；“能”故能去愚，去弱，团结合作，有为公服务之能力。允公允能，足以治民族之大病，造建国之人才。这里的“公”指公德、品德，即爱国、爱民；“能”指能力、才干、技能。“允公允能”可以解释为既有爱国爱群的品德，又有服务社会的能力。而“日新月异”即自强不息，积极进取。“允公允能，日新月异”的南开校训既表达了该校培养学生的目标在于“爱国爱群之公德，与之服务社会之能力”，同时又有赶上时代发展，走在时代前列的豪情与理想。

众所周知，教会大学从根本上是为着传教的宗旨而办理的，不过迫于时势，尤其是 20 世纪 20 年代随着国人民族意识的日益高涨，爆发了轰轰烈烈的非基督教运动和收回教育权运动，教会大学的办学理念也有所转变，不断地趋向本土化和世俗化，这点也可以由其校训反映出来。金陵女子文理学院前身是 1915 年成立的金陵女大，1930 年向国民政府注册后改称金陵女子文理学院。该校的校训为"厚生",源自《新约》的《约翰福音》第10章10节:"我来了,是要叫人得生命,并且得的更丰盛",其意与耶稣所说"我来不是要人服侍,而是服侍人"的含义相近。后来,校长吴贻芳对其涵义作了进一步的引申:人生的目的,不光是为了自己活着,而且是要用自己的智慧和能力来帮助他人和社会,这样不但有益于别人,自己的生命也因之而丰满。该校以此作为培养学生的宗旨,时时告诫学生,为人处世,是施与,不是取得;是宽容,不是报复;是牺牲,不是自私。东吴大学校训的演变也反映了教会大学的本土化和世俗化趋向。1901年东吴大学创办之时即提出了英文校训:Unto a Full-grown Man(为社会造就完美的人格)。在本土化的过程中,第一任华人校长杨勇清于1929年春又订立了一个中文校训"养天地正气,法古今完人"。

大学校训总是具有如此鲜明的时代色彩,传达时代信息,紧跟社会步伐。从新文化运动开始,西方文化在中国逐渐得到传播和认可,胡适、陈序经等人极力推崇西方文化,高举"民主"和"科学"两面大旗,向传统文化展开猛烈的冲击。在这种文化环境下,一些大学校训中,也体现出了科学、自由、民主等西方文化的价值观。润泽于欧风美雨,留学归国的教育家,大力宣传与引进了西方大学理念。

抗日战争全面爆发后,民族面临生死存亡的抉择,危机意识空前强烈,爱国主义精神蓬勃迸发,全民族的抗战积极性充分调动起来,凝聚力空前加强。全面抗战初期,国民政府曾提出"四维八德"的训育标准和全国统一的校训。"四维"指礼、义、廉、耻,"八德"指忠、孝、仁、爱、信、义、和、平。1938年9月19日,教育部通令称,要陶冶国民人格,必须有一致的标准。现在各级学校往往各自制定各校的校训,所取德目互有重轻,非常不一致。总理"忠、孝、仁、爱、信、义、和、平"的八德以及党员守则,可定为青年守则一致信守,另外,所有全国各级学校,可以"礼、义、廉、耻"四字为共通的校训,制成匾额,悬挂于礼堂。很显然,为文化教育的专制主义而推行的全国大学统一校训,使校训政治化、统一化,是国民党"党化教育"膨胀发展的结果,不利于大学的个性发展。

当救亡图存成为大学教育首要的历史使命时,大学校训也受到了这种文化氛围的影响,师生克服困难,踏实教学,潜心学业,报效国家。这一时期成立的大学，在校训中都有直接的反映。其中，国立西南联合大学的校训尤具特色。战时的西南联合大学是由北大、清华、南开为主体组成的，尽管各校先前都有自己的校训，但在成为一个新的整体后，为了体现战时的精神气质，该校制订了新的校训。1938 年 11 月 30 日，在西南联大举行的第 95 次常委会上讨论议决了以“刚毅坚卓”为校训，激励师生以坚强的毅力去创造卓越。“刚毅坚卓”是从抗战时期西南联大师生的实践中提炼出来的，八年间，联大师生在学习、工作、生活各方面无不体现出刚强、果敢、坚韧不拔、卓然不群的精神。同时，“刚毅坚卓”也体现了中华民族面临危急关头，不畏强暴、果敢、坚强及自强不息的精神风骨。此外，西北联大确立了“公、诚、勤、朴”的校训，培养师生爱国、诚恳、勤奋、朴实的品质，以期他们学有所成，为抗日救国多作贡献。可以说，全民族抗战大背景下的校训，反映出战时文化的特点，爱国、忠诚、团结、俭朴、勤奋成为主旋律，国家利益、民族意识得到了空前的张扬，奋发有为、积极进取成为主旋律。继承和弘扬民族文化的大学校训，集中反映了战时文化的诉求。

五、大学校长的人格力量

“一个好校长，就是一所好学校。”这句名言在高等教育界已达成共识。一方面，大学校长所处的地位决定了他们必然是大家关注的焦点；另一方面，大学校长的言行表率直接或间接地影响和塑造着大学的核心价值观。纵观世界各大学的发展，并横向比较东西方大学的进步，不难发现，每一所成功的大学无一不与一位优秀的大学校长相连。就国外而言，如洪堡之于柏林大学，阿什比之于剑桥大学，博克、洛韦尔之于哈佛大学，安吉尔之于耶鲁大学，珀金斯之于康奈尔大学，威尔逊之于普林斯顿大学等；就中国而言，如蔡元培之于北京大学，梅贻琦之于清华大学，张伯苓之于南开大学，唐文治之于交通大学，竺可桢之于浙江大学，郭秉文之于东南大学，马相伯之于复旦大学，萨本栋之于厦门大学，罗家伦之于中央大学，熊庆来之于云南大学等。20 世纪初，具有现代意义的大学在中国刚出现不久，就达到了相当高的层次，让后人不禁产生许多“虽不能至，心向往之”的景仰。归其原因，一个明显的因素就是，我们这个民族曾经拥有过那么多杰出的校长。他们普遍具有非凡的人格力量，并兢兢业业地以自己的人格力量为平台，在内忧外患、民不聊生的时代，为中国近代大学的发展作出了不朽的贡献。

研究中国教育史的人可能会注意到这样一种现象，就是在20世纪初叶，最早承担传统教育向现代教育转变职责的是一批传统的士子，比如蔡元培、张伯苓、唐文治、交通大学校长叶恭绰和光华大学校长张寿镛等，都是进士或举人出身。透过这种现象，可以看出这些大学校长在中国大学教育史上的光辉成就肯定与他们的人文修养有关。作为士子，他们所受到的是完善的传统教育。同时，这些士子大多又都曾留学国外。中国传统教育的人文"因子"在中西文化的交融与碰撞中，通过与西方文化中科学"因子"的融合，有效地转化为他们自身独特的人文修养。而正是这种人文修养，在他们办学的实践中孕育并产生了他们的大学理想。

纵观近代那些著名的大学校长，他们的知识结构，一个突出的特征就是人文知识丰厚。不论是文科还是理工科出身——比如研究物理的梅贻琦、研究气象的竺可桢、研究数学的熊庆来等，他们往往学习并掌握了丰富的人文科学知识，尤其是对哲学、史学、文学、美学、法学、伦理学、政治学、教育学乃至神学、宗教、艺术、音乐、戏剧等都有广泛的涉猎。例如，广西大学校长马君武幼承家学，习经史，曾留学日本和欧洲，获得工学博士学位。他不仅精通相关领域的自然科学知识，而且精通英、法、日、德四国语言，对史、哲和政治、经济学等都有很深的造诣。可以说，丰富的自然科学知识，涵养了校长们的科学精神；丰富的人文知识，则涵养了他们的人文精神，有助于他们更深刻地认识人、理解人，有助于他们更全面、准确地认识社会，把握社会的发展趋势。

当然，拥有人文修养，只能说是具有了形成人格力量的外在基础，要真正具有人格力量，则必须将人文修养建立在崇高的道德品质和精神境界之上，并内化为对人的关怀、对人的价值的尊重、对人之生命的敬畏、对人之尊严的珍视。在办学治校过程中，则表现为对学生的爱、对教师的爱、对学校的爱以及更深刻的——对教育、对国家、对民族的爱。梅贻琦的品性行为，就无时无刻不透露出这些爱。他爱学校，所以他把一生献给了学校；他爱国家，所以在抗日时把他的儿子打发到远征军中去；他爱同事，所以待人一视同仁，从无疾言厉色；他尤其爱青年，所以在每次学潮中都以自己的力量掩护青年的安全。有资料这样记述燕京大学校长司徒雷登的为人："司徒雷登把燕大看作是自己的毕生事业，以校为家，很注意与教职员工和学生的关系，时时处处表示对他们的尊重和关爱。每年新生入学，他必在未名湖畔的临湖轩举行茶会或设宴招待；在校园里遇到学生，总要亲切地问候交谈；如有需要他帮助解决的问题，他会尽力帮助解决；许多教职员或学生结婚时，请他做证婚人并在他的住所举行婚礼……他好像是燕京大学这个大家庭里的家长。"①这样，历经磨炼而形成的大学校长的非凡人格力量，是非权力性影响力的最高境界，它既高于权力，又高于学识才能、组织方法和领导艺术，尤其是对于有知恩图报传统文化心理的中国知识分子来说，一位好的校长就是一种无形的向心力和凝聚力。位高权重、学识渊博，都未必具有让人难以抗拒的力量，而以人格力量推动大学发展才是大学校长的至高境界。

近代中国外受帝国主义列强的侵略掠夺，内受封建军阀的割据混战，天灾兵祸，连年不断，国运日衰，中华民族已走到生死存亡的边缘。萨伊德曾言，一个知识分子如果不与现实世界中的苦难和危机发生任何关联，有智慧而无痛苦，势必蜕变为一般学者和文人。"国家兴亡，匹夫有责"是中国知识分子几千年流传下来的优良传统，中国近代的大学校长们作为知识分子的杰出代表，义不容辞地肩负起"救亡图存"的历史使命，也正是这种历史使命为中国近代的大学校长们人格力量的展现，提供了时代的主题。而且，大学在中国这个极为重视教育的国度，向来享有极高的声誉和地位，大学不仅要传承文明，发展文化，还要弘扬社会正义，实现人类社会至善至美的境界。因而"指点江山，激扬文字"便成为中国知识分子一贯所崇尚的精神风范。20 世纪初，具有现代意义的大学虽在中国刚刚出现，但对于充满"教育救国"梦想的中国社会来说，人们对它寄予了莫大的希望，认为大学是中国摆脱贫穷落后，走向富强、走向世界、走向现代的希望之所在。也正是大学在中国人心中有着如此重要功能与作用

① 郭位：《心件：大学校长说教育》，中信出版社 2016 年版，第 153 页。

的情结，中国近代的大学为其校长们人格力量的发挥提供了社会心理的平台。中国的知识分子常常以“三军可夺帅也，匹夫不可夺志也”自勉，这正是对人格力量的一种珍视。近代中国的大学校长们，是中国近代真正的社会精英，作为一个优秀的群体，他们有着自己杰出的特征。

校长们是深谋远虑的。他们致力于为学校，更重要的是为国家、为民族谋求长远的发展。他们尽可能拓展办学空间，改善办学条件，想方设法加强师资队伍建设，扶持培养青年教师，千方百计加强学科专业建设，并使专业形成特色。同时还体现在注重学校制度建设，努力使学校走上法制的轨道上。对于一些著名的私立大学校长而言，在募捐办学过程中，其还努力使经费基金化，以求发挥长远效益。在为国家、为民族谋发展上，这些优秀的校长注重培养服务社会、奉献社会、引领社会发展的人才，反对简单地培养就业型人才和只能自谋生路、解决个人生计的人才；他们重视科学研究，不仅强调科学研究为社会服务，要能解决社会问题，而且特别重视基础研究、理论研究，以为应用研究、实用技术研究奠定基础。

校长们是大度宽容的。大学之“大”主要体现在其包容性上，而这种包容性又与校长是否具有大度宽容的性格有密切的关系。如果一位大学校长对学者不宽容，对教师苛刻，不能容忍个性和差异，不能百家争鸣，而是唯我独尊，那么，这样的校长不可能办出真正的大学。因为真正的、一流的或著名的大学是有大师的大学，是大气、大度的大学，是海纳百川的大学。近代优秀的大学校长性格之大度宽容，蔡元培是最为突出的代表，梅贻琦、竺可桢、陈垣、陈裕光等校长都做到了宽待教师、宽待学者、学派，对教师的教学与研究，对学者的学说和主张不苛求、不挑剔。可以说，没有大学校长的大度宽容，就没有大学教师教学与研究的宽松宽容。

校长们是守正不阿的。与蔡元培共事过的人都评价说，尽管他大度宽容，但对待大是大非的原则问题则很倔强地坚持着。陈独秀写道：“一般的说来，蔡先生乃是一位无可无不可的老好人。然有时有关大节的事或是他已下决心的事，都很倔强的坚持着，不肯通融，虽然态度还很温和；这是他老先生可令人佩服的第一点。”黄炎培说：“吾师生平风度休休焉，其言恳恳款款焉，独于其所不好者，绝不假辞色。其行至方，语至耿直，从不阿合于人。”[1]蒋梦麟则评价蔡元培，无论遇达官贵人或引车卖浆之流，态度如一。但一遇大事，则刚强之性立见，发言作文，不肯苟同。此外，一些优秀的校长坚持自己的信念、主张，遇到外力左右宁可辞职也不放弃自己的原则，在日本侵略占领下不低头、不屈服，如陈垣、唐文治、李登辉等。

校长们是率直率真的。对待学校的发展，敢于正视不足、差距和缺陷，不文过饰非，不向师生隐瞒真相和困难，对待学校人才培养和科学研究中存在的问题，敢于揭示暴露。对待社会问题、政府当局的问题，勇于直言，讲真话、说实话。这种率直率真的性格，尽管会得罪行政当局、得罪权贵，但优秀的校长并没有去刻意改变自己的性格，相反他们将自己的率直率真保留着，给师生一个真实的校长形象，由此而更加赢得师生的理解、信赖和尊重。

校长们是开拓敢为的。他们认准了的事业，即使充满困难也努力为之。他们注重守成，更重视拓新，在开拓敢为上，勇于争先、创一流。曾为武汉大学校长的王世杰，为了把武大新校舍建设得坚固，富有美术性、系统性和体现中华民族的特色，克服了经费不足、征地困难、地方政府支持不力和社会有关舆论批评等来自多方面的困难和压力，在任上基本完成了他要使武大有一个系统的建筑，巨大的、美观的新校舍的建设理想，在武大发展史上以及在中国高校建设史上留下一笔永久的财富。

校长们是坚韧执着的。为了尽可能实现自己的办学理想，一些优秀的校长在十几年甚至几十年的时间里执着奋斗，片刻不歇。1937 年 7 月底日本侵略者派飞机轰炸天津城，张伯苓在南开被炸毁后即向中央社记者发表谈话，敌人此次轰炸南开，被毁者南开之物质，而南开之精神，将因此挫折而愈益奋励。正是张伯苓的苦心经营，形成了百折不挠、愈挫愈奋的南开精神。竺可桢在抗日战争期间率领师生迁徙办学，一迁、再迁、三迁、四迁，历经浙、赣、湘、粤、桂、黔数省，在长达两年多搬迁过程中虽历经磨难，但始终坚持教学活动，保护图书仪器，使之几无损失。在艰苦环境中，竺可桢处处以身作则，与师生同甘共

① 丁晓平:《世范人师:蔡元培传》,作家出版社 2015 年版,第 76 页。

苦，并忍受着失子丧妻的巨大悲痛，率领浙大师生坚韧地跋涉向前。

校长们严慈相济。他们对学生严格管理、严格训练，从不放松要求，同时他们又关心、爱护、保护着学生，对待学生的困难尽可能予以帮助，对待学生的合理要求尽量予以满足，当学生身处险境时，他们不惜以身家性命担保予以营救。

校长们公正无私。虽然掌握人事、财务等决策权，他们却绝不以权谋私，而是从维护学校整体利益、长远利益出发，做到了秉公办事，秉公配置人力、物力、财力。

校长们学而不厌，诲人不倦。他们是不知疲倦的学习者，不管多忙总是想方设法丰富自己的学识，同时利用课堂、利用集会、利用课余，可谓不分时间和场合地教诲学生，指导他们怎样学习，点拨他们怎样做事，启迪他们怎样做人。

校长们以身作则。要求学生做到的，自己坚决做到，要求学生不做的，自己坚决不做，实现了言传与身教的结合。

校长们谦虚审慎。尽管是饱学之士，但依然保持着虚怀若谷的品德，既珍视自己的研究成果，也能看到自己主持的学校乃至中国科学研究与其他大学和国际上的差距，因而总是能保持积极进取的心态。

校长们清廉高洁。他们从不享受特殊的待遇、不贪占公家的便宜，而对待社会腐败之人、对待官场之政客，不屑与之为伍，或远离，或不同流，或不合作，或加以批评和批判。

近代中国的大学校长的人格力量，首先体现为感动人与召唤人的力量。只有具备这种感召力，他们的周围才能凝聚着一帮仁人志士、学者大师。一个大学也只有富有个性和人格的大师们，才能营造出大学恢宏的气度和博大而精深的文化氛围。大学必须具备这种气度与氛围，才能形成一个传播文化、培养人格的中心，才能造就和培养出一流的人才。形象地说，大学校长应具有登高一呼，万众景从的力量。冯友兰曾这样赞誉蔡元培的人格："蔡先生的教育有两大端，一个是春风化雨，一个是兼容并包。依我的经验，兼容并包并不算难，春风化雨可真是太难了。春风化雨是教育者本人的精神境界发出来的作用。没有那种精神境界，就不能发生那种作用，有了那种精神境界，就不能不发生那种作用。"[1]这种"春风化雨"的功效正是人格感召力的体现。近代中国大学的校长们大多都有着"那种精神境界",才赢得大师与才子的云集。蔡元培、蒋梦麟正因为有着"那种精神境界",所以才使得当时的北大,既有提倡文学革命的钱玄同、刘半农、鲁迅等,也有维护旧学反对新文化运动的黄侃、梁漱溟;既有宣传马克思主义的李大钊,甚至也有拖长辫而持复辟论者的辜鸿铭和鼓吹帝制的刘师培。梁漱溟曾这样评价蔡元培:"蔡先生的伟大非止能聚拢许多人,而且能培养许多人。除了许多学生不说,如我这样虽非学生而实受培养者盖亦不少也。"当年梁漱溟进北大,既无学历又无名气,也没有留过洋。蔡元培只看过他的《究元决疑论》一文,便相中了他,他的慧眼和唯才是用的气度使梁漱溟彻底折服,并感叹道:"是真虎乃有风,正为此,他不要笼络天下人,他更不想强制天下人听他的。一切威迫利诱的手段,他都不用,然而天下人却自为他所带动,他毕竟成功了,毕竟不可磨灭地成功了。"[2]此外,竺可桢也因为有着"那种精神境界",才会"三顾茅庐"礼聘国学大师马一浮;"复旦之父"马相伯因为有着"那种精神境界",才能做到毁家兴学"复我震旦";清华的"寡言君子"梅贻琦因为有着"那种精神境界",才不尚空谈,以身作则,使人悦服,赢得诸多学术大师投至麾下。这就像老子在《道德经》所阐述的,圣人之所以成为圣人,是因为他们从不居功,从不认为自己了不起,只是去做对百姓有利的事,他人优位,才获得人们的尊重,才使得社会的发展健康、顺利,才使得人们服从他。

如果说近代大学校长们的人格对教师和学生们有着一种强烈的感召力,那么他们还有一种对社会邪恶势力的威慑力。正如孔子所言,"唯仁者能爱人,能恶人"。"仁者"既充满爱心,也刚正不阿、是非分明,有着"出淤泥而不染"的高尚节操,有着敢于抗争邪恶势力的信心和勇气。中国近代大学的校长们大多是这样的一种人,他们热爱学校、尊重教授、爱护学生,但对于社会上的卑鄙小人、流氓政客却充满着鄙视和仇恨,并敢于而且善于与他们作斗争。1935年,蒋梦麟以北大校长名义领衔发表宣言,反对日本侵略者在中国进行脱离中国中央政府、组织特殊政治机构的阴谋,因而遭到日本军方的注意,他们

---

① 丁晓平:《世范人师:蔡元培传》,作家出版社2015年版,第262页。
② 丁晓平:《世范人师:蔡元培传》,作家出版社2015年版,第98页。

想挟持蒋梦麟到东北。蒋梦麟正色道:“我不是怕,如果我真的怕,我就不会单独到这里来了……不过我劝你们不要强迫我。如果全世界人士,包括东京在内,知道日本军队绑架北京大学校长,那你们可就要成为笑柄了。”罗家伦后来评价说,蒋梦麟先生是郭子仪第二,大有单骑见回纥的精神。当竺可桢面对蒋介石的恼怒,要他证明爱国学生于子三是畏罪自杀时,竺可桢对《申报》的记者讲,“于子三作为一个学生,是一个好学生,此事将成为千古奇冤”,并明确指出军警方具有不可推卸的责任。面对政府的一再施压,竺可桢坚持实事求是:“报载是实,无法更正。”曾经历过于子三事件的郦伯瑾说:“浙大有幸,有了这么一位坚持正义、崇尚民主和求是精神,全心全意爱护他的学校和学生的好校长。”20 世纪的上半叶,时局动荡,政治风云迭起,许多大学生都投身爱国救亡的民族复兴运动之中,因而有不少学生遭受当局的逮捕。学生一被捕,校长就力保,成了惯例。五四运动中蔡元培以身保释学生;五卅惨案中的许寿裳支持、领导女师学生与反动派英勇斗争;学潮中梅贻琦以自身的力量掩护学生的安全。可以说,正是校长们人格中的威慑力,使得近代大学在兵荒马乱的年月里保持了宁静、独立、质朴和理想的传承。

近代大学的校长们既然背负着如此沉重而宏大的历史使命,在他们的理想人格中就形成了一种追求“止于至善”境界的“至善力”,敦促他们“先天下之忧而忧,后天下之乐而乐”,既要享受“风声雨声读书声,声声入耳”的淡泊宁静,又要“家事国事天下事,事事关心”。也就是说,知识分子作为社会思想、文化、道德的载体,一方面要传承文明,使社会历史、思想、文化得以延续,另一方面还要维持社会基本的道德观、价值观以及社会正义的实现,促进人类社会走向至善至美。

近代大学的校长们作为知识分子的核心人物,也无时不在践约“士志于道”的使命,充当着社会的良心。蔡元培的《不肯再任北大校长的宣言》,就充分展示了他人格力量中所散发出的追求完美与自由的至善力:“一、我绝对不能再作那政府任命的校长……我是一个痛恨官僚的人,能甘心仰这些官僚的鼻息吗……二、我绝对不能再作不自由的校长……思想自由,是世界大学的通例……三、我绝对不能再到北京的学校任校长……北京是个臭虫窠”。清华的潘光旦认为，大学教育的宗旨不仅是教人做人、做专家，而且还教人要做“士”，即承当社会教化和转移风气之责任的知识分子。潘光旦自己就是一个“士”，他主张“学人论政”，认为“学人论政之风虽至今没有达到一个十分自由的境界，舆论和清议的不可侮，却始终是历史上的一大事实”。[①]学人论政的一个重要功效就是促进和督促社会走向“至善”。竺可桢也认为，大学是“海上之灯塔”“社会之光”，不应随波逐流。引导人类社会走向“止于至善”的境地，这是大学校长们人格至善力的终极追求。

① 《蔡元培全集》第三卷，浙江教育出版社 1997 年版，第 210 页。

第三章
新中国的大学教育与大学文化

新民主主义的大学教育，在中国共产党领导下的苏维埃地区逐渐建立起来，历经抗日战争时期和解放战争时期的发展而得到进一步完善，为革命战争和根据地建设培养了大量人才，充分发挥了教育在民族解放和民族革命中的伟大作用。1949 年 10 月 1 日，中华人民共和国成立，中华民族的历史翻开了新的一页，中国的大学教育呈现出了新的面貌。经过一系列艰难曲折的发展，我国大学教育基本形成了一套完整的体系。2009 年，我国已经建立了世界上规模最大的大学教育系统，大学教育步入大众化阶段。大学教育在建设创新型国家、满足国家发展的重大战略需求和人民群众多样化教育需求方面发挥着重要作用。

第一节　新民主主义革命时期的中国大学教育与大学文化

中国由旧民主主义革命阶段步入新民主主义革命阶段后，文化教育领域特别是高等教育领域，受五四运动的影响极大。十月革命传给中国的马克思主义，根植于博大精深的中国传统文化土壤，经过早期具有共产主义信仰的知识分子的传播，在中国大地上生根发芽。1921 年中国共产党的成立，实际上拉开了共产党领导的地区新民主主义大学教育的序幕。①新民主主义大学教育，

① 董宝良：《中国近现代高等教育史》，华中科技大学出版社 2007 年版，第 184 页。

为1927年国共合作破裂后的中共领导的土地革命战争、抗日战争和解放战争培养了大量的政治、经济、军事等各方面的人才，适应了革命战争和根据地建设的需要，充分发挥了教育在民族解放和民主革命中的作用。

一、新民主主义革命时期的中国大学教育

为了培养新民主主义革命斗争所急需的高级干部，中国共产党人于在偏僻的农村开展工农启蒙教育的基础之上，开始探索具有中国特色的高等教育模式。1927年到1937年土地革命战争时期的苏维埃地区、1931年到1945年抗日战争时期的根据地、1946年到1949年解放战争时期的解放区，高等教育融政治教育、军事教育和文化教育为一体，得到进一步发展和完善，并积累了丰富的高等教育经验，为新中国高等教育的发展和改革提供了有益的借鉴。

(一) 大学教育的发端

中国共产党成立初期及第一次国内革命战争时期，为了广泛宣传马克思主义理论、教育工农群众和培养革命干部，许多共产党人积极从事革命教育活动，与国民党一起，先后创办了一批具有高等教育性质的教育机构，比较著名的有湖南自修大学、上海大学、农民运动讲习所、中法大学、劳动学院、平民女学等。①

1. 湖南自修大学

1921年8月，毛泽东利用船山学社旧址及当时省政府每年的4000元拨款，开始筹办湖南自修大学。湖南自修大学是一所研究和传播马克思主义、培养革命干部的新型学校，也是中国现代教育史上最早的一所革命大学。它为中国共产党培养了一批农民运动的领导骨干，总结了许多教育改革的成功经验，在中国革命史和高等教育史上写下了光辉的一页。湖南自修大学是以学

① 参见董宝良：《中国近现代高等教育史》，华中科技大学出版社2007年版，第184—206页；熊民安：《中国高等教育史》，重庆出版社1983年版，第430—439页；曲士培：《中国大学教育发展史》，山西教育出版社1993年版，第417—422页；郑登云：《中国高等教育史》上册，华东师范大学出版社1994年版，第275—318页。

友研究为手段，强调理论学习与参与社会实践活动相结合，学习、探索和运用马克思主义和现代科学知识，造就以改造旧社会、建设新社会为己任的，有较高理论修养和实干能力的人才的新型学校。

招生方面，湖南自修大学坚持平民主义原则，学生入学不收学费，寄宿只收住宿费。入学条件要求严格，需要了解新生的出身成分、经济状况、自学能力、人生观和社会政治观等，这是培养一个革命干部所必需的。学历上，湖南自修大学不作严格限制，凡确实具有中等以上学校毕业水平，有志且有能力自学、研究，愿意献身社会改造者，经考察认可，均可入学。组织管理方面，湖南自修大学与封建社会的书院不同，与近代引进的新式学校也不一样。学校设有董事会，由 15 名校董组成，负责筹办经费，掌管办学方针。校董既是学校的职员，也是学校的学友，地位完全平等，充分体现了民主管理原则，有利于发挥学友的主动性和积极性。

学科和课程设置方面，湖南自修大学设置文科和法科。文科课程有中国文学、西洋文学、英文、伦理学、心理学、教育学、社会学、历史学、新闻学、地理学、哲学。法科课程有法律学、政治学、经济学。学友至少得选修一种。各种教材由学长推荐，学友自行选择。湖南自修大学学友学习研究的书刊主要是马克思主义经典著作以及当时全国各地一些进步刊物，如《共产党宣言》、《科学社会主义》、《雇佣劳动和资本》、《哥达纲领批判》、《马克思资本论入门》、《中国哲学史大纲》、《新青年》月刊、《少年中国》月刊。湖南自修大学的教学方式与众不同，学友制定课程表，自己选定研究学科，自己看书，自己摸索，同时，志愿相同的学友组织研究会，共同讨论，共同进步。

教学管理方面，湖南自修大学采取自修主义，学习者自己看书，自己探索，与其他学习者相互探讨，相互切磋，学校因此废除了考试制度，主要以学友研究能力来定成绩。湖南自修大学非常注重学员的社会实践，坚持理论与实践相结合，把学习、宣传和运用马克思主义有机结合起来。参加工人运动、学生运动和反帝斗争，是湖南自修大学学友及附设补习学校学生的主要社会实践课，也是湖南自修大学理论联系实际、学以致用的原则。湖南自修大学是中国共产党在高等教育制度上的一大创举，是中国共产党培养革命干部的先声。

2. 上海大学

上海大学是中国共产党在上海与早期同盟会成员于右任合作创办的一所新型大学。1922 年 10 月，于右任应东南高等师范专科学校同学的邀请担任校长，该校遂改名为上海大学。上海大学创办之初，由于当时于校长主要从事国民党的政治活动，并不经常到学校，许多工作尤其是校务方面的工作，主要由共产党人负责处理。上海大学的办学是为了适应社会的需要，是为了认识社会、改造社会。此外，上海大学还为平民和青年工人设有平民夜校和英文义务夜校，不收学费，发给书籍等用品，致力于文化知识和反帝反封建的启蒙教育。

上海大学的教学内容十分丰富，一大批中共高级知识分子和著名学者都曾在上海大学任教。如瞿秋白曾经讲授社会哲学和现代社会学，蔡和森讲授社会进化史，张太雷讲授国内外时事问题，恽代英讲授心理学，任弼时讲授初级俄语，蒋光赤讲授高级俄语、社会思想史和社会运动史，陈望道讲授国文法及修辞学，安体诚讲授现代经济学，施存统讲授经济科学及社会意识学，沈雁冰讲授西洋文学概论，俞平伯讲授宋词，田汉讲授西洋诗，邵力子讲授古代散文和新闻学。当时著名学者如章太炎、刘大白、周越然、李季、高语罕等都曾执教于上海大学。上海大学除课堂教学内容丰富之外，课外活动也开展得有声有色，其主要形式是开设特别讲座及举办讲学会。

上海大学除了对学生进行知识教育外，还致力于反帝反封建教育，并鼓励学生组织各种类型的社团，把学术研究与认识社会、改造社会结合起来。随着革命形势的发展，上海大学师生与社会的联系越来越紧密，在社会政治斗争中发挥的作用越来越大。1924 年底，英帝国主义借口上海大学的学生“出售《向导周报》，内含仇洋词句”为由，来校搜走《社会进化史》《新建设》《新青年》《上大周刊》等各种报刊书籍三百余册，并传讯代理校长邵力子先生。1925 年五卅运动后，英美日等帝国主义竟派海军陆战队包围了该校，驱逐学生，占领校舍。1927 年 5 月，上海大学被国民政府查封。虽然上海大学此时开办仅六个年头，但它在民族革命斗争中产生了巨大的影响。

3. 农民运动讲习所

第一次国内革命战争时期，中国国民党和共产党进行合作，加快了中国革命前进的步伐，促成了工人运动和农民运动的兴起，全国工农运动和工农教育得到较快发展。国共合作创办了两所农民运动讲习所：广州农民运动讲习所和中央农民运动讲习所。

1924 年 7 月，国民党中央农民部在广州开办了农民运动的讲习所。广州农民运动讲习所是中国国民党和共产党合作创办的一所学校，目的在于培养农运干部，以适应中国革命形势的需要，要求把学员培养成既能宣传组织群众，又能开展武装斗争的人才。农讲所的主要教学内容是农民革命理论和方法，注重历史和现实相统一，注重理论与实际相结合，期待用中国革命和中国农民运动的理论和方法来武装农民干部，培养他们领导农民运动的能力。具体教学内容有帝国主义及其侵略史、中国民族革命史、社会问题与社会主义、中国政治状况等政治基础理论知识，有农民运动之理论、中国农民问题、农村教育、农村合作理论等农民运动理论，还有三民主义与五权宪法、中国国民党、统计学等课程。军事训练也是农民运动讲习所的重要内容，学员在学习的头三个月内安排了十周的正规军事训练，不仅要培养成领导农民运动的骨干，而且还能从事武装斗争。广州农民运动讲习所教学方式多样，有专题讲授、自学辅导、分组交流、调查研究和军事训练，等等。从 1924 年 7 月到 1926 年 9 月，广州农民运动讲习所共举办了 6 届，培训 772 名毕业生，这些农民运动干部对第一次国内革命战争时期农民运动的迅速展开，具有决定性的影响，在中国近现代教育史上占有重要地位。

1926 年 10 月，北伐军占领武汉，广州革命政府迁往武汉。1927 年 3 月，国民党中央农民部在武昌设立了中央农民运动讲习所。中央农民运动讲习所是广州农民运动讲习所的继续，其办学目的、方针、课程设置等与广州农民运动讲习所第六届大致相同，其培养目标是培训能够领导农村革命的人才。农讲所开设的课程很多，主要有三民主义、国民党史、社会进化史、乡村自治、各国农民运动状况、农民组织及宣传等。通过农讲所的学习、锻炼，学员们的革命觉悟提高很快，许多同志后来在农村举行革命暴动，长期从事农运工作。农讲所为中国革命培养了大批革命骨干，推动了土地革命的蓬勃发展。

在第一次国内革命战争时期，中国共产党除了创办上述三所高等学校之外，还创办了中法大学、劳动学院、平民女学等高等教育机构。这些高等教育机构随着革命形势的需要而产生，又随着革命形势的发展而发展，为传播马克思主义、培养革命斗争需要的政治斗争干部、武装斗争干部作出了积极贡献，推动了革命形势的发展。中国共产党的许多高级领导人都是在这样的高等教育机构里接受教育、走向革命的。

(二) 苏维埃地区的大学教育

1927 年 10 月，毛泽东领导的秋收起义部队到达井冈山，创建了中国第一块农村革命根据地。1931 年 9 月，红军三次反“围剿”取得重大胜利，赣南和闽西的革命根据地连成一片，形成了拥有 21 座县城、250 万人口、5 万平方公里的中央革命根据地。1931 年 11 月，中华苏维埃第一次全国工农兵大会在江西瑞金县召开，成立中华苏维埃中央临时政府，这为创办新型的革命大学、发展新民主主义的高等教育奠定了坚实的基础。苏维埃革命根据地的迅速扩大和苏维埃中央临时政府的成立，需要大量政治、经济、文化、军事、农业、工业、教育、医疗、卫生等各方面的人才，以适应革命蓬勃发展。根据地创建初期，各地举办了各种干部培训班，在红军中设立教导队、随营学校等。在此基础上，苏区根据地创办马克思共产主义大学、苏维埃大学、红军大学等高等教育机构，以培养各级各类干部。

1. 马克思共产主义大学

1933 年，为纪念马克思逝世 50 周年，在瑞金成立马克思共产主义大学。马克思共产主义大学即中央党校，是一所党校性质的规模较大的学校。主要培养前后方从事政治工作的各级干部。任弼时、张闻天、李维汉先后担任校长。专职教员有成仿吾、冯雪峰等，他们主讲政治常识，其他都为兼职教员，如董必武主讲苏维埃建设，刘少奇、陈云主讲工人运动，李维汉、罗明主讲党的建设等。限于当时战争环境，主要通过培训班来实现培养干部的目的。如新苏区工作人员培训班，党、团、苏维埃和工会工作干部训练班，各省委、省苏维埃政府和省总工会选送的高级干部训练班。训练班主要课程有《马克思列宁主义基本原理》《党的建设》《苏维埃建设》《工人运动》《中国革命基本问题》《游击战争》等。

该校由于设立的班级不同,课程也有所不同。但主要课程有马克思列宁主义基本原理、党的建设、苏维埃建设、工人运动、中国革命基本问题、游击战争等;属于文化课的有历史、地理、自然科学常识等;属于公共课的有苏维埃运动史(毛泽东讲授)、中共党史(任弼时、邓颖超讲授)、职工运动史(陈云讲授)、少共史(顾作霖讲授)。军事课由周恩来、朱德、刘伯承、李德(德国人、军事顾问)讲授,地理常识由徐特立讲授,西方革命史由董必武讲授。学校还经常举行学术讲座。例如博古讲过"十月革命的经验与教训",张闻天讲过"中国苏维埃政权的现在与未来",董必武讲过"巴黎公社"等。此外,该校还注重实习课。如高级训练班赴粤赣省会会昌县筠门岭实习1个月,协助前线工作。每两个星期要同"少共"区委联系一次,有计划地参加农村支部活动,星期六和假日还要参加义务劳动。

2. 苏维埃大学

苏维埃大学是培养高级干部的学校,是中央苏区的最高学府,1933年8月在瑞金成立,毛泽东任校长。它是根据1933年8月16日举行的中央人民委员会第48次会议决定创办的。会议认为,随着革命战争的迅猛发展,各项重大工作如查田运动、经济建设、工人斗争、文化建设、财政工作、肃反工作、道路建设、新苏区的发展,以及目前的选举运动,都需要大批干部,不是几百人,而是要有几千几万人连续提供给各条工作战线。为适应革命形势的需要,临时中央政府各部都在开办训练班。为集中领导、统一教授与学习的方法起见,会议决定创办苏维埃大学。苏维埃大学决定招收学员1500人,分普通班和特别班。特别班分设土地、国民政治、财政、农工检察、教育、内务、劳动、司法等8个班,于9月初正式开学,校址设在瑞金沙洲坝。

苏维埃大学的培养目标与红军大学稍有不同。红军大学学生学习的是领导广大的红色战士和敌人进行武装战斗,而苏维埃大学的学生都应当学习领导广大的工农劳苦大众进行一切战争动员工作来帮助战争,学习改善群众生活问题,学习怎样去保护工人、农民的日常利益,学习怎样管理苏维埃政权,怎样管理自己的国家。苏维埃大学设有本科和预科两部,设立预科的目的,是对文化程度不足的学生给予补习教育。

苏维埃大学只办了一期，1934 年 7 月 16 日，经中央人民委员会决定并入马克思共产主义学校，不久合编为干部团参加长征。

3. 工农红军大学

工农红军大学是中央苏区最高的军事学府，其前身是红军学校。1931 年 9 月，第三次反"围剿"战争取得胜利，中央革命根据地形成，毛泽东决定开办一所学校，用以培养革命干部。红军学校以萧劲光、林野负责的闽西军校和一、三军团随营学校为基础，校址设在瑞金城东谢氏祠堂。何长工、刘伯承、叶剑英等先后担任校长兼政治委员，邓萍任教育长，杨至诚任校务主任。伍修权、朱瑞、罗贵波、郭化若等任教员。

工农红军大学于 1933 年 11 月 17 日正式开学。第一期招收学员六七百人，是中央军委与总政治部下令从各红军部队抽调的久经战斗锻炼、有实际工作经验、品质优秀有条件深造的干部，第一期分设三科：指挥科、政治科、参谋科，附设教导队、高射炮队、测绘队，培养目标是营、团以上的军事政治干部。另外单独设立一个高级干部班，调训军以上的高级干部，中央领导几乎都是红大的兼职教员，并经常来校讲课或作报告。毛泽东、周恩来、朱德、任弼时、董必武、刘伯承、邓小平等都曾到校作过政治、经济、文化等方面的讲演和专题报告，朱德主持过战术讲演比赛。由于红大学员都是从各个根据地和红军各兵团抽调来的指挥人员、政治工作人员、参谋人员和后勤工作人员，在真正的战场上积累了丰富的实践经验，他们把这些经过讨论的经验系统化、理论化，然后又用来武装自己的思想。

工农红军大学继承和发扬了工农红军学校的优良传统，坚持教学训练从实际出发，少而精，理论与实际并重，注重提高学员的军政素质，其教学训练的内容主要分为以下几个部分：一是政治教育，开设有以学习马列主义基本理论知识、共产党的纲领和政策、革命的形势和任务为内容的政治课程，如社会发展史、党的建设、红军政治工作等，以提高学员的阶级性和政治理论水平，确立革命人生观。二是军事教育，总结红军的实际作战经验，并吸收中外有益的经验，学习军事知识和军事技术。刘伯承根据自己丰富的军事知识，结合红军的实战经验，编出了一套实战与训练相结合，适用于反“围剿”战争的军事理论教材。工农红军大学的军事教育，不仅研究红军的反“围剿”战术，还研究战役指挥指导和战略问题，研究如何把红军建设成人民的军队，如何把工农组织成游击队，如何把游击队提升为正规军等。理论教学之外，还注意组织学员认识并总结自己的作战经验和举行军事演习。三是文化教育，工农红军设有专职的文化教员，采用自编的文化教材，组织俱乐部，帮助学员识字，提高文化水平，学校办有《红校生活》《红色战场》等刊物，活跃大家的思想。四是劳动教育，积极组织师生参加建校劳动和生产劳动，对学员进行劳动教育。劳动建校是红大学员的第一堂土木工程课。红大的校舍由学员自己设计，自己参加劳动建造。学校从瑞金请了几个木工师傅，红大学员在木工师傅的指导下修建校舍，大树留作支柱，小树锯成横梁，满山坡的茅草就成了茅屋的“砖瓦”。他们就地取材，盖了许多校舍、大礼堂、运动场。

1934 年夏天，战争局势骤然紧张，红军大学第一期只学习了七个月，学员提前毕业。9 月间，红军大学部分教员分到各军团补充干部缺额。大部分教职员和留下的部分学员，同两个步兵学校及特科学校等编成一个直属中央军委领导的干部团，参加红军长征。长征途中，干部团配合主力团，在强渡金沙江和飞夺泸定桥等战斗中发挥了重要作用。

(三) 抗日根据地的大学教育

卢沟桥事变之后，国共实现第二次合作。1938 年 10 月，日本帝国主义占领广州、武汉后，抗战进入了战略相持阶段。

1938 年 9 月中国共产党六届六中全会在延安召开，毛泽东在会上作了《论新阶段》的报告，关于文化教育，毛泽东指出：“实行抗战教育政策，使教育为长期抗战服务。”“在一切为着战争的原则下，一切文化教育事业均应使之适合战争的需要，因此全民族的第十个任务，在于实行如下各项的文化教育政策。第一，改定学制，废除不急需与不必要的课程，改变管理制度，以教授战争所必需之课程及发扬学生的学习积极性为原则。第二，创设并扩大增强各种干部学校，培养大批的抗日干部。”关于抗战教育的实施问题，毛泽东指出：“抗战以来，教育制度已在变化中，尤其战区有了显著的改进。但至今还没有整个制度适应抗战需要的变化，这种情形是不好的。伟大的抗战必须有伟大的抗战教育运动与之相配合，二者间的不配合现象亟应免除。”①根据地的教育事业，遵照党的指示，不仅让教育为长期战争服务，而且把教育与生产劳动结合起来，推进了教育事业不断发展。

抗日战争时期，以延安为中心的陕甘宁根据地既是中共中央所在地，又是边区高等学校最集中的地区。

1937 年 7 月至 1941 年，边区高等教育得到大发展。全面抗战爆发后，大后方和沦陷区大批知识青年，纷纷涌向革命圣地延安和各个抗日根据地。各个根据地因此都尽可能地开办了大批干部学校。这一阶段，边区的高等教育得到较快发展。1937 年在延安开办了陕北公学，1938 年成立了鲁迅艺术学院，1939 年开办了中国女子大学、自然科学院，1940 年成立了医科大学，1941 年成立了延安大学、民族学院等高校。这些新型的高校，在极其艰苦的条件下，自力更生，克服困难，坚持办学，培养了一批又一批抗日民主斗争的领导干部和各类优秀人才。

1942 年至 1943 年，是边区高等教育的大整顿阶段。这一时期，延安开展整风运动，中共中央特地根据整风的精神，于 1941 年 12 月 11 日通过了《关于延安干部学校的决定》(以下简称《决定》)，这个《决定》成为整顿和改革学校教育的行动方针。《决定》规定，中央研究院(1943 年并入中央党校)为培养党的理论干部和高级研究机关。中央党校为培养地委以上具有相当独立工作能力的党的实际工作干部及军队政治工作干部的高级和中级学校。军事院校为培养团级以上具有相当独立工作能力的军事工作干部的高级和中级学校。延大、鲁艺、自然科学院为培养党的和非党的各种高级与中级专门政治、文化、科学及技术人才的学校。《决定》还要求以上各校的课程教材和教学方法，都必须与各校的具体目的相结合。

1944 年至 1945 年 9 月，是边区高等教育的大提高阶段。这一阶段是边区

① 中共中央文献研究室、中共档案馆编：《建党以来重要文献选编(一九二一——一九四九)》第十五册，中央文献出版社 2011 年版，第 618—619 页。

最困难的时期。为了适应新形势的发展，院校之间进行了一些必要的调整，在学制、课程等方面进行了重要改革，使学校面貌焕然一新，延安大学的变化就是明证。

1. 中共中央党校

中共中央党校是解放区培养地委以上及团级以上具有相当独立工作能力的党的实际工作干部及军队政治工作干部的高级与中级学校。毛泽东曾任中央党校校长，并在党校作了《整顿党的作风》的重要报告，当时延安的整风运动，就是从党校开始推向全党的。中央党校为中国共产党培养了一大批高级干部。

中央党校根据学员的具体情况和培训任务，分为六个部：第一部的学员是中央及各省负责同志，他们是准备出席党的七大的代表和党的高级干部；第二部的学员是从抗战前线调回延安的县团级以上的中层干部；第三部的学员是担任文化宣传工作的中高级干部，包括理论工作者和作家，是由中央研究院合并到党校后招收的；第四部的学员是工农出身，文化水平较低的区营级干部，主要是陕甘宁边区的地方干部；第五、六部的学员是从敌后国统区来的区营级干部和青年知识分子。五、六两部是在1944年初为西北局党校合并而设。

学习的主要内容是整风运动的文件，如《中共中央关于调查研究的决定》《中共中央关于延安干部学校的决定》《中共中央关于在职干部教育的决定》《关于增强党性的决定》等。此外，还有毛泽东的《改造我们的学习》《整顿党的作风》《反对党八股》《在延安文艺座谈会上的讲话》《在陕甘宁边区参议会上的演说》《关于纠正党内错误思想》《反对自由主义》等，刘少奇的《论共产党员的修养》，陈云的《论怎样做一个共产党员》，列宁、斯大林论党的纪律和党的民主等的著作也都是学员学习的内容。

中央党校的教育方法采取自学与讨论相结合，并辅之以大报告。先由学员精读有关文件，写读书笔记，然后开展小组讨论会，必要时请中央或中央宣传部派人作报告。把这些文件的精神实质融会贯通之后，再以这些文件的精神为武器，结合自己的思想、工作进行检查。通过检查，肯定自己的成绩和正确的方面，批评和纠正缺点和错误方面，达到整顿学风、文风，改造思想，改进工作，团结干部，团结全党的目的。中央党校无论在学习内容还是在学习方法上，都是新的创造，它是我国历史上前所未有的新型干部学校。

2. 中国人民抗日军事政治大学

中国人民抗日军事政治大学，简称抗大，是抗日战争时期中共中央创办的一所名扬中外的最高军事学府。抗大的前身是 1931 年在江西瑞金成立的中央红军学校。红军长征到达陕北后，根据毛泽东提议，改名为抗日红军大学。1937 年 1 月 20 日，为适应抗日民族统一战线形成后的形势需要，将抗日红军大学更名为“中国人民抗日军事政治大学”。林彪任校长，刘伯承任副校长，毛泽东任教育委员会主席。抗大校址设在延安，后来根据抗战形势的需要，又在全国各抗日根据地建立了 12 所抗大分校。抗大第一期于 1936 年 6 月开学。在七年中，抗大总校共办了八期，加上各分校为国家民族培养了 20 多万优秀的抗日军政干部。

抗大的教育内容包括政治教育、军事教育、文化教育、生产劳动和体育活动。政治理论课开设《联共党史》《马列主义》《政治经济学》《哲学》《社会科学概论》《三民主义概论》《统一战线政策》等，还有毛泽东的著作如《实践论》《矛盾论》等。军事理论课开设有《游击战争》《步兵战术与战略》等。文化教育是对文化水平低的工农干部开设的，有《地理常识》《自然常识》等。抗大坚持“团结、紧张、严肃、活泼”的校风，培养出来的学生是既懂得革命理论，又能解决革命实际问题的优秀干部。

3. 延安大学

延安大学，是抗日战争时期为培养革命干部而开办的一所综合性大学，是陕甘宁边区干部学校中系科设置最全的一所大学。1941 年 9 月，由陕北公学、中国女子大学、毛泽东青年干部学校合并成立延安大学。

合并后的延安大学分设行政学院、自然科学院、鲁迅文艺学院及医药系，以分别培养各种专门干部。行政学院下设行政、司法、财政、教育四系，学制两年；自然科学院下设机工、农学、化工三系，学制三年；医学系学制 1—2 年，下设医生、司药、助产、护士、中医、兽医六班；鲁迅文艺学院下设戏剧、音乐、美术、文学四系，学制两年。学校管理机构设有教育、干部、校务三处，各系内依照业务性质分班或分组。

延安大学的课程设置分全校共同课和各院系专修课两种。延安大学初创时期的共同课较多，如中国政治、中国经济、根据地政策、敌伪研究、中国通史、国际问题、三民主义、思想方法、国文等为一般必修课程。到了后期，全校的共同课有所精简，主要有边区建设概论、中国革命史、革命人生观、时事教育等。行政学院的共同课有边区民主建设的现行政策，自然科学院的共同课有数学、物理、普通化学、绘图、外国语等，鲁迅文艺学院的共同课主要是文艺讲座，包括文学艺术之历史、现状、理论诸问题。专修课各院系都大不相同。如行政学院教育系的专修课有边区教育文化概况、小学教育、中等教育、社会教育、教材研究、现代中国教育思想研究等，鲁迅文艺学院文学系的专修课有中国文学、应用文、文艺现状研究、世界名著选读、写作实习、新闻学、边区教学等。此外，延安大学还另设文化补助课程，以适应部分学院之特殊需要。

延安大学对学员进行中国革命历史与现状的教育，增进学员的理论知识，培养学员的革命立场与实事求是的工作作风，以期将实际经验提升至理论高度，达到理论与实践的统一、学与用的一致；实行教育与生产相结合，培养学员的建设精神、劳动习惯与劳动观点；在教学上实行以自学为主基础的集体互助，教员与学员互相学习，发扬教学民主。

1945 年 9 月 2 日，抗日战争胜利结束。延安大学的师生在欢庆伟大胜利的时候，又接受了新的使命。鲁迅文艺学院、自然科学院的全部学员和工作人员以及行政学院的大部分学员，都奉命开赴各条战线，执行新的战斗任务。

4. 陕北公学

陕北公学于 1937 年 3 月在延安成立。1937 年 11 月 1 日，陕北公学正式开学。毛泽东参加了开学典礼，发表了重要讲话。他分析了抗日战争的形势，阐述了陕北公学培养抗日干部的重要意义。陕北公学第一期学员约 600 人，编成 5 个队，第五队是女生队。这期学员来自全国 25 个省份和北平、天津、南京、上海，其中来自陕西、河南、河北和东北的知识青年较多。此外还有南洋、越南、朝鲜等地归国的爱国华侨青年。陕北公学开学后，几乎每天都有几十人、上百人到学校学习，开学后不到一个月，学员由5个队发展为11个队。到1938年5月，学员发展到27个队，2000多人。陕北公学分设普通班和高级研究班。普通班学习期限为4个月，开设4门课：社会科学概论、抗日民族统一战线、游击战争、民众运动。社会科学概论也叫政治常识，包括社会发展史、政治经济学。高级班开设了中国革命运动史、马列主义、辩证唯物主义、政治经济学等课程。后来增设了世界革命运动史、科学社会主义、三民主义研究、世界政治、战区政治工作等课程。由于抗日形势发展的需要，陕北公学第一、二队200多名学员，只经过一个月的学习，就作为第一批毕业生分赴华北各战场。

1938年后，中共中央决定陕北公学到关中分区办分校，便于青年学生进入边区学习。1939年7月，中共中央决定在延安成立华北联合大学，由成仿吾任校长，随即开赴华北抗日根据地。从此，陕北公学关中分校结束，还有一小部分陕北公学的师生留在了延安。陕北公学自1937年8月创办，到1939年7月并入华北联合大学，前后不到两年，为抗日战争培养了6000多名抗日干部。

1940年9月，留在延安的陕北公学继续招生，学校进行改制，成立了师范部与社会科学部。师范部培养教育师资和教育行政干部，学制两年；社会科学部培养抗战群众运动工作人员，本科学制一年半，预科半年。另外为了开展西北少数民族工作，成立了少数民族工作队，招收少数民族学员，学制一年，学习政治、艺术、少数民族问题研究等课程。1941年9月，陕北公学并入延安大学。至此，陕北公学完成了光荣的历史使命。

5. 中国女子大学

中国女子大学是抗日战争时期中国共产党培养妇女干部的学校，1939年7月在延安成立。王明任校长，孟庆树为政治部主任，张琴秋为教务主任。

中国女子大学的课程设置分为必修课和选修课两种。普通班的必修课程，在基本理论方面，有社会发展史、政治经济学、马列主义、哲学等课程；在中国革命问题方面有中国问题、中国共产党问题、三民主义等课程。此外有妇女运动、军事教育、医疗卫生教育、各门职业教育及英、日、俄、世界语等外语选修课程。高级研究班的必修课程,除了增设马列主义和党的建设两门课外,其余与普通班一样。特别班的必修课有识字课、政治课、妇女工作等。选修课很多,除了前面提到的医药卫生职业教育、外国语(俄、英、日、世界语任选一种)外,还有新闻速记技术、会计等,女大高级研究班每门课程的讲课教员都要经过学校严格选定,马列主义的课由王明讲授,中国问题课由赵毅敏讲授,其他各门课程都聘请有专门研究的人主讲。教员在讲授之前要求写出讲授提纲。教员在讲授时,要求有系统性和条理性,要理论联系实际,便于学员理解,培养学员分析问题和解决问题的能力。

女大成立时,全校学员 600 余人,分为三种性质的班级(普通班、特别班和高级研究班),并编成 8 个教学班:一、二班是妇女干部班,专门培养妇运工作的干部;三、四班是前抗大的女生队归并过来的,曾受过一定的军事教育;五、六班是普通班,培养一般的妇女干部;另外,还有一个特别班是专门为长征老干部妇女即专为有妇女运动经验而文化程度低的工农妇女干部开办的,另一个高级班是培养理论水平和政治文化水平较高的妇女干部,带有研究性质。高级研究班学习时间为一年半至两年,内分为政治经济系、马列主义系、中国问题系,每个研究生根据其学习兴趣,加入某一系作专门等研究。中国女子大学发展很快,到 1940 年 7 月,学员达 1000 多人,编为 12 个班。在庆祝女大成立一周年之际,女大第一期第一、二、三班的学员毕业,并分批走上抗日斗争的新岗位。

1941 年 9 月,中国女子大学与陕北公学等校合并,成立延安大学。女大开办的时间虽然不长,但为抗日根据地培养了一大批妇女运动的干部,对全国妇女运动的开展有着重大意义。它开辟了中国妇女运动的新纪元,也是国际共产主义运动的创举,在中国近代高等教育史上写下了光辉的一页。

(四) 解放区的大学教育

解放战争时期,为了适应解放战争、土地改革和解放区建设的需要,成立了一些新的学校,如东北军政大学、辽东人民军政学校、辽南建国学院、西北军区人民军政大学等。这些学校以思想政治教育为主,学习期限不长。这一时期，解放区进一步发展了正规化的高等教育，成立了一些新型的高等学校。例如，保留了延安大学，整顿了华北联合大学，成立了山东大学、新华大学（后改称为北方大学）、华中建设大学。到中华人民共和国成立前夕，东北解放区已有东北大学、东北行政学院、东北鲁迅文艺学院、哈尔滨工业大学、哈尔滨农学院、哈尔滨医科大学、哈尔滨外国语专门学校、沈阳工学院、沈阳农学院、沈阳医科大学、大连大学、延边大学等。现就部分学校作简要介绍。

1. 东北军政大学

东北军政大学的前身是中国人民抗日军政大学，为各根据地培养抗日干部，并将其校址迁至延安。1945 年 10 月 12 日，抗大奉中共中央军委军令迁校东北，其任务是，创建新的队伍，改造伪军，巩固与充实出关部队，培养大批军事和政治干部，以适应急剧发展的革命形势需要。该校于 1946 年 2 月间进驻吉林通化，改称东北军政大学。5 月末移到北安，继续开办第九期，执行培养东北军政干部的新任务，大量招收新生。东北军政大学校长为林彪，政委为彭真，副校长为何长工、朱瑞，政治部主任为徐文烈。

东北军政大学后随第四野战军南下后，改称华中军政大学，后称中南军政大学。1951 年 6 月，以该校为基础，组建了武汉高级步兵学校。

2. 华北大学

1948 年，由华北联合大学和北方大学合并成华北大学。华北大学的主要任务是吸收新解放区和国民党区的大、中学生，学习马克思列宁主义和毛泽东思想，培养他们成为新中国建设干部。全校共设四个部、两个院。第一部是政治训练班，它的任务是给入学的知识青年普及马列主义、毛泽东思想的基本知识，使其初步奠定革命的人生观，了解中国共产党的纲领及政策，体会革命者应有的工作作风；第二部是教育学院，它的任务是专门培养中等学校的师资及其他教育干部，内分设国文、史地、教育、社会科学、外国语及数理化等系；第三部是文艺学院，它以培养为工农兵服务的文艺干部为目的；第四部是研究部，以研究一定的专门问题及培养提高大学师资为目的，设有中国史、哲学、中国语文、国际法、外语、教育、文艺等教研室。两个院是农学院和工学院。农学院以培养农业建设人才为目的，内设经济植物、畜牧兽医、粮业等系；工学院的任务是培养新民主主义国家工业建设干部，内分大学和高职两部，大学部设电机、化工等系，高职部设化工、机械等班。学习年限根据实际需要而定，从几个月到两年不等，学校重视教育与实际联系，教育与生产相结合。

3. 中国医科大学

中国医科大学是中国共产党领导下的培养革命医务技术干部的学校。该校前身为中国工农红军卫生学校，1931 年 2 月创建于江西中央苏区，后随长征到达陕北，全面抗战开始又随军开赴前线。1940 年由张村驿迁至西安，改名为中国医科大学，附设白求恩国际和平医院为实习医院。抗日战争胜利后，1946 年迁至佳木斯附近的兴山，改称东北医科大学，于 8 月 15 日正式开学。医科大学有教授 20 余名，学生 300 余名。校长为王斌，副校长为李亭植。中国医科大学在延安办到 20 期，到东北解放区后接着办了第 21、22、23 期，培养学员 400 余人。学校以培养为人民服务、献身新民主主义国家建设的医学专门人才为目的，学习期限四年，设有外科、内科、眼科、妇婴保健科、化验、调剂、护产等系。

随着革命战争发展的需要，学校从 1948 年起，陆续建立四所分校：1948 年 1 月在龙井将 1947 年 3 月由吉林军大分校接收的原开拓医学院改为第一分校，以内科为主；1948 年 3 月在哈尔滨建立第二分校，以五官科为主；同年将设于通化市的辽宁军分区所属辽东医专改为第三分校；1948 年 1 月将设在平谷地区的冀热辽医科专门学校改为第四分校。1948 年 10 月，辽沈战役即将胜利的前夕，上级决定由部分干部师生到长春接收长春大学医学院，组建长春军医大学；第一、第二分校合并组成哈尔滨医科大学；第三分校合并于总校；第四分校组建为承德医学专科学校；总校迁往沈阳，恢复名称为中国医科大学。同年 11 月，随着辽沈战役的彻底胜利，东北全境解放。中国医科大学奉命进驻沈阳，接收了原国立沈阳医学院和辽宁医科大学。从 1945 年 8 月到 1949 年 5 月，中国医科大学，共同培养学生 982 名。

解放战争时期解放区的高等教育，是新民主主义革命教育的深入发展和整顿提高时期。解放区的高等学校继承和发扬了抗日战争时期抗日民主革命根据地办学的优良传统，继续贯彻新民主主义的教育方针，培养了许多优秀的干部和各种专门人才。他们不仅为当时的革命和建设作出了重大贡献，而且成为中华人民共和国成立以后社会主义建设的骨干力量。

二、为革命战争培养人才是中国共产党领导下大学教育的特色

中国共产党自成立起直到共和国成立之前，开办的各种形式的高等教育（甚至包括中等教育）的特点就是为革命战争培养人才。到了解放战争时期，为革命战争培养人才的各类高等教育不仅在数量上有了很大发展，而且在办学规模、体制上也更为完备，且形成了自己的特色。

（一）坚持中国共产党的领导

革命根据地的教育，不论基础教育还是高等教育，都是在中国共产党的领导下创立和发展起来的。在民主革命的各个时期，中国共产党都非常重视干部的培养教育，对高级干部教育则提出具体的方针和政策，不断地纠正高等教育发展过程中的偏差。抗战时期的整风运动就是从中共中央党校开始的，纠正了党校课程设置和教学上的教条主义倾向。1941 年 12 月颁布的《中共中央关于延安干部学校的决定》，具体规定了延安各高级干部学校的性质、任务、课程以及教育教学要求。1942 年 2 月公布的《中共中央关于在职干部教育的决定》，规定了干部教育在全部教育工作中的首要地位，而在职干部教育，在全部干部教育工作中也居于首要地位。同时还规定了干部教育应以业务教育、政治教育、文化教育、理论教育为主。实践证明，中国共产党的领导，是为革命战争培养人才的保证，也为中共在执政之后作了干部上的准备。

（二）坚持马克思主义理论课必修

新民主主义革命时期的各个阶段开设的大学，都将马克思列宁主义理论列为必修课程，都把思想政治教育摆在首要地位。湖南自修大学研修了《共产党宣言》《科学社会主义》等马克思主义经典著作；红军大学开设有以学习马克思列宁主义基本理论知识、共产党的纲领和政策、革命形势和任务为主要内容的政治课程，如社会发展史、党的建设、红军政治工作等，以提高学员的阶级性

和政治理论水平，确立革命人生观；抗大的政治教育包括政治思想教育与政治理论教育，涵盖一系列的马克思主义理论课程；延大非常重视思想政治教育，开设了中国革命史、革命人生观、时事教育等内容。把政治思想教育摆在首位，对学员进行革命人生观教育，这是新民主主义革命时期大学教育进步性和革命性的标志，也是大学课程革命性和进步性的标志，是中国共产党的优良传统和政治优势。可以说，中国共产党在领导革命的各个历史时期，始终把思想政治教育作为教育群众、动员群众和组织群众为实现其自身利益而奋斗的强大思想武器。

（三）坚持教育与生产劳动相结合

新民主主义革命时期的高等教育，都认真贯彻了教育与生产劳动相结合的原则。教育与生产劳动相结合，在中央苏区就已经被红军大学实行。抗战时期边区的延安大学继续把教育与生产劳动相结合发扬光大。延安大学规定教员、职员、学员均须参加经常性的生产劳动。学员参加生产劳动的时数占学习总时数的20%。关于各校劳动的场所，有时在校内，有时在校外的工厂和农村。关于校内劳动的种类，有公益劳动、农业劳动、副业劳动、服务性劳动等。

抗战时期各校把教育和生产劳动紧密结合，因而在各方面都产生很大的变化，取得了显著的效果。通过生产劳动，广大学员掌握了劳动技能，促进了思想改造，增强了劳动观点和群众观点，逐步培养了勤劳朴实的思想感情和作风，锻炼了刻苦耐劳的意志，从而能够更好地和工农群众相结合，更积极有效地为人民服务。通过生产劳动，促进了教学工作和创作活动，例如，鲁艺师生创作并演出的著名歌曲《生产大合唱》和轰动一时的新秧歌剧《兄弟开荒》等，就是他们参加生产劳动，深入实际斗争生活所取得的成果。通过生产劳动，修建了校舍，获得了丰收，克服了经费不足，为开展教学活动创造了基本的物质条件。事实证明，教育与生产劳动相结合，不仅创造了物质财富，克服了办学经费不足的困难，更重要的是转变了青年学生的思维定式，提高了他们的觉悟程度，促进了教学工作，提高了教育质量，发展了人民的教育事业。

教育与生产劳动相结合，既是马克思主义教育理论的重要组成部分，又是毛泽东思想关于教育内容的重要论述，更是新民主主义革命时期大学教育的成功经验。中国共产党人在革命根据地成功领导了教育与生产劳动相结合的实践，把马克思主义关于教育的原理运用于中国革命的具体实际，超越了中国几千年教育与生产劳动相脱离的旧传统。教育与生产劳动相结合，改变了从书本到书本、理论与实际相脱节的弊端，创造了一种崭新的良好学风。这既是一条新民主主义革命时期高等教育的成功经验，又是一份厚重的宝贵遗产，更是指导新中国高等教育事业发展的根本原则。

（四）注重理论联系实际

新民主主义革命时期大学教育注重理论紧密联系实际，主要表现在政治思想和军事教育上。新民主主义革命时期，中国共产党为了完成艰巨的革命任务，需要一批又一批党政干部和军事干部，大学教育需要尽快满足这种需要，理论联系实际的教学方法是一条非常成功的经验。

土地革命时期的工农红军大学教育方针要求理论与实际并重，前方与后方结合。教育内容从政治与军事任务出发，一方面开设党的建设、红军政治工作、野战条例等课程，另一方面学生也到前线收集总结作战经验和参加教导团等工作。这些学生中后来有成为著名共产党人的韦国清、彭雪枫、宋任穷、程子华等。实际上，工农红军大学是中国共产党领导下的第一所高等军事院校，由该校发展更名而来的抗日红军大学、抗日军政大学、东北军政大学，后来也都不折不扣地继承和发扬了理论与实际并重办学这一特色。据统计，抗大总校在八年全面抗战中培养了万余名党政军干部，加上各分校共培养了 20 余万名抗日军政干部；东北军政大学在解放战争时期，培养了数万名军政干部。这些数字有力地说明了当时学用结合之指导思想和办学方针所获得的成功，这一特点也同样鲜明地表现于其他学校。

抗日战争时期各大学在教学活动中，也认真贯彻和运用理论联系实际的原则。抗大强调在全部教学过程中，要做到理论联系实际，要原则化、通俗化、具体化、中国化。讲授时要求说明每一抽象的概念时必须用具体的例子来论证，每一个具体经验的讲述，都应当引导向一定的原则。在讲述任何革命理论时，都必须特别注意到与当时中国革命运动相联系。延安大学除了强调在课堂教学中要注意理论联系实际外，还特别开辟了许多途径，运用多种方法来促进理论联系实际的统一，学与用的一致。延安大学与边区各有关实际工作部门建立一定的组织上和工作上的联系。聘请有关组织实际工作部门的负责人直接参加该校有关院系教育工作的领导。各院系在制定教育计划，确保课程内容，安排教学活动时，可以及时了解边区建设情况，充分听取他们的意见，以便更好地贯彻理论联系实际的原则。聘请有关实际工作部门的同志担任兼职教员，这些同志具有很高的理论水平和丰富的实际经验，他们讲课的效果更好，很受同学们的欢迎。延安大学将边区建设的方针政策和经验总结作为教学的重要内容，技术课以适应边区建设的当前需要为度，使教材内容充分体现理论与实践的统一。同学们既能学到基本理论，又能知道现行政策和实践情况。延安大学教学研究人员有计划、有系统地对边区建设各方面实际问题进行研究，并定期参加有关实际工作部门的工作。他们将边区实际经验提升到理论的高度，使教学内容更加生动活泼，从而在教学上体现理论与实际相结合的原则。学员在修业期间，被定期分派到工厂、农村、机关、部队去进行各种实习或者社会调查，学校规定：在整个学习时间内，实习占40%。参加实际工作，在实际工作中进行教学，是该校教育的基本特点之一。

总之，新民主主义革命时期的高等学校十分重视在教学中贯彻理论联系实际原则。他们所创造的经验，不仅在当时是行之有效的，而且是带有规律性的。这一时期的大学文化，以夺取政权的革命战争为中心。

第二节　改革开放前的中国大学教育与大学文化

中华人民共和国成立后，随着政治、经济形势的发展，中国大学教育事业得到了恢复和发展，逐步建立起了新中国初期的大学教育制度。在此基础上，学习苏联高等教育经验，进行院系调整，建立了基本的社会主义大学教育体系。中苏关系破裂后，中国开始放弃苏联大学教育体系，探索中国自己的大学教育发展道路。尽管这种探索充满了困难和艰辛，但也基本维持了曲折发展的态势，奠定了大学教育发展的重要基础。“文化大革命”十年，中国高等教育遭受严重破坏，大学文化的元素在一些高校中艰难地保持着。

一、建立社会主义大学教育制度

中华人民共和国成立后，人民政府根据《中国人民政治协商会议共同纲领》关于“应有计划有步骤地改革旧的教育制度、教育内容和教学方法”的规定，逐步对文化教育事业进行了深刻的改革。中华人民共和国成立初期的大学教育，实行“维持原有学校，逐步加以必要的与可能的改良”的总方针，接管国民政府的公立高等学校，接收接受国外津贴的学校，领导和管理私立学校。人民政府对这些学校进行了初步改革，取缔了国民党的训导制度，取消了反动的政治课程，实行民主管理，开设了对学生进行人生观教育为主的政治课。人民政府还陆续作出了一系列政策决定，制定了一些规章，初步建立了新中国初期的大学教育制度。

1949 年以后的中国大学教育很快全面学习推行苏联的大学教育模式，这对构建新中国高等教育模式影响巨大。首先，学习推行苏联高等教育模式，对我国高等教育向社会主义性质转变有重大影响。苏联高等教育鲜明的政治性和为社会主义经济建设服务的特点，得到我们的认同和借鉴。学习苏联经验，奠定了中国高等教育的政治性质。其次，建立了全新的高等教育体制。按照国家建设的需要，扩大了高等教育的总规模，调整了高等教育的结构，开设了一些国家急需的专业，建立起了带有高度计划性、统一性特点的高等教育体制。再次，高等学校的教学与学术水平都有了不同程度的提升，从而提高了人才的培养质量。我国高等学校吸收了苏联高等教育重视基础理论、重视实验与实习、重视教学法和比较严谨的教学组织形式等优点。培养了各类高级人才，适应了国家建设的需要，在各行各业中发挥了重要作用。最后，借鉴苏联经验，吸收老解放区教育经验，形成了一些符合中国国情的高等教育特色。

苏共二十大后，中苏在意识形态方面产生了分歧，双方开展了一场声势浩大的论战。随着论战和分歧的升级，中苏两国关系彻底破裂，国际社会主义阵营最终解体，中国共产党对社会主义的认识发生偏差，坚定地认为无产阶级与资产阶级、社会主义道路和资本主义道路的斗争是社会主义社会的主要矛盾，偏离了中共八大对中国社会主要矛盾的正确判断。关于社会主义主要矛盾认识的偏差，对中国高等教育发展产生恶劣的消极影响，使得中国高等教育从以科学技术教育为主转向了以政治教育为主的时代。

1958—1960 年的“教育大革命”，就高等教育来说，其目的是克服学习苏联高等教育经验中的教条主义倾向，走我国高等教育自己的发展道路。这次高等教育改革，涉及教学计划、教学内容、教学组织、教学方法和教学领导等方方面面，是革命教育模式基本思想和基本经验的延续，这种教育，不是科学文化知识教育，而是以政治教育为主的革命教育。这种革命教育随着政治斗争的加剧而走向“文革”时期的极端政治化教育具有某种历史必然性。“文革”时期的高等教育，是革命教育模式在新形势下的延伸和极端表现，其特点是政治化和非正规化的教育，是远离科学文化知识教育，实际上不是真正意义上的高等教育。中共十九届六中全会指出：“党的八大形成的正确路线未能完全坚持下去，先后出现‘大跃进’运动、人民公社化运动等错误，反右派斗争也被严重扩大化。面对当时严峻复杂的外部环境，党极为关注社会主义政权巩固，为此进行了多方面努力。然而，毛泽东同志在关于社会主义社会阶级斗争的理论和实践上的错误发展得越来越严重，党中央未能及时纠正这些错误。毛泽东同志对当时我国阶级形势以及党和国家政治状况作出完全错误的估计，发动和领导了‘文化大革命’，林彪、江青两个反革命集团利用毛泽东同志的错误，进行了大量祸国殃民的罪恶活动，酿成十年内乱，使党、国家、人民遭到新中国成立以来最严重的挫折和损失，教训极其惨痛。一九七六年十月，中央政治局执行党和人民的意志，毅然粉碎了‘四人帮’，结束了‘文化大革命’这场灾难。”①

就是在中国当时这样的政治背景下，我国高等教育中的国防科技教育、航天航空领域的研究和教育包括计算机等前沿高科技教育也都慢慢开展了起来。我国科学教育领域的管理者、专家学者，在极端困难的条件下，坚守科技

---

① 《中共中央关于党的百年奋斗重大成就和历史经验的决议》，2021 年 11 月 11 日中共十九届六中全会通过。

教育岗位,使中国的高等教育和科学技术保留住了最基本的体系。当然,由于政治上的原因,也由于中国高等教育本身就底子薄,想要科学、健康地发展,也是十分困难的。

(一) 接管、改造旧中国高等学校

中华人民共和国成立初期的大学教育,同当时的国民经济恢复与民主改革相适应,首先是使教育回到人民手中,确立大学教育领域里中国共产党的领导地位。人民政府采取十分谨慎的态度,采取先接管、接受和接办,然后逐步加以改造的方法,先后接管了旧中国的公立学校,接收接受国外津贴的学校,收回了教育主权,接办了私立学校,改为公立;同时对接管的学校进行了初步改造。

随着解放战争的节节胜利,大中城市相继得到解放。在新解放区,人民解放军和人民政府十分重视保护文化教育,采取了有力的保护文化机构、学校教育的措施。对于处在城市的高等学校,人民解放军军事管制委员会或人民政府,采取积极维持、逐步改造的方针,从公立学校开始进行接管。对公立学校接管方面,各地军事管制委员会下设了文化教育接管委员会,向各主要学校派出工作组、军代表和联络员,宣传新解放区的教育政策,团结广大师生员工,并进行调查研究,摸清原有学校的政治、思想、组织、经济状况,在作了充分酝酿之后,由各地军事管制委员会或人民政府召开全校师生员工大会宣布接管。同时对这些学校进行必要的改造。

从帝国主义手中回收各种文化教育、宗教事业的自主权,是中华人民共和国成立初期的一项重要任务。中华人民共和国成立初期,人民政府对接受国外津贴的学校,在其遵守中国政府法令的条件下,仍然允许其存在并可继续暂时接受国外津贴。但不允许强迫学生信仰宗教,禁止在课堂做礼拜和进行查经活动,宗教课程只能作为选修课,不得列为必修课。但是帝国主义不愿意放弃其对华侵略,藐视我国的决定,不断利用教会学校进行反动宣传,有的甚至从事间谍活动,有的则以断绝经费来源相威胁,妄图阻挠改革。鉴于这种情况,我国政府作出了接受教会学校的决定。首先接受的是天主教会举办的辅

仁大学。到1951年底，所有接受外国津贴的高等学校，都由人民政府接收。

为做好私立高等学校的领导管理，积极扶持与改造私立高等学校以适应国家建设的需要，1950年8月教育部公布《私立高等学校管理暂行办法》，规定私立高校办学的方针、任务、课程、教学及行政管理，均遵照《高等学校暂行规程》及《专科学校暂行规程》办理。办学成绩优良而经费困难的私立学校得报请教育部予以补助。私立学校的行政权、财产权均由中国人掌握。人民政府总体上对私立学校采取了“积极维持、逐步改造、重点补助”的方针，以便在为国家培养建设人才的总目标下，使公、私立学校各尽其力，各得其所。

通过对旧中国的高等学校的接管、接收、接办和初步改造，旧中国遗留下来的半殖民地半封建的高等教育，在领导权、办学指导思想、办学方向等方面开始发生根本性的转变。人民政府的有关方针政策切合实际，使学校很快恢复了秩序，有利于团结、争取、改造高级知识分子。

（二）团结、教育和改造知识分子

中华人民共和国成立初期，党中央十分重视和珍惜知识分子。在长期的革命斗争中，知识分子已经牢固地同工农群众结合在一起，已经成为民主革命和社会主义建设的参与者和领导者。知识分子中的绝大多数人，出生在半殖民地半封建的中国，有强烈的爱国心，参加、同情革命，为中华人民共和国的成立作出了重要贡献。建设社会主义新中国，迫切需要大量有文化、有知识、懂技术、有才能的知识分子。所以中华人民共和国成立之初，中央对知识分子采取团结的政策，具体到实践中就是在政治上信任，在工作安排上用其所长，在生活上采取“包下来”的政策，解除他们的后顾之忧。同时在争取海外留学生回国上，党和国家领导人做了大量的工作，也取得了很好的效果。

为了建立一个社会主义的国家，中央开始对知识分子采取思想教育和思想改造的方针。知识分子爱国热情高涨，渴望了解新社会，了解中国共产党，了解马克思列宁主义、毛泽东思想，了解党和政府的方针政策。他们深感自己的思想与新社会存在种种不适应，发自内心地要求学习，接受教育，改造思想。一些高校的教授会、讲师助教会、职员会等组织纷纷联合举办寒暑假学习班，学习《中国人民政治协商会议共同纲领》、社会发展史、新民主主义论。在思想改造运动中，党中央采取一系列措施，帮助知识分子提高思想觉悟。首先是组织知识分子进行政治学习，其次是组织知识分子参加革命实践运动。

到1952年秋，知识分子思想改造运动基本结束。这个运动，是中国共产党团结、教育知识分子政策的继续和发展。它让广大知识分子在相当程度上消除了帝国主义、封建主义、官僚资本主义的影响，初步树立了为人民服务的思想。

(三) 构建新中国的大学教育制度

1949年9月12日，中国人民政治协商会议制定并通过《中国人民政治协商会议共同纲领》，这是中华人民共和国的建国纲领，具有临时宪法的地位，其关于高等教育政策的规定有，“中华人民共和国的文化教育为新民主主义的，即民族的、科学的、大众的文化教育。人民政府的文化教育工作，应以提高人民文化水平，培养国家建设人才，肃清封建的、买办的、法西斯主义的思想，发展为人民服务的思想为主要任务。”“中华人民共和国的教育方法为理论与实际一致。人民政府应有计划有步骤地改造旧的教育制度、教学内容和教学法。”“有计划有步骤地实行普及教育，加强中等教育和高等教育，注意技术教育，加强劳动者的业余教育和在职干部教育，给青年知识分子和旧知识分子以革命的政治教育，以适应革命工作和国家建设工作的广泛需要。”这是制定新中国初期高等教育制度的基本依据。

1950年6月，新中国的教育部召开了第一次全国教育工作会议，讨论了新中国大学教育的方针、任务等重要问题，对新中国的大学教育体制作了进一步的规定。同年7月，政务院批准了这次会议提出的《高等学校暂行规程》《专科学校暂行规程》《私立高等学校管理暂行办法》《关于实施高等学校课程改革的决定》等文件，并通过了《关于高等学校领导关系的决定》。8月，政务院又通过了《关于改革学制的决定》。这一系列法规及有关会议的政策决定，标志着新中国大学教育制度的初步建立，标志着我国的大学教育向社会主义方向转变。

（四）向苏联学习与院系调整

院系调整是学习苏联大学教育经验的结果。苏联是世界上第一个社会主义国家。在20世纪50年代初，由于复杂的国际国内形势，新生的中华人民共和国，在进行社会主义建设中，包括高等教育在内的很多制度性建设，都以苏联的经验为优先选择就成为一种必然。1949年12月30日，教育部副部长钱俊瑞在第一次全国教育工作会议上的总结报告中，多次明确提出借鉴苏联教育经验的意见，并把学习苏联教育经验作为建设新教育的方向。苏联大学教育强调专业教育和教育发展的计划性。中华人民共和国成立之初，被认为是资产阶级高等教育的通才教育模式无疑不可能继续下去。建立专门学院，发展专业教育，培养高级专门建设人才就成为中华人民共和国大学教育的主要任务。院系调整就是为此而进行的。

1951年11月，中央教育部召开全国工学院院长会议，会议决定以华东、华北、中南三大地区的工学院为重点作适当调整。此项工作先从华北、华东两地区起，首先增加工学院系。会上确定全国工学院的调整方案。这次大调整，使民国时期的高等教育体系被打破。

北京大学工学院、燕京大学工科各系并入清华大学，清华大学改为多科性的工业高等学校；清华大学文、理、法三个学院及燕京大学文、理、法各系并入北京大学，北京大学改为综合性大学，撤销燕京大学。

南开大学工学院、津沽大学工学院、河北工学院合并，组建工科院校天津大学。

浙江大学改为多科性工业高等院校，之江大学的土木、机械、两系并入浙江大学，浙大文学院并入之江大学。

南京大学工学院，金陵大学电机工程系、化学工程系及之江大学建筑系合并组成南京工学院。

南京大学、浙江大学两校航空工程系并入交通大学，成立航空工程学院。

合并武汉大学水利系、南昌大学水利系和广西大学土木系水利组，成立武汉大学水利学院。

武汉大学的矿冶工程系、湖南大学的矿冶系、广西大学的矿冶系、南昌大学采矿系合并，于长沙成立中南矿冶学院，并增设采煤系和钢铁冶炼系。

中山大学工学院、华南联合大学工学院、岭南大学工程方面的系科及广东工业专科学校合并，成立华南工学院。

西南工业专科学校航空工程专科并入北京工业学院（即原华北大学工学院）。自此开始了全国范围内的有计划、有重点的院系调整工作，揭开了20世纪50年代院系大调整的序幕。

1952年院系调整，从京津地区开始，陆续在华东、西南、中南、东北及西北等大行政区展开。

首先，整顿和加强综合性大学。调整的综合性大学有北京大学、南开大学、复旦大学、南京大学、山东大学、东北人民大学、中山大学和武汉大学。调整后的综合性大学调出了学校原有的工科、农科、医科等院系，普遍加强了文科、理科，形成了明显的学科优势。这些优势学科大部分延续至今，仍然是该校的优势学科或特色学科。

其次，大力调整高等工科院校。这次调整的工科院校有19所，新建工科院校11所。调整后的工科院校主要有两种类型。一种是多科性工业高等学校，如清华大学、天津大学、交通大学、浙江大学等；另一种是高等工业专门学院，如北京地质学院、中国矿业学院、华东水利学院等。多科性工业大学通过调整，改变和规范了学校性质，突出了工科学系和专业的设置，大大增强了工科人才的培养规模和能力。

再次，加强师范院校建设，培养师资人才。为了适应中小学迅速发展的需要，解决师资问题，教育部于1949年底提出了改进北京师范大学和各地区大学中的师范学院或教育学院的任务。1951年8月召开了第一次全国师范教育会议，提出了培养百万人民教师的奋斗目标。1952年颁布了《关于高等师范学校的规定（草案）》。此次院系调整，涉及的师范院校有北京师范大学、山西大学、华东师范大学、南京师范学院、浙江师范学院、山东师范学院、苏南师范学院、苏北师范专科学校、华南师范学院、河南大学、华中大学，新建了天津师范学院。以上12所师范院校的调整考虑了地区分布的特点，基本上是各地区师范教育中起重要作用的院校。此次调整还加强了农林、医药、财经院校的建设，涉及政法、体育、音乐、戏剧、美术等院校。

1953 年全国继续进行院系调整，这是 1952 年院系调整的延续和补充。这次调整以中南区为重点，其他区则局部进行。这次调整着重改组尚未进行调整的系科庞杂的旧大学，加强增设高等工业学校和适当增加高等师范院校，对政法、财经院系则采取适当集中的办法，以便进行整顿。

至此，全国高校已基本完成了院系调整任务。结束了院系庞杂、设置分布不合理的状况，走上了适应国家建设需要培养专业人才的轨道。经过这次调整，全国共有 181 所高校，其中综合大学 14 所，工业院校 38 所，师范院校 33 所，农林院校 29 所，医药院校 29 所，财经院校 6 所，政法学院 4 所，外文院校 8 所，艺术院校 15 所，体育院校 4 所。其他院校 1 所。1954 年 3 月全国高等教育工作会议在京召开，会议决定在高教方面继续贯彻调整巩固、重点发展、提高质量、稳步前进的方针，重点培养有关工业建设的科技人才和管理人才。1954 年全国又独立设置和新建工业院校 12 所，调整和归并 5 所。至年末，全国高校共有 188 所，比 1953 年增加 7 所。

1952、1953 年进行的院系调整，使我国高等工程学院基本建成了机械、电子、土木、化工等工科专业比较齐全的体系，使工程技术人才配套成为可能。同时，各校的师资、设备、校舍等也得到较好的利用，高校招生规模也进一步扩大。

由于形势的需要和中央的指示，高等教育部又拟定了 1955—1957 年的院系调整计划，开始了一轮新的较大规模的院系调整。这次调整的主要目的是改变高校过分集中于少数沿海大中城市的不合理状况。这次调整贯彻精简节约的方针，既要逐步加强内地学校，又要注意充分发挥沿海和接近沿海城市学校现有校舍、教学设备等各方面的潜力。在调整的步骤上既要克服安于现状的保守思想，又要防止急躁冒进的偏向。经过这次调整，内地高校由 1951 年的 87 所，增至 115 所。考虑到各校专业之间的联系与配合，一些设置过于分散的专业进行了相应调整。

社会主义改造时期，大学教育改革的任务是把不能适应新中国建设需要的旧高等教育，改造为适应社会主义国家建设需要的新型的大学教育。中华人民共和国成立之初，处在帝国主义包围之中，自身的经济建设任务繁重，而且还缺乏社会主义建设经验。大学教育学习苏联，由中国人民大学和哈尔滨工业大学先行。全国高校从1952年开始学习，在院系调整的同时开展教学改革。学习苏联经验进行教学改革，是指以苏联大学教育的模式为蓝本，改革旧的教学模式，建立新的教学模式以适合我国社会主义建设时期的要求。改变原有系科，重新设置专业，制定全国统一的专业教学计划和与教学计划配套的、统一的教学大纲。翻译借用苏联教材，逐步自编统一教材。由原来的讲授、实验、实习、考试等几个教学环节，增加成为讲课、课堂讨论、习题课、实验、实习、课程论文、考查、考试、毕业论文及答辩等多个环节，加强教学管理。组建教学研究指导组，负责实施教学计划，选用或选编教材，并制定每学期工作计划。

(五) 教育大革命和教育调整

1958年5月，中共中央八届二中全会通过了"鼓足干劲，力争上游，多快好省地建设社会主义"的总路线。相应地，教育领域掀起了一场"教育大革命"，高等教育领域出现了大办高校的热潮。1958年9月，中共中央、国务院《关于教育工作的指示》指出，争取在15年左右的时间内，基本做到全国青年和成年，凡是有条件和自愿的，都可以受到高等教育。我们将以15年左右的时间来普及高等教育，然后再以15年左右的时间来从事提高工作。这一时期部门办学成为主要特征，全国高校的数量和在校生规模出现了大幅增长。"教育大革命"时期，高等教育领域主要进行了一系列的改革尝试。

第一，实行中央和地方两级管理。1958年4月，中共中央发布《关于高等学校和中等技术学校下放问题的意见》，决定除少数高校和中专由中央直接领导外，其他高校和中专下放给各省区市领导。同时，下放给地方很多其他的权力。地方也可以自行决定新建高等学校，政治思想工作及各种社会活动都归地方党委领导，因地制宜、因校制宜地对教育部和中央主管部门颁发的指导性教学计划、教学大纲和通用教材、教科书进行修订补充。此外，还对招生、科研工作、干部教师管理、毕业生分配等工作权力的下放作了规定。

第二,实行多种形式办学。当时的政策是,在统一的目标下,办学的形式应该是多样性的,即国家办学与厂矿、企业、农业合作社办学并举,普通教育与职业教育并举,成人教育与儿童教育并举,全日制学校与半工半读、业余学校并举,学校教育与自学并举,免费教育与不免费教育并举。全国将有三类主要学校:第一类是全日制学校,第二类是半工半读学校,第三类是各种形式的业余学校。这三类学校,有一部分要担负提高的任务。这些政策总体符合当时教育的发展,当时高校的形式有四种:一是原有高校办分校或分出部分专业系科独立建校,二是依托研究所、工厂、农场办专科学校,三是中等专业学校改办专科学校,四是许多专区和县创办学制长短不一、招生对象各异的"红专大学"。

第三,高等教育面向农村。"教育大革命"时期,农村地区建立了一批高等学校,其中创办于1958年8月的江西共产主义劳动大学,一直坚持面向农村的办学方针。共产主义劳动大学的目的是发展生产,建设山区,建设社会主义新农村,满足广大工农子弟的学习要求,适应农村技术革命和文化革命的需要。该校实行三级办学的体制,南昌总校以办本专科为主,省属和专区属的分校,以办中专为主,县属分校以办技校为主。专业设置面向农村需求,招生和分配也面向农村,即"社来社去"。到1980年,共产主义劳动大学改名为江西农业大学。在1958—1980年的22年中,该校共培养了20多万毕业生,到1995年80%仍在农业生产第一线。由于条件限制,各地农村"红专大学"千差万别,有些"大学"根本不属于高等教育。

第四,教学、科研和生产相结合培养人才。1959年4月,《人民日报》发表《把教学、生产劳动、科学研究结合起来》的社论,明确提出这三者以教学为中心,围绕教学进行生产劳动和科学研究。教育部提出要加强生产劳动教育,把生产劳动列入教育计划,并以教学为主,使教学、科研和生产劳动相结合。"教育大革命"中,广大学生通过勤工俭学、下厂下乡、参加技术革新和科学研究,提高了综合素质。共产主义劳动大学实行的就是教学、研究和生产密切结合的教学体制。为让教学人员处理好教学、科研、社会调查三方面的任务,高校还引进了"三三制"轮换制度,即在特定时间从事教学、科研、社会调查的人员各占教学人员的1/3。“教育大革命”时期半工半读专科学校在某种程度上有利于技术应用型人才的成长。当时上海市的一些专科学校直接由工业局、公司和大型企事业单位主办，如纺织专、轻工专、化工专、钢铁专、电力专等，这类学校根据刘少奇“两种劳动制度、两种教育制度”的思想，以半工半读的方式实施专科教育，有的把专业设在对口的大厂里，与这些企业联合办学，如上海市仪表电讯工业专科学校的仪表专业设在上海电表厂，无线电专业设在上海无线电厂，电阻电容专业设在上海无线电一厂和六厂，医疗机械专业设在上海医疗器械厂。有些学校实行上课、实习操作交替进行的培养方法。这种教育模式有利于培养专科生的实际应用能力。

第五，加大了重点大学建设力度。1954年，教育部曾确定北大、清华、人大、哈工大、北农大、北医大等六所学校为全国重点大学。1959年中共中央作出《关于在高等学校中指定一批重点学校的决定》，指定北京大学、中国人民大学、复旦大学、中国科技大学、上海第一医学院、哈尔滨工业大学、清华大学、天津大学、上海交通大学、西安交通大学、华东师范大学、北京工业学院、北京航空学院、北京农业大学、北京医学院、北京师范大学等16所高等学校为全国重点学校。1960年，中央又决定增加中国医科大学、哈尔滨军工学院、第四军医大学、通讯工程学院为重点学校。同年10月，又增加吉林大学等44所学校为重点学校。集中力量办一批重点大学，让它们在中国高等教育中起到示范作用，对我国高等教育发展具有重要的意义。

但是，“教育大革命”给大学教育的发展带来了较为严重的危害。

首先，大学教育的超速发展影响教学质量。大学教育发展有自身内在的规律，不能违背教育规律来发展大学教育。在缺乏师资、校舍、设备、图书资料、经费等条件下办教育，必然导致教育质量下降。

其次，盲目扩招造成人才比例失调。大学教育的盲目发展，一定程度浪费了人力、物力，分散了财力，影响了重点大学和有实力的大学的发展。许多中专和中学纷纷升格，挤占和妨碍了中等教育尤其是中等技术教育的发展，打乱了国家人才培养计划，使整个计划比例严重失调。

再次，劳动过多，社会活动过多，不是大炼钢铁，就是“三秋”劳动，教学秩序受到很大的影响，师生负担相对较重。

最后，大学教育急躁冒进进而浮夸作假。

针对这些错误，1961 年以后，大学教育领域全面贯彻中央提出的“调整、巩固、充实、提高”的方针，采取定、缩、并、迁、放、停等措施，进行必要的调整和整顿。1961 年 3 月，中共中央转发《教育部直属高等学校暂行工作条例(草案)》(简称《高校六十条》)，从总则、教学工作、生产劳动、研究生培养工作、科学研究工作、教师和学生、物资设备和生活管理、思想政治工作、领导制度和行政组织、党的组织和党的工作等十个方面对高等学校的教育和管理进行了规范。

二、“文化大革命”时期的大学教育

从 1966 年“文化大革命”全面开始时起，全国高等学校招生工作被迫停止。直到 1970 年，中央开始为恢复高校招生作准备进行试点，1972 年，高校正式开始恢复招生，但不是高考，基本政策是中学毕业(初中、高中)后到农村参加劳动或在工厂做工或当兵达到两年及以上者，可以推荐上大学。实行所谓“自愿报名、群众推荐、领导批准和学校复审”相结合的招生政策。直到 1976 年的最后一届，全国共招生 90 多万人。通过这种方式入学的学生，由于不是参加高考选拔的，学制又一般只有 3 年，文化程度参差不齐，被称为“工农兵学员”。这一政策改变了“文化大革命”以来大学不招生和高等教育陷于停顿的状况，但工农兵学员多数文化素质低下，使得大学开展教学工作非常困难。

在随后的招生中，各地开展了文化考查试点。有的省进行统一考试，如四川、广东、福建；有的省改革了考试内容，如河南的文化考查题目分初中和高中，初中题为必做题，高中题为选做，允许带参考资料，但须按时完成，不准讨论；有的采取多种考查方式，如江苏各地采取座谈、面试和考试三者结合的方法；有的地方实行开卷和闭卷相结合，如镇江的作文实行开卷考查，数、理、化和语法知识仍实行闭卷考查。这些文化考查、考试，改变了 1970 年确定的群众推荐、领导批准和学校复审相结合的招生政策，有点重回统一考试、择优录取的味道。全面恢复高考制度，是直到“文化大革命”结束后才开始的。1977年重新恢复工作的邓小平，深感教育科技落后对国家发展的影响，主动要求主管教育文化科技工作，并从1977年开始，全面彻底地以文化课成绩作为主要依据进行全国统一高考。从1966年到1976年11届的高中生、部分初中生，参加了中国历史上最为壮观、最为奇特、考生年龄差别最大的高考，两代人同一考场的事比比皆是。这种状况延续到第二年。虽然招生的数量有限，但这一划时代的大事，彻底拉开了全面学习科学技术、学习文化知识的序幕。1977年12月和第二年夏天的两次高考所录取的学生，是在1978年春秋两季入学。以前的大学毕业生，哪一年毕业为界，称哪一届，如1966届，表明毕业于1966年。而因为1977和1978两年的高考生都毕业于1982年，为了区分，从那时起，以获得入学资格的那一年来称呼某某届大学生开始了，全面恢复高考后的第一届，就称“1977级”。这成为一个新的时代名词和称谓方式，一直影响至今。

第三节　改革开放后的中国大学教育与大学文化

中共十一届三中全会召开，宣告中国进入了以经济建设为中心的新时期。随着党和国家的工作重心转移到社会主义现代化建设上来，大学教育开始了自身的建设，步入了为社会主义现代化建设服务的新时代。改革开放和发展成为我国大学教育的时代主题。解放的思想氛围，安定的社会环境，快速发展的社会主义现代化建设事业，都有力地促进了中国高等教育的蓬勃发展。

一、改革开放后的中国大学教育

(一) 教育界的“拨乱反正”

1977年7月，第三次复出的邓小平恢复领导职务后，分管教育和科学，开始了教育、科学等领域的“拨乱反正”。他指出：“我们要实现现代化，关键是科学技术要能上去。发展科学技术，不抓教育不行。靠空讲不能实现现代化，必须有知识，有人才。没有知识，没有人才，怎么上得去？科学技术这么落后怎么行？”①

1977年8月8日，邓小平在科学和教育工作座谈会上，听取了科学家和教育工作者的意见后，提出：“十七年中，绝大多数知识分子，不管是科学工作者还是教育工作者，在毛泽东思想的光辉照耀下，在党的正确领导下，辛勤劳动，努力工作，取得了很大成就。特别是教育工作者，他们的劳动更辛苦。现在差不多各条战线的骨干力量，大都是建国以后我们自己培养的，特别是前十几年培养的。如果对十七年不作这样的估计，就无法解释我们所取得的一切成就了。”②同年9月19日，邓小平同教育部负责同志谈话时又指出，中华人民共和国成立后的十七年，各条战线，包括知识分子比较集中的战线，都是以毛泽东同志为代表的路线占主导地位，“‘两个估计’是不符合实际的。怎么能把几百万、上千万知识分子一棍子打死呢？我们现在的人才，大部分还不是十七年培养的？”③

高考制度的恢复使教育战线的“拨乱反正”走出了关键的一步。1977年10月12日，国务院批转了全国高等学校招生工作会议《关于1977年高等学校招生工作的意见》，规定从1977年起，高等学校招生制度进行改革，恢复统一考试制度。这年12月，有570万考生报考，共录取27.3万人。第二年，610万考生报考，录取40.2万人。考试制度重新确定了选拔人才的公平竞争原则，调动了亿万青年学习知识的积极性，中国高等教育开始全面恢复正常。

1982年开始，教育部首先从工程技术学科开始调整专业，1984年修订的《高等学校本科专业目录》，将1982年高等工业学校设置的664种专业减少到255种，适当放宽了一些专业的业务范围，统一了专业名称。

教育部先后恢复理科、工科各学科的教材编审委员会的组织和工作，逐步改为各学科教学指导委员会。这些委员会对于高等学校教学工作的恢复整顿

①② 《邓小平文选》第二卷，人民出版社1994年版，第49页。

③ 《邓小平文选》第二卷，人民出版社1994年版，第67页。

具有较大影响。从1979年开始,他们在审定高校专业目录、教学计划、教学大纲、教材建设计划以及教材的编审、出版中发挥了重大作用。与此同时,与文、理、工、农、医、财经、政法、外语等有关的各业务部委以及高校先后召开了各科类、各种形式的教学工作、教材工作会议,逐步审定并经教育部批准印发了各科类的教学计划、教学大纲,编审出版了大量教材。到1984年底,编审出版的教材达6000余种。图书馆和实验室得到了恢复和加强。高校教学工作逐步走向正轨。

(二)高等教育体制改革

1985年5月中共中央颁布了《中共中央关于教育体制改革的决定》,拉开了高等教育改革探索的序幕。在改革开放的新形势下,面对世界范围的新技术革命的兴起趋势,决定从以下几个方面进行改革:改革高等学校的招生计划和毕业生分配制度;扩大高等学校的办学自主权;实行中央、省(自治区、直辖市)、中心城市三级办学体制;根据经济建设、社会发展和科技进步的需要调整和改革高等教育结构;建设重点学科,发挥科研优势;改革教学内容、教学方法、教学制度;改革人民助学金制度;高等学校后勤服务工作改革的方向是实行社会化。决定指出,学校要逐步实现校长负责制,有条件的学校要设立由校长主持的、人数不多的、有威信的校务委员会,作为审议机构;建立和健全以教师为主体的教职工代表大会制度,加强民主管理和民主监督。

这一时期,高等教育的改革探索主要体现在以下几个方面。

扩大高校办学自主权。各高校充分挖掘学校现有潜力,积极创造条件扩大招生。同时积极适应当地经济和社会的需要,调整专业设置,发展应用型学科。这也促进了高等教育的层次结构的合理调整。

开展教育教学改革。

首先,调整和制订本科生培养目标和培养规范。强调高等教育培养的人才,应该有理想、有道德、有文化、有纪律,热爱社会主义祖国和社会主义事业,具有为国家富强和人民幸福而艰苦奋斗的献身精神,都应该不断追求新知,具有实事求是、独立思考、勇于创造的科学精神。各科类本科生基本培养规格,是国家对本科层次的各科类学生德智体美劳等方面培养质量的具体标准。根据《关于加强普通高等教育学校本科教育工作的意见》的要求，制订本科生基本培养规格的工作进展顺利，在两年左右的时间内基本完成。

其次，推进以学分制为重点的教学管理制度，建立优秀学生选拔培养制度，试行中期考核制度、主辅修制和双学位制度、三学期制和导师制等。

再次，制订高等教育评估制度。修订本科专业目录。1982 年开始，原教育部着手全面修订文、理、工、农、医等各类本科专业目录，推动了专业名称的科学化、规范化；使专业口径得到了一定程度的拓宽，恢复和增加了一批文科、财经、政法类的专业。1989 年，国家教育委员会着手第三次本科专业目录的修订工作，1993 年 7 月正式颁布的《普通高等学校本科专业目录》中，规定专业设置为 504 种。

最后，实行高考招生与毕业生分配制度改革。毕业生分配逐渐实行在国家计划指导下，由本人选报志愿、学校推荐、用人单位择优录用的制度。

此次改革改变了过去毕业生分配长期实行的自上而下、高度统一的计划方式，是传统毕业生分配制度的重大突破。

（三）构建新的高等教育体制

1992 年邓小平南方谈话和党的十四大召开，标志着中国社会主义改革开放和现代化建设进入了一个新的阶段。1993 年，中共中央、国务院颁布了《中国教育改革和发展纲要》，确定了到 20 世纪末我国教育改革与发展的基本目标和任务。1995 年颁布《中华人民共和国教育法》，1998 年颁布《中华人民共和国高等教育法》，1999 年颁布《面向 21 世纪教育振兴行动计划》，2004 年颁布《2003—2007 年教育振兴行动计划》，这些文件为我国高等教育的发展绘制了蓝图。根据这一系列文件要求，我国高等教育展开了新的改革，以逐渐适应社会主义市场经济体制和社会发展需要。

首先，扩大高等教育规模。1999 年 6 月，党中央、国务院决定大幅增加当年全国高等教育招生的规模，1999 年实际招生规模为 159.68 万人，比 1998 年增加 51.32 万人，增幅达 47.4%。2000 年和 2001 年继续扩大招生，使得我国高等教育规模迅速扩张。经过三年大扩招，我国高等学校在校生总规模从1998年的643万人增加到2001年的1214万人，净增571万人，三年间几乎翻了一番。2005年，全国普通高等学校共计1792所，与1998年相比，共增加普通高等学校770所，其中本科院校110所，专科层次学校（含职业技术学院）660所。

其次，建设世界一流大学和高水平大学。为了在全国建设世界一流大学、高水平大学和一批世界一流学科，造就高层次拔尖创新型人才及其团队，我国1995年开始实施“211工程”，1999年正式启动“985工程”，2017年正式启动“双一流工程”。另外，通过实施“高层次创造性人才工程”和“长江学者奖励计划”等一系列计划，在推进高校高层次拔尖人才和骨干教师队伍建设方面取得了显著成效。

再次，坚持教育管理体制改革。管理体制改革的重点和难点，主要在于解决三个方面的问题：一是条块关系问题，二是中央和地方关系问题，三是政府与学校关系问题。20世纪末国家教委提出了五种改革模式，即共建、合作、合并、协作和划转。

最后，深化教学改革，提高教育质量。革除专业口径过窄、人文教育薄弱、培养模式单一等弊端，逐步建立与社会主义市场经济体制相适应的教学制度。如修订专业目录，实施教学内容和课程体系改革计划，建设基础学科人才培养和基础课程教学基地，加强素质教育，开展本科教学工作评估，等等。

二、为中国社会主义现代化建设培养人才

大学之所以称为大学，关键不在于仪器、设备、大楼等客观物质的存在，而在于它的文化存在和精神存在。德国哲学家雅斯贝尔斯指出：“假如大学里缺少人际间精神活动的背景，只讲书本，不谈哲学；只做实验，不研究理论；只叙述事实，而没有理论概括；只有学术的方法训练，而精神贫困；那么这样的大学必定是个贫瘠的大学。”①如果一个大学“精神贫困”，那么它只能

① [德]雅斯贝尔斯：《什么是教育》，邹进译，生活·读书·新知三联书店1991年版，第151—152页。

培养“没有文化修养的新生的野蛮人”。[①]以社会主义核心价值观引领大学文化建设，才能激发大学创造创新的活力，提高高等教育的软实力，从而发挥大学文化的辐射功能。新时期的大学教育应该体现新时代的特点，应该有新时代的历史使命。

(一) 学习和践行社会主义核心价值观

社会主义核心价值观是大学文化建设的灵魂与指导思想，在大学文化建设中必须要坚持其引领地位并体现在具体工作中。

第一，坚持以社会主义核心价值观引领大学文化，是大学文化健康发展的需要，也是大学培养中国特色社会主义合格建设者和可靠接班人的需要，大学要着力营造浓厚的文化氛围，积极拓展文化育人的载体，把社会主义核心价值观融入大学文化育人的全过程。[②]

第二，坚持以社会主义核心价值观引领大学文化，必须坚持一些基本原则。必须从大学的实际出发，遵循大学文化特别是高校意识形态建设的发展规律，才能真正发挥指导作用。具体包括：坚持与时俱进的社会主义先进文化的发展方向；坚持各种大学文化形式价值取向的一致性；坚持弘扬优秀传统，贴近师生的现实需求。[③]

第三，坚持以社会主义核心价值观引领大学文化建设。坚持社会主义核心价值观在大学文化建设中的主导地位，以社会主义核心价值观构建大学文化建设体，把社会主义核心价值观贯穿于大学文化建设全过程。[④]在大学文化建设中，承认差异的存在，承认个性，尊重差异，尊重个性，并在差异中最大限度地形成社会主义核心价值观这一共识。

第四，最后，学校要从实际出发，将思想政治教育的内容、形式和方法不断地改革创新，以便核心价值能够入脑入心。

---

① [西]奥尔特加·加塞特：《大学的使命》，徐小洲、陈军译，浙江教育出版社 2001 年版，第 56—57 页。
② 孙雷：《现代大学制度下的大学文化透视》，光明日报出版社 2010 年版，第 139 页。
③ 张尚字：《社会主义核心价值观引领大学文化建设的基本原则》，《教育理论与实践》2011 年第 8 期。
④ 孙泊、陈瑶：《以社会主义核心价值观引领大学文化》，《思想教育研究》2010 年第 10 期。

(二)弘扬大学教育和文化的个性精神

大学个性精神是大学的重要精神，是大学的灵魂，是大学的血脉，对于大学的存在与发展具有极为重要的作用。所谓大学个性精神，主要指在大学精神文化中所体现出来的那些一贯的、持久的、为全体成员所共享的，并引以为豪的大学文化理念和文化品质，它既指大学中全体成员的言行中所渗透的一种主体意识，也指他们所具有的精神活力状况和精神气质。

例如，技术文化教育与工程文化教育的着重点就不同。一般说来，技术文化观念是在技术自身发展和技术与社会相互作用中具有普遍意义和持久影响的各种文化观念，如从文化角度对技术本性的认识、有关技术与人性关系的观念、技术与文化传播、技术伦理、技术美学、技术思维等。①从人才培养角度来说，技术文化教育是将技术教育从知识层面、技能层面扩充到相关的技术文化观念培育层面，它是技术知识、技术能力与技术文化素养三维目标一体的教育，是一种全新的教育模式。技术文化反映了技术与自然、社会、人之间的相互依存、协调发展的关系。技术文化教育就是要给予学生这样一种理想、价值观、宽阔的视野、科学的行为方式。技术文化是现代技术教育的灵魂。技术文化教育将单纯的技术教育变为包含经济、社会、环境、人文等丰富内容的技术文化教育，通过技术文化这一载体，将专业教育和素质教育有机结合起来，着重培养学生的技术文化素质，促进学生全面发展。

工程文化教育是基于工程文化的理解来施行的教育。从工程教育的本质和特征来看，工程教育的根本目的是培养具有综合素养的人，培养人在工程技术学习、创造、利用中应当具有的知识、灵感、态度、责任等，核心是价值观的培育，而价值观的培育恰恰是工程文化的核心内容。工程文化教育是将工程教育与科学文化教育、人文文化教育有机融合，是一种学科交叉渗透整合性的教育，是知识、能力、素质三维目标统一性的教育，是文化、个性、公民、专业等兼容性的教育，是知识、社会、个体三者协调性的教育，是智力与非智力因素发展

---

① 邵力、杜林冬:《也谈技术教育中技术文化观念的培养》,《河南职业技术师范学院学报(职业教育版)》2006年第3期。

协同性的教育。它培养出的人是一种新的“工程文化人才”。①

技术文化教育与工程文化教育都力图彰显“人之为人”的意义，强调培养知识、能力、素养全面发展的具有综合素质的人才，但其内容和培养目标分别侧重技术文化素养和工程文化素养的培养。

现代工程是由“研究—开发—设计—制造—运行—管理”等环节组成的工程链，每个环节都需要大量的技术、经济和社会人才，现代工程教育的任务是要培养能综合运用各种现代科学理论和技术手段、懂经营、会管理，兼具人文精神和科学精神的高素质的工程技术人才。工程文化教育是基于工程文化的一种教育理念，它强调以人为本，以人与工程的关系、人对于工程的态度作为出发点，加强工科人才的人文素质培养，把科学教育、人文教育和工程教育有机结合起来，让学生受到包括工程学科知识体系在内的工程文化的熏陶，实现知识、能力和素质全面协调发展，充分发挥大学文化育人功能。②

正如朱高峰院士指出，“工程教育是专业教育……其次，工程教育不是科学教育……第三，工程教育不是技术教育，虽然其中技术内容的教育占了很大的比重，但仍然应该有相当的非技术内容。”③

（三）熔铸大学校训和强化大学办学定位

校训是一个大学对其文化传统、文化精神的理性抽象和认同；校风是一个大学对其传统、精神、校训的文化自觉和习惯。大学之间不同的传统、精神，不同的校训、校风，是大学展示的“文化名片”，大学绵延的“文化基因”，是它构成了学生思想和行为的不同“文化模式”。大学校训和办学定位教育，有助于准确把握大学的本质、使命和责任，有助于全面了解不同大学的不同文化传统、文化风格和文化底蕴。

每一个学校都有自己独特的历史，随着时间的推移，学校发展的每一步都

① 朱传义：《从工程教育到工程文化教育的跨越》，《科技进步与对策》2003 年第 3 期。

② 魏兆胜：《新建工科院校应用型工程教育探讨》，载黑龙江工程学院编著：《工程文化教育研究与实践》，黑龙江人民出版社 2012 年版，第 190 页。

③ 朱高峰：《关于当前工程教育的几个问题》，《高等工程教育研究》2000 年第 4 期。

会留下抹不掉的历史印记。在学校初创之时，学校文化已经开始形成，并通过学校历史上的重大事件得以发展、强化。被历史记载的学校事件影响着人们的行为方式和思维方式，并积淀成学校成员共享的价值观。因此，校训和办学定位的教育应当从其历史开始，对学校历史的回顾可以窥见学校文化发展的方向，学校文化的独特性很大程度上取决于学校独一无二的历史。读懂学校历史是理解学校文化的关键。也可以通过突出学校的专业特色。如原北京医科大学的校风——“坚定正确的政治方向，朴实严谨的治学作风，热情献身的服务精神”，其第三句讲的就是服务精神，这是医学学科特殊性的具体体现。还有通过反映学校领导的个性风采建设大学文化，如张伯苓之于南开大学、梅贻琦之于清华大学、吴玉章之于中国人民大学、蔡元培之于北京大学、竺可桢之于浙江大学等，他们的个性风采都已反映到该校的大学文化中，有些甚至逐渐建设和发展成为广大师生所自豪和骄傲的、具有无限开发价值的教育资源和文化资源。当然，改革开放直到今天为止，高等教育出现了数量上的大发展、形式上的多样化、民办大学的创立等新的现象。20 世纪末特别是 21 世纪以来新成立或升级的大学，校训趋同、硬套的也不少。有些学校的校训就是照抄一些名校的略作改动，体现不了该大学的特点。

(四) 提升师生人文素养、科学精神和创新精神

推进通识教育和专业教育融合，适当发展人文类学科，加强人文社会学科建设，以支撑专业教育的持续发展，为提升学生人文素养提供坚实的基础。进一步改革人文素质教育课程，增加课程的种类，提高课程的质量。推进“高雅艺术进校园”等活动，定期组织开展美术、摄影等各种类型艺术展演，形成人文艺术氛围浓郁的良好文化态势。

不同类型的学校在人文精神养育侧重点上有所不同。比如技术类高等教育应该倡导尊重技术，培养崇尚求精、求实、求新，精于设计、善于持续的技术至上精神。适当发展技术文化类的学科，以支撑技术教育的持续发展。适当开设或增设技术文化类的课程。如增设或开设《技术哲学》《技术史》《技术伦理学》《技术社会学》等技术文化类的课程。鼓励师生员工阅读技术文化类的

书籍,定期举办有关技术文化方面的讲座。要开展产学研合作,加强与相关行业、企业的联系,把产业最新的技术发展情况介绍到校园,使师生员工始终能够跟上技术发展的脚步。要营造学技术、练技术的学习氛围,践行“技术自强,技术人生”的教育思想,促进学生科学的技术观、正确的技术态度的形成。

创新意识和创业精神是国家发展的动力,是社会经济发展的助推器。要加强创新意识与创新精神的培育。特别是培育学生的创业精神,引领学生勇于创新、敢于突破,是实现学校创新型人才培养的重要一环。要激发学生的创新激情,支持和鼓励学生积极参与各种大学生科技竞赛,培养学生的创新意识、创意思维和创新能力。让创新精神融入学生的血液,让创业文化植根于大学文化之中。大学物质文化的创新方面,就是要注重利用具有人文气息的特殊符号,包括校训、校徽、雕塑物等,来提高师生的内在素质和学校的文化气质。大学制度文化的创新方面,就是在大学组织结构重构的基础上,有效调整学术权力与行政权力的关系,建立公平、公正、公开的学术评价和人才竞争机制,营造有利于创新型人才生存、发展的环境。大学精神文化的创新方面,就是创设一种能激发人的创新意识、挖掘人的创新潜力、迸发人的创新激情,有利于师生积极进取、勇于探索、敢于超越的精神文化环境。

第四章
新时代中国大学教育与大学文化中的"德"文化

"求木之长者，必固其根本；欲流之远者，必浚其泉源"，研究和践行中国大学文化，必得首先弄明白我们的文化从哪里来，与其他文化不同的根本的性质是什么，"问渠那得清如许？为有源头活水来"，有源才有流，楼宇烈先生说得好："传统是我们的原创"[①]。

通过对中国高等教育发展的历史的梳理，综合古今学者关于教育和文化的本质特征的学习，我们认为：在大学教育和文化中，道是做人之基，德是为人之本，"德"的文化是中国文化之根本、中国大学文化之根基。在新时代，面对当今中国社会的主要矛盾，进行价值观的变革，重塑"德"的文化，可能是我们的必然选择。

第一节　"德"文化的历史演变及当代意义

一、"德"文化的形成

古代中国有自己的权威崇拜和价值信仰，可谓"同姓同德，异姓异德"。它能够"协和万邦"，奠定了华夏民族大一统的基础，直接影响了日后政治模式的选择，这是由我们先人的物质生活条件和环境决定的。

---

① 《代序　传统是我们的原创》，载楼宇烈：《中国文化的根本精神》，中华书局 2016 年版。

(一)“德”文化形成的基因

在关于天、地、人关系的观察和思考中，早期中国形成了“天道观”，因为中国先民的世界观建立在“天道秩序”之上，“天道秩序”的现实化路径是无处不在的“道”，“天道”的本质是“天德”，“天德”孕育了万物的本性和存有，以天之德及人之德，“至德”成为个体的德性追求。正所谓“故通于天地者，德也；行于万物者，道也”。“知天之所为，知人之所为者，至矣。”(《庄子·大宗师》)知道“天”是什么，“人”就是什么，可称得上是最高的智慧了。

而其他民族就不是这样。如古希腊人的世界观建立在“自然秩序”之上，“自然秩序”的现实化路径是无处不在的“逻各斯”(理性)，这种理性决定了“自然之所是”的本性和目的。“自然之所是”既包括“月轮之下”的自然现象、自然物和“与之共生于世间”的人，也包括“月轮之上”的天体及其现象。也就是说，古希腊在关于天、地、人关系的观察和思考中，以“自然”来比照人的行为和品格。“一切技术、一切研究以及一切实践和选择，都以某种善为目标。所以万物都是向善的”，“至善”即个体的德性追求。①

无论是“至德”还是“至善”，实质上都是以“自然之所是”的客观规律性运动来比照“人事”，但是，“至德”以“月轮之上”的天道秩序比照人事，而“至善”以“月轮之下”的自然秩序比照人事。为什么会出现这种不同呢？直接的原因是中西先民观察和思考的对象的不同。

中国先民关于“天”的观察，经由百万年的经验积累，始识知天道秩序，即日月星辰在天空中有秩序运行的路径、轨道，包括太阳的周年路径，月亮的周月路径，以及所有行星周游的路径。②懂得了日月星辰循天道秩序即生产出寒来暑往、草木枯荣、江河之冰封解冻、花开花落、燕去燕来以及风雨雷电等。如荀子说：“列星随旋，日月递炤，四时代御，阴阳大化，风雨博施”(《荀子·天论》)，意思是四时、风雨生于日月星辰的出没、运动。表征了四时、风雨承“天德”惠泽“民”之生存。关于“天”的讨论，从“宗教之天”到“物质之天”，再到“义理之天”，在古代中国的经典文献中，是共同的最重要的主题，尽管谈论的角

① 苗力田编：《亚里士多德选集·伦理学卷》，中国人民大学出版社 1999 年版，第 3 页。

② 何新：《老子新解：宇宙之道》，北京工业大学出版社 2007 年版，序第 3 页。

度、所持的观点相异。例如,“天”字在庄子著作中频繁出现,共计676次,远远超过“道”367次、“德”204次。①

所以“古华夏文明所肇源的地区,从古地理学的观点看,这块大平原出现在距今约一亿年前”②,古代中国人在“一个准封闭型的主体活动背景”中,“从超百万年的文化根系,到万年前的文明起步”,从五千年前后民族国家对它的神格化,再到三代和诸子时代对它的人格化,才能最终发展出“天道”的世界观,形成以“至德”为核心的伦理体系。

又如古希腊人对“天”的认识是这样的:“自然诸生物于我们既较相近又较相亲,这也足以抵偿我们对于日月星辰诸天体——那些原是神哲之学的对象——的崇高兴趣。”③古希腊人对“天”莫衷一是,亚里士多德断言“天”是早期希腊无法企及的。

更深层次的原因是什么呢?以下我们从不同物质基础、不同世界观的生长,以及不同德性追求的形成三个方面进行分析。

(二)中西早期世界观及其不同文化基因的形成

1. 不同物质基础

物质生活条件为人们提供了获取“维持生活的食料”的主要方式,“维持生活的食料”的模式多种多样,大致有单一式和混合式,混合式是单一式两种或者两种以上的组合。亚里士多德《政治学》将早期单一的物质生产模式归类为六种:游牧、农作、劫掠、渔捞、狩猎和经商。④特定时空背景决定了特定民族不受意志支配的谋生方式的选择,无论是单一式还是混合式,这种选择及其主体在物质生产中的结合形式必须满足该民族自足生活的需要,反过来,这种自足的生活又形塑了不同民族不同的世界观及德性追求。

“华夏先民生产方式的演化始自燧人氏的游猎时代,经过伏羲氏的游牧时

① 王焱:《庄子天论——破解天人关系与天道关系的难题》,《思想战线》2010年第1期。
② 何新:《诸神的起源——华夏上古日神与母神崇拜》,中国民主法制出版社2008年版,第117—123页。
③ [古希腊]亚里士多德:《动物四篇》,吴寿彭译,商务印书馆2010年版,第34—35页。
④ [古希腊]亚里士多德:《政治学》,吴寿彭译,商务印书馆1981年版,第22—23页。

代，渐进于神农氏的农耕时代。”①以黄河中下游为背景的以农耕为主导的生产方式是华夏先民的选择。何以选择农耕主导？源于环境成因而来的“先决核心领先”②。这个“先决核心领先”就是气候、水利、地理结构和土壤等构成的综合实力。黄河中下游地区距今8000年至4000年处于一个十分温暖湿润的时期；上古和三代时期，到处汩汩泉水，潺潺溪流，森林密茂；地理结构由地势高、平坦、较大的原野组成，土质柔和、黏疏适中，土壤可利用性达到上上水平，这些为农业耕作稳定奠定了基础，为农业发展提供了良好的农业生态环境。“地理为历史之舞台”，中国早在距今七八千年前，无论是北方还是南方，就已经形成了较为稳定的集约化农业。③相较于上古中国，我们会发现古希腊人活动的自然历史地理背景的巨大差异。

如古希腊人的历史舞台是地中海，柏拉图说：“我们就像一群青蛙围着一个水塘，在这个海的沿岸定居了下来。”地中海虽为古希腊人提供了极好的气候条件，但是在地中海沿岸及各岛屿上，绝对找不出一个地方会有像恒河、印度河、底格里斯河、幼发拉底河或尼罗河等冲积河谷一样肥沃的土地。在薄薄的泥土之下到处都是岩石；没有大河、没有大平原，山峦之间夹着小块平地和谷地，土地零碎，均难以耕种；夏季的干旱有时来得太早或是延续得太长。最终古希腊人厌倦了与土地相争，只好逐渐放弃农耕，转而蓄养牲畜、种植橄榄和葡萄。陆路极不方便，但是海上贸易则较容易，海盗行为受到尊敬，即使国王也组织劫掠，抢劫村镇，奴役其人民。修昔底德说：“实际上，这是早期希腊人赖以谋生的主要来源，对于此种行为不感到羞耻，相反地，他们认为这是一种荣耀。”没有一个城市可以免于无缘无故的突然攻击。④所以英雄时代的古希腊人选择了以劫掠为主导的六种谋生方式的混合模式。

---

① 吕思勉：《中国制度史》，上海教育出版社2002年版，第1—2页。

② 蓝勇编著：《中国历史地理学》，高等教育出版社2002年版，第38—42页。

③ 陈来：《古代思想文化的世界：春秋时代的宗教、伦理与社会思想》，生活·读书·新知三联书店2009年版，第3页。

④ [美]威尔·杜兰：《世界文明史·希腊的生活》上，幼狮文化公司译，东方出版社1999年版，第5—6、60—65、66页。

2. 不同世界观的生长

中西早期能够生长出不同世界观，进而形成不同的伦理体系，主要是缘于不同生产方式下现实的生存需要。古代各民族所选择的所有谋生方式中，只有农牧混合或单一的农耕方式从一开始就特别有赖于掌握时令。以颛顼“绝地天通”为标志，中国先民的观象授时也经历了一个从民间性到国家意志性的演变，只有由国家的行政机关才能地天交通，观察“天象”，传达“天时”。

综观早期中国的“观象授时”，“万国”各有自己的方法，所以出现了“法日”“法火”等。例如，《白虎通》言：“夏法日”；《左传·襄公九年》说“祀大火，而火纪时焉”。随着“观象授时”经验的积累，“观象授时”已经不再依赖于观一个星体或一种现象，《尧典》所述的就是综合观察日月星辰四象（二十八宿）观象授时的一套成熟的历法。多星体观象授时是形成至上权威“天”（“帝”）概念的物质前提。因为这样的一种综合职能不是一个具体的星体能够实现的，先民便把日的职能归于“天”，月的职能也归于“天”，风雨雷电的职能同样归于“天”，最终构建出以“天（体）神”为主体神的神灵体系和天体崇拜，伴随古代哲学的形成和发展，哲学上的“天道”观念取代了“天（体）神”崇拜，天道的世界观得以形成。

尽管古代希腊人试图构建一个以“天神”为至上神的神灵体系，比如赫西俄德的《神谱》，但是，现实的生存资源不是唯一至上权威的土壤，他们在求生存的斗争中，感受到强烈的必然性的束缚。体现在现实生活中，最主要的就是不断地迁徙、不断地移民、不断地殖民以及伴随迁徙、移民和殖民的劫掠。这种大规模的海上移民及伴随的劫掠最主要的后果就是移民团体、居民团体（后来的城邦）之间及其内部资源与荣誉的分配观念。

3. 不同文化基因的形成

早期中国和早期希腊在不同的世界图景中，生存问题迫使人们产生了不同的问题意识、不同的思维方式、不同的解决模式。对于中国先民来说，至上的“天”是知识、资源、财富的源泉，是秩序的源头，是他们的所有希望，那么，“靠天”就是他们的思维方式和解决模式。比如种子已经埋到土里面，它们是否能好好地发芽，因为先民对于气候的变化、土壤的性质以及其他环境的条件毫无把握[1]，只有“靠天”，由此，地天沟通是中国先民生存之必需、生计之大政。

如何实现地天沟通？张光直在《考古学专题六讲》中阐述了依靠神山和若干种树木的地天沟通方法。[2]后来，随着祭祀文化的发展，交通的山或树用一个中杆来取代，这里的“中”有着特定的含义，指天地四方正中，天神、巫师、帝王所从上下的地方，这地方的“杆”就具有地天沟通的功能，笔者猜测“中杆”就是这样来的。从时间早于甲骨文的诸多考古遗址中，经常可以看到空地、祭台和大屋子三种类型的建筑物，这些建筑物的共同之处是竖有沟通天人的中杆。这一传统一直影响着中国历代的建筑，直到今天，天安门前还有华表，象征着政权的神圣。没有丝毫抽象思维能力，而“浑身具有丰富的想象力和旺盛的感觉力”的先民，如何去构想这一“天人沟通”的情境，他们对此进行精神创造的产品是什么？是意象“德”[3]。

早期中国，“靠天”生存的部族都有自己祭天的祭台，他们在这里“历象日月星辰，敬授人时”，从颛顼到尧、舜，他们在宗教信仰、社会组织、文化价值以及军事征服方面所进行的一切努力，概括说来，就是谋求异姓异德、九族、百姓、万邦不同的文化和价值观念的“同德化”。

所以上古中国最著名的两位政治家，殷商政治家伊尹提出有名的“敬天保德”的政治主张，西周政治家周公提出“敬德保民”的政治主张，使“德”由“天德”演化为“王德”，“天视自我民视，天听自我民听”，“天”就是“民”，“民”就是“天”，“至德”成为对君主的德性要求。

所以陈来说：“早期中国文化体现的另一特点是对德的重视。……在中国上古时代已经显露出文化的这种偏好，正是基于这种偏好而发展为文化精神。中国文化在西周时期已形成“德感”的基因，在大传统的形态上，对事物的道德评价格外重视，显示出德感文化的醒目色彩。……西周文化所造就的中国文化的精神气质是后来儒家思想得以产生的源泉和基体。”[4]“至德”经儒家化，成

① 徐旭生：《中国古史的传说时代》，科学出版社 1960 年版，第 77 页。
② 张光直：《考古学专题六讲》，文物出版社 1986 年版，第 6—7 页。
③ 甲骨文中常用的字也是“德”。
④ 陈来：《古代宗教与伦理：儒家思想的根源》，生活·读书·新知三联书店 2009 年版，第 9 页。

为大众的德性追求。

古希腊思想的集大成者、百科全书式的哲人——亚里士多德，总结了前人所有关于自然的探讨，指出自然是关于原因的，共有四种：质料因、动力因、形式因、目的因，目的因是极因，是至善。以建筑房屋为例，砖、灰泥或木材是建筑的质料，但是成形的房屋——"自然之所是"，才是活动的对象，而且房屋是预先生成的，先有关于房屋的思考，才有对于质料的加工。因此，"凡最后发育完成的，在本性上最先存在。"①这个本性上最先存在者，就是个体的目的，是极因，是个体最终的最完美的存在状态——"至善"。"至善"是先于个体存在的目的，个体的目的就在于追求"至善"的实现，"至善"的实现就是事物的完成状态，事物的完成状态就是"自然之所是"。

亚里士多德是这样来区分"自然之所是"的：从物的机能和生命及精神活动的状况方面说，最低级的物当数无生物了，"自然的发展由无生命界进达于有生命的动物界是积微而渐进的"，在这积微而渐进的生物中，我们可以大致分别出植物级、动植间体级、动物级、人。②但是，这些"积微而渐进的"的"梯级"是彼此孤立地非联系地存有的，也就是每一物都能有并且能达至自己的"至善"状态。这一点显然与古代中国的"天道秩序"下的"至德"迥然有别。在"天道秩序"中，"德"文化是一个天、地、人融通交流、生生不息的整体，这里不存在孤立和静止，以博大的胸怀，像"天"一样化育万物是古代中国人的价值取向。

二、"德"文化的演变及教育目标

（一）"德"文化在孔孟仁学体系中的演变

1. 孔孟仁学体系的形成

从商周时期的《诗经》《尚书》《易经》等，到春秋战国时期诸子百家的相关著作，体现了教育遵循天道，对理想社会和理想人格的追求。先秦儒家主张"仁道"：在政治上，以"仁政"为其理想；在道德上，以"成仁"为其追求。"仁"既是其出发点，又是其归宿。先秦墨家的天道是"兼爱"。墨子主张天有其志，即

① ［古希腊］亚里士多德：《动物四篇》，吴寿彭译，商务印书馆 2010 年版，第 39 页。

② ［古希腊］亚里士多德：《动物志》，吴寿彭译，商务印书馆 1979 年版，第 338 页。

有自己的意志、情感，可以赏罚于人。但天志是“兼爱”的，它为生民提供了生存和发展的基本物质条件：日月星辰、山石田土、风霜雨露、五谷杂粮等。所以作为生民而言，亦需兼爱，不分性别、阶级地位，如此可以达成一个美好的社会。先秦道家的天道即所谓“道”，是万物的本体。道下降到人间即所谓“德”。德者，得也。从天道到人世，老子主张自然而然，无为而治。庄子主张逍遥以游于人世间，乃是人的理想追求。

从孔子开始经过一百多年，历经四代弟子的思想传承，最终形成了一个影响后世国人价值观念的思想体系——仁学体系。在儒家学说中，其核心价值系统是宗法伦理价值系统，儒家所提出的一系列伦理道德准则、规范，例如孝悌、忠恕、仁义、礼智等，构成了孔孟学说中最重要的伦理道德学说——“仁学”，也成为2000多年来中国人安身立命之本。

2. 孔孟仁学体系的主要内容

孔子仁学的核心在于探讨如何做人以及如何协调人与人之间的关系，他提出做人的最高道德准则是“仁”，“仁者爱人”，承认人之为人的东西，人的价值和生活价值从这里得到肯定，但孔子从未将“仁”安顿于人性中，《论语》里仁与人性还处于两分的状态。孟子继承和发展了孔子“仁”的思想，他把阐发的重点放在了孔子仁学中血缘亲情的因素。他认为一切规范都源于“孝亲”，由此生发开去，就是“亲亲而仁民，仁民而爱物”。此外他还从人性本善来论证仁义通行于天下的必然性，以性善论来肯定人的价值在于道德性，“仁”这种外在的道德规范就转换为人的内在本质规定了。

孔孟之间的仁学体系建构主要从三个方面进行：

其一是对“仁”本身的含义有了多层次的理解。在孔子那里，对“仁”的定义和解说较为宽泛，没有标准答案。例如颜渊问仁，孔子说“克己复礼为仁”；仲弓问仁，孔子答之以“己所不欲，勿施于人”；樊迟问仁，孔子说“爱人”。孔子在面对弟子提问时，对“仁”的界定每次各不相同。孔子之后，对“仁”的理解出现了忠恕、丧之端、爱端、子德、忠、性之方、恻隐之心等多种回答，其实这是孔门后学以仁为媒介来阐发自己的理解，在他们的阐发中已经逐渐建构起不同的理论体系。以“忠恕”来理解仁，则仁为一种道德伦理；以“性之方”来理解仁，则连接了仁学与心性；以“天之德”来理解仁，则意味着已经贯通天人之间的联系，仁学形而上的依据已经形成。总之不同代弟子对仁的深度阐发，显示了早期儒学不断演进的历程。

其二是以“仁”为基础的德目组合由不稳固走向稳固。《论语》中出现了仁智、仁圣、智仁勇等德目组合，但总体上看，其组合形式并不稳固。《曾子》中出现仁义、仁义忠信礼、礼乐忠信、仁慎恭、仁智道等德目组合，且“义”的地位逐渐凸显。孔子仁礼并用，至曾子逐渐转变为仁义并用，正是曾子对仁义的联用，开启了思孟学派仁义并举的先声①。及至郭店简时期，德目组合进一步丰富和扩展，出现了圣、智、仁、义、忠、信，仁、智、义、礼、圣、善，仁、忠、庄、礼等。特别是它的《五行》将仁、义、礼、智、圣五行固定谈论，这也成为儒家德目组合的主要代表与骨干。孟子正是从五行中创造出“四心说”，“仁、义、礼、智”成为稳固的德目组合，贯穿于《孟子》始终，代表着儒家最重要的德目组合固定化的最终完成。总之，孔孟之间，“仁”的核心地位渐趋消解，“义理”地位明显上升，这种变化说明孔孟之间儒学德目组合经历了由简入繁、由繁入约的演进过程，仁、义、礼、智最终成为后世儒家理论构建的四个必备支点。

其三是仁学与心性、天道架起了联接。孔子发明了“仁”的学说，但并没有明确“仁”从何处得来，所以寻找仁的来源，为其找到一个安顿之处就成为孔孟之间儒家学者的重要哲学命题。孔子对仁的定位是内在于己，所以把仁与人性联接起来相对简单。但“仁学”不同于“仁”，除了仁之外，还包括义、礼、信，这几者与人性的联接，早期儒者在学理上的解说就比较困难。以义而言，早期儒者的普遍看法是“仁内义外”，例如，告子曰：“食色，性也。仁，内也，非外也；义，外也，非内也。”(《孟子·告子上》)，义外在于人性，是磨砺人性的，仁是内在之德，义是外在的行为标准。到了郭店简时期，其《五行》说：“义形于内谓之德之行，不形于内谓之行。”义既是外在之行，又可内化为德之行(内在的德性)，义的行为和人对义的认识就分离开来，确立了外在行为的根源是内在德性。

① 刘光胜：《孔孟之间仁学理论的三重建构》，《甘肃社会科学》2014年第1期。

孟子继承并发展了这一思想，他提出了“四心说”，强调内心中先产生了仁、义、礼、智，然后才能支持外在的道德行为，否则这种行为只是一种虚假的形式，而不是真正的道德。这也就是他反复强调的“由仁义行”，而不是“行仁义”。总之，仁学与人性论、天道的联接，是孔孟之间儒学发展的基本趋势，但这个过程不是一蹴而就的，而是渐进的。在最初，孔子的仁学思想只是一种政治伦理，当仁学开始与心性结合、与天道对接，逐渐展开了对仁学形而上的来源与依据探究，儒学体系的建构日益成熟，最终由政治伦理上升为道德伦理。

总之，孔孟仁学规范了当时宗法制社会中人与人、人与社会的各种关系，可以说它契合了家族制度的各种需要，宗法制的家族制度在中国封建社会两千多年的时光中是一直存在的，所以孔孟仁学既体现了统治阶级的意志，又具有广泛的社会基础，在社会生活中成为引导人们前行的精神力量。虽然在当时，孔孟所倡导的仁学有其特殊的内容规定，但在历史发展的长河中，“仁者爱人”“己欲立而立人，己欲达而达人”及“亲亲而仁民，仁民而爱物”“老吾老以及人之老，幼吾幼以及人之幼”等观念，已经在日常生活中渗透到民心之中，浑然天成，从整体上形成我们民族重道德、重伦理的精神内涵。

无论是从社会角度探讨人在社会中地位的孔子，还是从人的自我反省中发现对人的认识的孟子，他们都不是孤立地来看人的社会人际关系，而是凸显个体与群体息息相关的关系，强调个体的“我”要克服一己私欲去遵守社会规范，去追求至善。孔孟伦理思想中这种共同人性、共同情感的存在，使得他们提出的伦理道德准则及规范，在某种意义上已成为中国古代社会的社会公德，奠定了我们民族的群体本位价值观①。

（二）“德”文化在宋明理学中的演变

孔子赋予“仁”极其丰富的政治伦理内涵，孟子承其思想并进一步发展，使得孔孟仁学奠定了儒家仁学的基础。孔孟之后，经董仲舒、韩愈等人的承继，仁学的体系呈现出更丰富的发展路径，及至宋明时期，张载、二程、朱熹等理学

① 梁宗华：《孔孟仁学与民族精神》，《齐鲁学刊》1996 年第 2 期。

思想家对孔孟仁学的基本精神有了重大改造。在宋明理学家看来,“仁”是天人合一之宇宙万物的本源本质,而不仅仅是与具体对象相联系的道德情感范畴,至此儒家之“仁”真正具有了本体论意义。

但是,孔孟仁学中,“仁”都是作为各种道德条目中的一目而存在的。宋明理学对孔孟仁学的改造与发展就在于,他们将“仁”由德之一变成德之全,由德之目变成德之纲、德之元、德之宗、德之统[①]。程颐和朱熹都明确表达过对“仁”的理解可以从德之部分和德之全体两个层面来看:“伊川曰:四德之元,犹五常之仁。偏言则主一事,专言则包四者。”(《朱子语类》卷九五)何谓“偏言”之“仁”呢?就是仁、义、礼、智四德并列中的仁,是作为德之某一条目的仁;相应地,“专言”之“仁”就是指涵盖了四德之仁,是全体意义上的“仁”。

为了论证仁对于四德的原先性,朱熹将其称为“四德之元”,他说:“元只是初底便是,如木之萌,草之芽。其在人,如恻然有隐,初来底意思便是。……所以程子谓看雏鸡可以观仁,为是那嫩小底,便是仁底意思在。”(《朱子语类》卷九五)孟子提出了恻隐之心、羞恶之心、辞让之心、是非之心的“四心说”,同时指出四心乃是仁、义、礼、智的“四端”,朱熹就在四端的思想上进一步指明,所有道德意识的产生都源于人的恻隐之心,恻隐之心是动的,其他之心是静的,只有人先产生了恻隐之心,才会感知到羞恶之心、辞让之心和是非之心。即所谓“恻隐是个脑子,羞恶、辞让、是非须从这里发出来。若非恻隐,三者俱是死物了。恻隐之心通贯此三者”(《朱子语类》卷五三),可见仁是最根本的。

那么仁是如何涵盖四德的呢?朱熹论证说:“性是太极浑然之体,其中含具万理,而纲理之大者有四,曰仁义礼智。四者之中,仁义是个对立底关键,盖仁,仁也,而礼则仁之著;义,义也,而智则义之藏。犹春夏秋冬虽为四时,然春夏皆阳之属也,秋冬皆阴之属也。故曰立天之道曰阴与阳,立地之道曰刚与柔,立人之道曰仁与义。天地之道不两则不能立,仁义虽对立而成两,然仁实贯通于四者之中。盖偏言则一事,专言则包四者。故仁者仁之本体,礼者仁之节文,义者仁之断制,智者仁之分别”(《朱子语类》卷五八)。简而言之,在朱熹

① 李霞:《程朱对孔孟仁学的改造与发展》,《孔子研究》2001年第6期。

看来，四德可归于仁义二德，而仁义又可最终归于仁这一德，最终确立了仁对于其他道德原则的“元”的地位。

虽然孔孟仁学在儒家仁学中具有开创的地位，但是他们所谈论的“仁”只是形而下的伦理概念，而非形而上的哲学范畴，因此，孔孟仁学的定位只是道德伦理学，还没有达到道德哲学的层面。道德形而上地位的确立始于二程，成于朱熹。程颐反对以“爱”释“仁”，他认为“仁”“爱”是两个不同层次的概念范畴，爱是“当然”，仁是“所以然”，所以“仁”是道德情感和行为产生的依据，而不是道德情感和行为本身。朱熹十分赞成程颐的观点，他说：“仁是体，爱是用。又曰爱之理，爱自仁出也。”(《朱子语类》卷二十)，他还曾用根与苗的关系来形象地比拟仁、爱之间的体用关系，“仁只是个爱底道理……理是根，爱是苗……不可便唤苗做根，然而这个苗却定是从那根上来。”(《朱子语类》卷二十)，用“理”与“事”分属之，论证仁与其他道德情感的体用关系，“仁是理，孝悌是事，有仁后有是孝悌。”总之，在朱熹看来，何以能爱源于仁的存在，但仁并不是爱本身。从“理”“爱”“体”“用”等去理解、界说“仁”，实际上将“仁”的道德本体地位确立了下来，也使得儒家仁学由孔孟时期的道德伦理学演进为道德哲学，这是宋明理学时期，儒家仁学思想的一大发展。

仁的生命意蕴从个体生命力扩展到宇宙生生之德。孔孟仁学中的“仁”既是一种静态的道德规则，又是一种动态的生机活力，当然这种生命力的主体主要还是指个体的人。作为生命力的“仁”对个体的人的成长和人格完善起到了决定性的作用，“民之于仁也，甚于水火。”(《论语・卫灵公》)人的一生会经历顺境和逆境，在顺境中“仁”推动着个体从小到大，从弱到强，从凡人到君子的成长，在逆境中“仁”又不断激励着个体超越生命的本能，开发潜在的道德潜能。所以孟子才说：“故天将降大任于是人也，必先苦其心志，劳其筋骨，饿其体肤，空乏其身……”(《孟子・告子下》)正是因为“仁”的支撑，个体的人才能承受各种艰苦的磨炼，由此个体的人在求仁行仁的过程中也就实现了主体生命自我提升。

到了宋明理学时期，动态意义上的“仁”就不再仅限于个体之人的生命力，而是上升到人类的生命力，甚至更提升到包括人在内的宇宙万物共有的生命力。程颐说“仁”为“生生之性”，天地万物的生长都是“仁”之生命力的展现。朱熹以“生生之德”训“仁”，他认为“仁”代表了宇宙间普遍存在的一种“生意”“生机”“生气”，“仁是天地之生气”（《朱子语类》卷六），“仁”的本质特征和基本德性就是“生”。朱熹从天地生物的层面解释了“仁”何以具有“生生之意”：“天地以生物为心，天包着地，别无所作为，只是生物而已。亘古亘今，生生不穷，人物则得此生物之心以为心。”（《朱子语类》卷五三）何为此“心”，朱熹进一步解说正是“仁”：“仁者，天地生物之心。”（《朱子语类》卷五三）总之，从“天地生物之心”“生生之性”“生生之德”的角度来理解“仁”，已经超越了孔孟儒学中作为个体生命力之内涵的“仁”，而达到了宇宙生命力的高度。

宋明理学的主要作为是把天道与人道合一，将人道上升为天道，人理上升为天理，使天道、天理具有人道、人理的内涵，同时也使人道、人理具有绝对的天经地义的神圣性质，在宗教与伦理同一的基础上建立了一个完整的天人合一的道德本体论体系，不但说其然，而且求其所以然，具有很强的思辨特色。这是中国“德”文化的一个发展。

三、“德”文化的内涵及对当代中国的意义

“德”文化的内涵在于“道法自然”“为而不争”，核心在于如何建立人与自然、人与人（社会）、人与自身的关系。那么，如何建立人与自然、人与人（社会）、人与自身的关系呢？答曰：遵循“道”。“道”是客观规律，遵循“道”就是“德”。有“道”，就是有“德”。概而言之，“德”文化的贯彻落实在于两个方面：一方面，认知真正的客观规律；另一方面，尊重客观规律，按照客观规律办事，真正发挥客观规律对人对事的指导作用，即充分发挥主观能动性。这样，即把客观规律性和主观能动性结合起来，把真理标准和价值标准结合起来。

（一）“德”文化的内涵

“道”这种客观规律不同寻常，它是客观的，但又是改变的、生成的，这一点和古希腊的“自然”是完全不同的。

在古希腊，从第一个试图探寻世界本原的哲学之父泰勒斯开始，就把“本

原”作为“多”中的“一”,“变”中的“不变”。“本原”无非是万物从中产生、最后又复归于它的东西。但“一”与“多”对立、“变”与“不变”对立,完全是一种直观的知识论态度。把“不变”之“一”作为本体,其实质是把时间排斥于本体之外。不管这种“变”中之“不变”、“多”中之“一”是什么,既然它是“不变”之“一”,那它就是永恒的,换一种说法,它就是无历史的,或处于历史之外的。

这种本体论,在康德那里表现得尤为明显。康德把时间和空间作为世界的“先验感性形式”,这意味着,现象界是处于时间和空间中的。但康德却一再强调,作为先验感性形式,时间和空间不适用于物自身。换言之,时间只是现象界的“形式”,不是本体界的“形式”。这样一来,本体就处于时间之外,成为非历史的存在物,从逻辑上看,康德的历史哲学思想因而必然是一种非历史的哲学思想。事实也确实如此。康德在《历史理性批判文集》中,把人类历史看成是理性的展开,但对于理性本身,却否定有其产生和发展的过程。《文集》中有两篇哲学论文,一篇题为《世界公民观点之下的普遍历史观念》,另一篇是《人类历史起源臆测》。在《世界公民观点之下的普遍历史观念》中,康德坚信由于理性的作用,整个人类世界将成为一个普遍个人主义的世界。在《人类历史起源臆测》中,康德认为在《圣经》中就可以找到人类历史的理性展开的原型。

除了马克思主义哲学,西方近代以来的唯物主义,也始终囿于知识论传统,用知性逻辑理解“对象、现实、感性”,这种知性逻辑可以用感性、知性、理性来概括。感性是对现象世界的概念化。现象世界总是表现为无限多样的“杂多”。人们在接触“杂多”的过程中,会自觉不自觉地将许多现象、信息关联到一起,并用语言加以提炼和概括。表征特定对象的符号就是其概念表达,将现象世界分门别类进行研究、归纳,形成概念,我们说就是现象世界的概念化。知性是判断,是关于是和不是的关系的理论。知性以感性为基础,理性以感性和知性为基础,是关于大前提、小前提之间的关系的理论。这种知性逻辑的深入运用,必然导致二律背反。

例如,亚里士多德通过实验论证了:同时同一地点抛下的重物和轻物,重的物体先落地,轻的物体后落地。实际上,伽利略不需要做实验,只要用推理,就可以推翻亚里士多德的结论。我们可以假设，如果把重球和轻球绑在一起，按照亚里士多德的结论，情况会怎么样呢？这样就会出现自相矛盾的结果。因此，知性逻辑演绎出的本体论并不是世界本身真正的“道”，现实生活世界本身是环境的改变和人的自身的改变一致的过程。

《道德经》第一章指出，道不可道、名非常名，“两者同出，异名同谓”，道“先天地生”，“可以为天地母”，阐释了“道”乃万物之源和始基。有学者写道：“道是先于天地万物而存在的、至虚混一的、物质的东西，是天地万物所有产生的东西的源头，是宇宙间最原始的存在物”①。从本体论视角考察，“道”的这种始源性和原初性，与巴门尼德的“存在”类似。但是，就“道”的本质而言，其与古希腊的“存在”完全不同。

老子认为始基并不是封闭于自身的自在之物，而是犹如母生子，“道生一”，一而二，二而三，三有万物。玄妙之处正在于宇宙万物的生成流变、生生不息，《道德经》称之为“绵绵若存，用之不勤”，既可“观其妙”，又可“观其徼”。“生”既表达了我即非我，又凸显了我到非我产生和改变的过程。这完全不同于西方知识论传统的形式逻辑。形式逻辑遵循三大规律：同一律、矛盾律、排中律。而对于“道”来说，一即二，二即三，三即万物。

至关重要的一点就是，老子的“道”表达的是产生和改变，而且“负阴而抱阳，冲气以为和”，由此，有无、难易、长短、高下、音声、前后相生相随得以永恒，使产生和改变具有了伸展性和广延性，建构出宇宙和世界。所谓“宇宙”，四方上下谓之宇，往古来今谓之宙；世，即一代人，具体指三十年，界，即田野的边界。无论宇宙，还是世界，都包括了时空两个方面，时空的连绵不绝和更替不息，就是历史。正是源于这样的“道”，儒家的空间以天为父，以地为母，以人为子，以华夏为中国，以周边为四夷；儒家的时间界分出“大同”“小康”之别。

“道”的一个突出特点是，它来源于生活世界本身，是生活世界本身的辩证法，而不是像亚里士多德所说的，哲学只是有闲阶级的特权。当中国先民渐渐脱离采集果实、猎取野兽、捕鱼网雀的生活，也就是历史学家所说的攫取经济

① 吉成名：《论老子朴素唯物辩证法理论的产生》，《湘潭大学社会科学学报》2001年第1期。

阶段，各民族所选择的农牧混合或单一的农耕方式从一开始就特别有赖于掌握时令，尤其是农业的春种秋收，季节性很强。所以吕思勉先生说：“授时为古代农政要端。”根据考古和文献资料，“万国”兴衰与天时的掌握情况直接相关，祈获天时也就成了“万国”的首业。从传说中的“结绳记事”到颛顼的“绝地天通”，从尧的“观象授时”到三代的“朝起朝落”，形象说明了得“天时”者“有德”，“有德”者“保德”，“保德”者得天下。

当尧欲退位，推举贤人时，“舜入于大麓，烈风雷雨不迷，尧乃知舜之足授天下。”（《史记・五帝本纪》）正与《舜典》中尧“纳于大麓，烈风雷雨弗迷”对应。“烈风雷雨弗迷”，四时方位清晰。所以尧对舜说：“咨！尔舜，天之历数在尔躬。允执其中，四海困穷，天禄永终。”（《论语・尧曰》）意思是：“舜啊，天已授历命在你身上。你要永远执掌那命运的钟铎，让四海混一，受天赐福无穷。”[①]这里，天授“历命”，目的是“让四海混一”，也就是推行历法，协和万邦。因此，舜继位开篇之词就强调遵守时令、安定邦国。

（二）“德”文化对于当代中国的意义

“德”文化之于当代中国的意义首要的是如何把握到历史本体，或者说如何把握到真理。例如，理解中国特色社会主义及其进入新时代的判断，就需要在历史本体的生成和展现过程中把握到历史本体。我们知道，马克思强调必须发现实际的、经验的，“具有历史形式的事实”[②]；恩格斯强调必须发现实际的、经验的，“最过硬的事实”[③]。为此，马克思、恩格斯反复强调，要抓住根本的联系，要彻底，而不是表面的、肤浅的、外部的联系。列宁强调：“马克思主义政党的纲领应该以绝对确凿的事实为依据。”[④]毛泽东提出“实事求是”，强调发现“铁的事实”[⑤]。因此，“不做调查没有发言权。不做正确的调查同样没有发言

① 何新：《大政宪典・〈尚书〉新考》，中国民主法制出版社 2008 年版，第 30 页。

② 《马克思恩格斯文集》第 1 卷，人民出版社 2009 年版，第 156 页。

③ 《马克思恩格斯文集》第 2 卷，人民出版社 2009 年版，第 601 页。

④ 《列宁专题文集・论无产阶级政党》，人民出版社 2009 年版，第 339 页。

⑤ 《毛泽东文集》第 1 卷，人民出版社 1993 年版，第 266 页。

权。”[①]他们的事实无疑指的都是特定时空背景下具体的“玄之又玄”的历史本体。

邓小平说:“实事求是是马克思主义的精髓。要提倡这个,不要提倡本本。我们改革开放的成功,不是靠本本,而是靠实践,靠实事求是。……过去我们打仗靠这个,现在搞建设、搞改革也靠这个。”[②]“摸着石头过河”是典型的“实事求是”,是对发现和掌握社会实践展现出的转折性变化及其规律的方法论诉求。而不是像某些人理解的那样,只要实践,不要理论。这是非常危险的错误观点。作为国家和民族的顶层设计,任何时候都必须坚持理论与历史本体的无限接近。尤其是面对改革进入深水区的当下中国,中国道路质疑、姓资姓社辩论、社会主义市场经济还是资本主义市场经济的困惑,等等,要从根本上解决这些问题,都必须回到“玄之又玄”的历史本体,只有“思维着的头脑”穿过社会实践活动的表象,考察到社会实践活动的必然性,面对同一个“感性具体”,才能看到它的“铁的”未来面向,从“铁的事实”中把握到“铁的必然性”[③]。

把握到真正的“道”,就必须充分地占有材料。马克思、恩格斯的全部研究都是以占有充分的事实材料为基础。所以恩格斯强调,发现“最过硬的事实”,“要求多年冷静钻研的科学工作”,“只有靠大量的、批判地审查过的、充分地掌握了的历史资料,才能解决这样的任务。”[④]这就是为什么邓小平在“一切从实际出发,理论联系实际,实事求是,在实践中检验真理和发展真理”的基础上,又提出要“解放思想”。这说明了在实际的理论活动和实践活动中,发现“铁的事实”,掌握“铁的规律”之艰难。当代青年必须从“我国现在的社会物质条件的总和出发”,“也就是从我国基本国情和发展要求出发”[⑤]。

而对于中国共产党来说,“道”与“德”的结合,就是主张动员群众、鼓舞群众、武装群众、凝聚群众。毛泽东认为马克思主义是指导人民思想的理论基

① 《毛泽东文集》第1卷,人民出版社1993年版,第267—268页。

② 《邓小平文选》第3卷,人民出版社1993年版,第382页。

③ 《马克思恩格斯文集》第2卷,人民出版社2009年版,第8页。

④ 《马克思恩格斯文集》第2卷,人民出版社2009年版,第598页。

⑤ 《推动全党学习和掌握历史唯物主义更好认识规律、更加能动地推进工作——习近平主持中共中央政治局第十一次集体学习并发表讲话》,《人民日报》2013年12月4日。

础，是放之四海而皆准的真理，是人民能够取得革命胜利的最终武器，因此教育的根本任务是要用马克思主义理论武装全党，教育群众，其目的就是调动一切积极因素，组织最广泛的革命队伍，夺取革命和建设事业的胜利。邓小平根据新时期的实际情况，继承和创新了中国共产党的教育理论。邓小平提出了“四个定位”“三个有利于”。“四个定位”主要包括：指导思想上的定位——思想政治工作要坚定不移地以经济建设为中心，服从和服务于全党全国工作的大局；工作任务上的定位——坚持不懈地抓好思想教育，着力提高人民的科学文化素质，培养四有新人；地位作用上的定位——思想政治工作从“压倒一切”到突出“保证”和“服务”，为社会主义建设、巩固执政党的地位和国家的长治久安提供思想支持和精神动力；工作方针上的定位——坚持疏导方针，吸收国内外各种政治文明的有益成果，倡导精神文明建设和健康有益的文化活动。“三个有利于”是1992年邓小平在南方谈话中提出的，评价一切工作的标准，也是评价思想政治工作的标准：是否有利于发展社会主义社会的生产力，是否有利于增强社会主义国家的综合国力，是否有利于提高人民的生活水平。[①]江泽民强调“以科学的理论武装人，以正确的舆论引导人，以高尚的精神塑造人，以优秀的作品鼓舞人”；提出了既要重视“依法治国”，又要重视“以德治国”的治国方略；提出了“三个代表”重要思想作为党的指导思想，不断寻求新的思想政治教育方法，由传统方式向现代技术转变，这些都推动了新时期加强和改进思想政治工作的理论创新和实践创新。胡锦涛指出：“培养什么人，如何培养人，是我国社会主义教育事业发展中必须解决好的根本问题。正确认识和切实解决好这个问题，事关党和国家的长治久安，事关中华民族的前途命运。”[②]

第二节　“德”文化遵循的当代之“道”和价值观变革

高等教育强国是植根于当代中国的需要，服务于中国人民的教育强国，以

① 邵献平：《论中国共产党思想政治教育的理论资源》，《理论探讨》2007年第5期。

② 中共中央文献研究室编：《十六大以来重要文献选编（中）》，中央文献出版社2006年版，第632页。

满足人民的总体性的需要为依归，人民对美好生活的需要是中国共产党的奋斗目标，也是中国共产党义无反顾肩负起的“历史使命”。这个历史使命“绝不是轻轻松松、敲锣打鼓就能实现的”，必须经过“艰苦”的努力，不断克服人民需要和生产水平之间的矛盾来逐步实现。这就要求，首先必须探究高等教育强国所依凭的基本的客观规律，即新时代中国社会的主要矛盾是什么。把握到新时代中国社会的主要矛盾，把解决这个主要矛盾作为高等教育强国建设的应有之义，用以指导高等教育强国建设。其次，进一步明确高等教育强国建设所需要的价值观变革。最后，基于新时代高等教育强国建设，重塑“德”文化。

一、当代中国社会的主要矛盾

(一) 中国社会的主要矛盾及其“生产—需要”范式

中国特色社会主义以生产资料公有制为主体，它的本质是解放生产力，发展生产力，消灭剥削，消除两极分化，最终达到共同富裕。中华人民共和国成立后，我国就如何进行社会主义建设，根据实际情况，围绕要解决的问题，寻求解决的办法。1956 年党的八大将要解决的主要问题以主要矛盾的形式，作了初步表述。根据当时的表述，我国的主要矛盾有两大方面：一个是，我国基本上是农业国，而且是落后的农业国，而我们的目标是先进的工业国，两者之间存在着矛盾；另一个是，人民对于经济文化有更高的需要，而现实的情况是我们的经济文化的生产相对落后，满足不了人民的这些需要。这两大方面的矛盾，1987 年党的十三大概括为：“我们现阶段所面临的主要矛盾，是人民日益增长的物质文化需要同落后的社会生产之间的矛盾。”坚持中国特色社会主义这个最大实际，解决这个基本矛盾，贯穿了党的十五大、十六大、十七大，2012 年党的十八大报告还是坚持这一论断。2017 年，党的十九大报告作出了新的论断，即我国社会主要矛盾已经转化为人民日益增长的美好生活需要和不平衡不充分的发展之间的矛盾。

根据中国共产党对中国特色社会主义主要矛盾的论断，中国特色社会主义要解决的问题是人民需要，用生产满足人民需要，解决“需要”与“生产”之间的矛盾必须运用马克思的“生产—需要”理论。正是在“生产—需要”的框架下，改革开放四十多年来才能取得如此巨大的成就。习近平指出：“我国社会主要矛盾的变化是关系全局的历史性变化，对党和国家工作提出了许多新要求。”相应地，“生产—需要”框架也是关系全局的高等教育发展范式，只有坚持以人民需要为导向，才能大力提升发展质量和效益，着力解决好发展不平衡不充分问题，更好满足人民在高等教育等方面日益增长的需要，更好推动人的全面发展、社会全面进步。

如果认识不到“生产—需要”发展范式的重要性，就会走弯路。我们在这方面是有过教训的。1956 年，我们已经基本明确了我国社会的主要矛盾，当时，工业和农业比，我们的农业更弱，每年要增加一两千万人的吃、穿、用，压力很大。所以当时提出了“我们工作的重点，必须按照以农业为基础的方针，适当解决吃、穿、用的问题（当然是低水平）；工业本身必须着力解决基础工业薄弱的问题”[①]。但是，在此后的一段时间里，尽管已经明确了我国社会的主要矛盾，但由于没有足够意识到社会主要矛盾的重要性，没有把解决主要矛盾放到历史性的、影响全局的高度，走了弯路，直到十一届三中全会之后，全党才高度关注到社会主要矛盾的重要作用，围绕社会主要矛盾进行宏观蓝图的设计和推进。

（二）“生产—需要”范式下美好生活的内涵

我们认为，新时代的社会主要矛盾本身是一个充满张力的动态整体。在马克思和恩格斯看来，不仅“生活”本身有其内部结构，只有实现结构整体的优化才可称为“美好”，而且“需要”本身也有其层次和结构，只有克服其自我异化，生活需要才能变为“美好生活需要”。首先，按照马克思和恩格斯的看法，人类的“生活”不同于动物的生命活动，它不仅体现人与自然的关系，而且体现人与人的关系，并且人与自然、人与人的关系都在人与自身的关系中得到反映。在此基础上，马克思把人的生活分成了物质生活、社会生活、政治生活和精神生活四个层面，认为“物质生活的生产方式制约着整个社会生活、政治生

① 《立足现实，瞻望前途》，载《邓小平文选》第 1 卷，人民出版社 1994 年版，第 335 页。

活和精神生活的过程”①。

而人的社会存在分为三个层面，即物质生活层面、社会生活层面和政治生活层面；精神生活则是以这三个方面作为基础的：“意识在任何时候都只能是被意识到了的存在，而人们的存在就是他们的现实生活过程。”②在人们的社会存在中，物质生活的生产方式起着决定性的作用，由此形成了“经济的社会形态”，由“经济人”构成的社会，人的其他方面则归结为政治人、道德人等。近代以来不同学科研究对象的对立，如斯密的经济人、马基雅维利的政治人与道德人的对立，就是由人的片面发展导致的。以经济人与道德人的对立为例，其根源在于“每一个领域都用不同的和相反的尺度来衡量我：道德用一种尺度，而国民经济学又用另一种尺度。这是以异化的本质为根据的，因为每一个领域都是人的一种特定的异化，每一个领域都把异化的本质活动的特殊范围固定下来，并且每一个领域都同另一种异化保持着异化的关系”③。只有随着异化的扬弃，人的存在的分散和孤立状态才能被扬弃，人才能成为全面发展和自由发展的人。其次，既然生活本身包括物质生活、社会生活、政治生活、文化生活等各个层面，那么“生活需要”必然也是分层次的、有结构的。从“需要生产”的角度来看，“生活的生产”包括各个层面上的需要的生产，其中，在“人类社会的史前时期”或“经济的社会形态”中，物质需要居于主导地位。④这是因为“人们为了能够‘创造历史’，必须能够生活。但是为了生活，首先就需要吃喝住穿以及其他一些东西。因此第一个历史活动就是生产满足这些需要的资料，即生产物质生活本身，而且，这是人们从几千年前直到今天单是为了维持生活就必须每日每时从事的历史活动，是一切历史的基本条件”。马克思和恩格斯在谈到人类历史的第一个活动时提出，它包括四个要素：除了上面谈到的生产活动之外，还包括“新的需要的产生”、社会关系的生产，以及把它们扬弃于自身的生活方式的生产。这里的“新的需要”指的是人类新产生的、动物所没有的需

① 《马克思恩格斯文集》第2卷，人民出版社2009年版，第591页。
② 《马克思恩格斯文集》第1卷，人民出版社2009年版，第525页。
③ 《马克思恩格斯文集》第1卷，人民出版社2009年版，第228页。
④ 《马克思恩格斯文集》第2卷，人民出版社2009年版，第592页。

要，即在物质生产活动中产生的需要，用马克思和恩格斯的话说，“已经得到满足的第一个需要本身、满足需要的活动和已经获得的为满足需要而用的工具又引起新的需要”①。由此，马克思和恩格斯就区分了动物的本能需要与人的通过实践活动产生的需要。在人类的历史活动中，甚至本能需要也必须通过社会的方式得到满足，从而被改造成为社会的人的需要。马克思和恩格斯指出：“家庭起初是唯一的社会关系，后来，当需要的增长产生了新的社会关系而人口的增多又产生了新的需要的时候，家庭便成为从属的关系了……由此可见，一定的生产方式或一定的工业阶段始终是与一定的共同活动方式或一定的社会阶段联系着”②，只有在这一基础上，才能理解社会生活的意识层面。而意识的发展也是以“生产效率的提高、需要的增长以及作为二者基础的人口的增多”③为前提的。

“美好生活需要”意味着需要的各个层次和生活的各个层面之间，是一种和谐一致的整体性关系，而不是相互反对的支离破碎的关系。不难理解，既然人的整体的社会存在有可能发生异化，那么，这种异化必然也表现在需要结构中。一旦需要异化，“美好生活”就谈不上了。正是在这一点上，显示出马克思的需要理论相对于马斯洛的需要理论的优越性。众所周知，马斯洛把个人需要分成五个层次，分别是生理需要、安全需要、归属与爱的需要、尊重的需要、自我实现和自我超越的需要。马克思把需要划分为自然需要、社会需要和个性需要。表面上看，自然需要大致相当于马斯洛的生理需要和安全需要，因为这是人与动物共有的需要，只不过在马克思看来，人的自然需要也只能通过社会的方式加以满足；马克思的社会需要大致相当于马斯洛的归属和爱的需要、尊重的需要；马克思的个性需要大致相当于马斯洛的自我实现和自我超越需要。无论是对于马克思还是对于马斯洛来说，都可以把这些需要分为生存需要和发展需要，即自然需要属于生存需要，社会需要和个性需要属于发展需要。在这些方面，马克思的需要理论与马斯洛的需要理论似乎没有根本的区

① 《马克思恩格斯文集》第1卷，人民出版社2009年版，第531页。
② 《马克思恩格斯文集》第1卷，人民出版社2009年版，第532页。
③ 《马克思恩格斯文集》第1卷，人民出版社2009年版，第534页。

别。但马斯洛的需要理论具有非历史的特点，对于每个时代的人们而言，需要都是一样的，因此无法说明为什么有些人低级需要得到了满足，高级需要却没有产生出来。马克思用“需要异化”的概念说明了这一问题。在哲学上，“异化”意味着自己反对自己，指的是主体活动的结果不是肯定主体，而是否定主体。需要的异化意味着通过这种需要的满足，人不是肯定自己，而是否定自己。马克思认为，在短缺经济条件下，人们为了低级需要而不得不牺牲更高级的需要，这本身就是需要的自我反对，是低级需要被迫反对高级需要。在市场经济条件下，所有需要都化为对货币的需要，因为货币能够通约一切。货币“是一切事物的普遍的、独立自在的价值。因此它剥夺了整个世界——人的世界和自然界——固有的价值”①，换言之，货币是异化的价值，它是人类的外化的能力：“凡是我作为人所不能做到的，也就是我个人的一切本质力量所不能做到的，我凭借货币都能做到。”②于是，货币被凌驾于人之上，对货币的需要取代了所有其他的需要，由此形成拜金主义价值观。短缺经济条件下，拜金主义有它存在的必然性，但在过剩经济条件下，拜金主义就成为一种病态，因为它使人忽视那些不能用货币满足的需要，或者假装能够用货币满足那些需要。这样的生活难称“美好生活”。要想改变这种状况，就必须帮助人们发展生活中那些不能用货币衡量的方面，从而把需要层次，继而把生活水平提升到一个新的高度。在过剩经济条件下，货币只能满足部分需要，主要是那些低级需要，高级需要绝大多数是不能用货币加以衡量的，更不说通过货币加以满足了，因而必须为高级需要寻找新的满足手段。这就意味着，“美好生活需要”并不是某种单一的“需要”，而是一个由不同层次构成的、具有内在结构的动态体系。只有把各个层次的需要整合为一个和谐一致的整体，才能谈得上“美好生活”。

(三)“生产—需要”范式下新时代主要矛盾分析

从满足“人民日益增长的美好生活需要”角度看，所谓“不平衡不充分的发展”，恰恰表明当前的发展能够满足某些需要，但不能满足所有需要，甚至使得

① 《马克思恩格斯文集》第1卷，人民出版社2009年版，第52页。
② 《马克思恩格斯文集》第1卷，人民出版社2009年版，第246页。

某些需要的满足妨碍了其他需要的满足。按照十九大报告的提法，所谓不平衡的发展，除了“五位一体”之中的经济发展与政治、文化、社会、生态发展的不平衡之外，还包括地域不平衡和领域不平衡。这包括两层含义。

第一，中国的经济已经有了一定程度的发展，从生产力水平来看，已经超过了原来预计到21世纪中叶才能达到的“中等发达国家水平”，但政治、文化、社会、生态发展还存在短板，在这个意义上中国的发展仍然是片面的、不平衡的。如果用马克思和恩格斯的说法，就是物质生活虽然得到了一定发展，但社会生活、政治生活和精神生活等方面的水平仍然有待提高。

第二，中国有些地域和领域发展快，有些地域和领域发展慢；有些人发展快，有些人发展慢，造成了发展的分化和不平衡。所谓“全面建成小康社会”，正是要从不平衡走向相对平衡。这里需要说明的是，绝对的平衡是不存在的。所谓平衡发展，并不是要追求绝对平衡，而是要超越片面发展的状况，实现较为全面的发展。按照十九大报告的提法，所谓不充分的发展，是指质量方面的不充分和效益方面的不充分。这里涉及马克思很少提及而为恩格斯所高度重视的一个概念：享受的需要。同马斯洛一样，马克思和恩格斯都有生存需要和发展需要的二分法。但除此之外，恩格斯还在《反杜林论》中提到，未来共产主义社会中，生产资料将由全社会公共占有，而“生活资料和享受资料”则由个人直接占有；在《自然辩证法》中，恩格斯使用了“生活资料、享受资料和发展资料”的说法。①对满足需要的资料的这种分类，表明恩格斯认为在生存需要和发展需要之间，还有一个中间层次：享受的需要。显然，无论是从质量的方面还是从效益的方面来看，不充分的发展涉及的更多是享受的需要，而不是生存的需要或发展的需要。因为“不充分”的发展不是“没有发展”，而是虽然有了一定的发展，但发展相对不足。“不充分”是相对于“日益增长”的生活需要来说的，即生产虽然有了发展并使原来的需要得到了满足，但需要本身在质量和效益方面有了进一步的增长，产生了更高的要求。与不平衡的发展涉及更高级的需要不同，不充分的发展不仅涉及高级需要，而且在某些方面仍然同低级需

① 《马克思恩格斯文集》第9卷，人民出版社2009年版，第458页。

要联系在一起，但不是同低级需要的数量联系在一起，而是同它的质量和效益联系在一起。既然不平衡的发展主要涉及高级需要，而不充分的发展还包括低级需要在质量和效益方面的满足，那么，当前就必须把“以人民为中心”和“以经济建设为中心”统一起来，不能偏废。在社会主义初级阶段的早期，“以人民为中心”还主要表现在物质生活水平的提高上，因此“经济中心”表现得更为突出，精神文明、政治文明、社会文明、生态文明是在后来随着社会的不断发展顺次提出的。在新时代，“经济建设”这个中心则主要表现为“以人民为中心”的基础，随着物质需要的逐渐满足，它在数量上的扩张已经不占有主导地位，而主要是在质量和效益上的增长。这意味着，新时代的发展已经不再局限于物质生产，而扩展为“全面生产”，新时代的发展不再只是经济发展，而是政治、文化、社会和生态的全面发展。在人类历史上，不平衡不充分发展的问题并不是新问题。美国早在 20 世纪 50 年代就已经进入过剩经济时代，但当时的过剩主要是物质生产过剩、私人产品过剩，在精神产品和公共产品方面仍然短缺，因此，自称“新社会主义者”的加尔布雷思在 1958 年出版的《丰裕社会》中，明确提出了他的“平衡经济学”的主张，认为既然消费主义和“滞胀”主要表现在私人产品和物质产品的生产中，而在公共产品和精神产品的生产中仍然存在短缺现象，那就不仅应当增加在公共产品生产方面的投资，而且要投资教育，用他的话说，是增加“人力资本”的投资，以便实现他所谓的“社会平衡”和“投资平衡”。为此，就必须适当增加税收和公共开支，因为公共产品和精神产品并不能给私人资本带来利润，只有依靠公共投资才可能得到发展。尽管加尔布雷思只是对凯恩斯主义的政策主张略微加码，在 60 年代还是遭到了来自右翼的疯狂攻击。例如，针对加尔布雷思反对资本主义企业为实现利润而人为制造需要，以致形成消费主义风尚的批评，哈耶克故意歪曲加尔布雷思的本意，混淆物质需要与其他不能用货币衡量的需要，用社会需要、精神需要同样有待培育，来辩称人为制造物质需要的做法是正确的。①随着 70 年代新自由主义开始占据主导地位，美国逐渐走上了与加尔布雷思的主张相反的道路，所谓

① Friedrick A. Hayek, “The Non Sequitur of the ‘Dependence Effect’”, *Southern Economic Journal*, Vol.27, April 1961.

“平衡发展”和“充分发展”也就成为一句空话。对于社会主义的中国来说，所谓“不平衡不充分的发展”当然既不限于经济方面，也不限于个人方面，而是必然扩展到社会生活、政治生活和精神生活等各个方面、各个层次。20世纪后半叶美国面对的问题在中国同样存在。所谓“仓廪实而知礼节，衣食足而知荣辱”，正常情况下，低级需要的满足会使高级需要显现出来，并成为行为的动力。但需要的异化破坏了这一正常的需要发展进程，从而使整个需要结构呈现出低重心化倾向，高级需要被抑制，进入不了人的意识层面。这一点无论对于个人还是对于社会来说都是适用的，而教育家和经济学家对此都未能给予足够重视。对于个人来说，需要异化通常是由其早年的发育过程挫折（比如严重匮乏导致低级需要长期无法得到满足）造成的。人并非整个一生都具有同等的可塑性。例如，幼年时期是人的智力的发育期；从幼年直到青年时期都是人的情感的发育期；人的自我意志力则终生都有改变的可能性。综合知、情、意的发育来看，人的个性大体是在青少年时代形成的。一旦性格定型，再去改变就非常困难。

迄今为止，家长们把孩子送到学校，最终为的是让学校和老师帮孩子能找一份好工作也就是薪水高的工作，所以现有的教育体系主要是围绕培养认知能力建立的，而人的情感发育和意志培养在现有教育体系中几乎付之阙如。这就难怪在全面发展和自由发展的意义上，个人发展的“不平衡不充分”对于多数人来说是常态，与此相反，全面发展和自由发展则仅仅对于那些受到命运女神眷顾的人来说才是可能的。对此，当代的人格心理学进行了专门研究，马克思和恩格斯那个时代虽然缺乏相关研究成果，但他们注意到一些个案，比如欧也妮·葛朗台的“财迷”形象。在马克思和恩格斯看来，虽然统治阶级的某些个人比被统治阶级的所有个人都更加幸运，因为被统治阶级失去了个人发展的一切可能性，而统治阶级的个人有可能获得较为全面的发展，但单个个体的发展程度并不足以改变整个统治阶级，更不要说整个社会形态了。与此相反，整个阶级、整个等级乃至整个民族发展停滞倒是完全可能的。与作为“财迷”的个人相对应，马克思甚至形成了“财迷的民族”这样的集体概念。他说：“犹太人的想象中的民族是商人的民族，一般地说，是财迷的民族……抽象地存在于犹太人的宗教中的那种对于理论、艺术、历史的蔑视和对于作为自我目的的人的蔑视，是财迷的现实的、自觉的看法和品行。"①犹太人的宗教看重的是货币而不是精神的享受，更不是人的自我塑造和自我实现。不仅如此，马克思还把犹太教称为一种"实际需要的宗教"，把为赚钱而赚钱的资本主义精神称为"犹太精神"，认为"犹太精神随着市民社会的完成而达到自己的顶点"，强调"犹太人的社会解放就是社会从犹太精神中解放出来"。②因此，对于作为有机体的社会来说，"不平衡不充分的发展"在短缺经济时代或"人类社会的史前时期"跟已经定型的个人具有同样的可能性乃至必然性。资本主义社会就属于这种社会形态的最后阶段。资本是能够带来剩余价值的价值，用通俗语言说，就是能赚钱的钱，因此所谓"资本主义"社会，就是为赚钱而赚钱的社会即利润至上主义的社会。这种社会形态是为解决短缺问题而建立起来的文明形态中最为成熟的制度形态，因而也是已经定型的、格外顽固的形态。当今时代的欧美之所以无法突破这种形态，原因就在于此。

关于主要矛盾两方面的关系。明确了新时代中国社会主要矛盾的两个方面，就可以进一步理解它们之间的对立统一关系。新时代中国社会主要矛盾的两个方面之间并不是线性的因果关系。其中，"人民日益增长的美好生活需要"，既包括全面发展的需要，也包括自由发展的需要，是一个存在内部张力的体系，有其层次和结构；"不平衡不充分的发展"，既包括区域和领域的不平衡，也包括发展质量和效益的不充分，它们都反映了客观需要的生成和演化过程。因此，"人民日益增长的美好生活需要"同"不平衡不充分的发展"之间，是一种反身性的双向互动关系，用列宁的话说，这是一张网上的两个"纽结"。中国特色社会主义把"社会"置于"资本"之上，是把满足人民群众需要作为自己目的的制度形态。中国的社会主义起点很低，从生产力水平来说，不仅没有达到作为共产主义社会第一阶段的"社会主义"水平，反而连中等发达国家水平都没有达到，因此必须以经济建设为中心，首先解决短缺问题。但是，在进入小康社会之后，中国的短缺状况逐步缓解，2021 年已全面建成小康社会。在这种情

① 《马克思恩格斯文集》第 1 卷，人民出版社 2009 年版，第 52—53 页。

② 《马克思恩格斯文集》第 1 卷，人民出版社 2009 年版，第 53—55 页。

况下，更高级的需要开始显现出来，人民群众对美好生活的向往，成为中国共产党的奋斗目标。与利润至上主义的欧美国家相比，以满足人民日益增长的美好生活需要作为自己的生产目的的国家政权，必然把解决“不平衡不充分的发展”问题作为今后工作的重中之重。中国发展的目标是到2035年基本实现现代化，再到21世纪中叶建成富强、民主、文明、和谐、美丽的社会主义现代化强国。全面小康不仅意味着满足物质需要，而且意味着满足社会需要和精神需要。正如个人的物质需要、社会需要和个性需要是一个整体一样，社会主义中国的富强、民主、文明、和谐、美丽也是一个整体。把这个整体放在短缺经济的基础上，还是放在过剩经济的基础上，后果是截然不同甚至完全相反的。但是要让人们认识到随着经济发展而产生的需要层次和结构的变迁，并不是一件容易的事情。如果我们的价值观仍然以追求经济增长，而不是以人类的幸福和自由为核心，那么，解决新时代中国社会的主要矛盾几乎是不可能的。相反，如果我们坚持“以人民为中心”，而使“以经济建设为中心”从属于“以人民为中心”的发展，那就不仅必须在经济发展指标之外，制定社会发展指标和精神发展指标即全面发展的指标，而且必须使这些指标协调起来而不是相互冲突。实际上，2020年初开始几乎席卷全球、一直影响到现在的新冠病毒的流行，中国大体上能控制得非常好，就是中国共产党的执政理念——“以人民为中心”的必然结果。

二、价值观变革

“人民日益增长的美好生活需要和不平衡不充分的发展之间的矛盾”是新时代中国社会的主要矛盾，其中有两个关键词“需要”和“发展”，凸显了主要矛盾是“需要”和“发展”之间的。而“人民日益增长的物质文化需要同落后的社会生产之间的矛盾”凸显了“需要”和“生产”之间的矛盾。“需要”和“生产”之间的矛盾的解决让中国人民富起来了，那么，如何解决“需要”和“发展”之间的矛盾？如何富起来和如何强起来是否为同样的问题，可以用同样的方法？前者面对的是“短缺”问题，而后者面对的可能是“过剩”问题，可能将经历“人类社会史前时期”向“人类社会”的过渡，需要摆脱人的片面发展，超越货币价值观和资本价值观，走向人的全面自由发展，由此就必须认识到“经济人”的时代性，实现价值观的变革。

（一）时代性：政治经济学批判视野中的“经济人”

“经济人”是西方经济学的一个重要范畴。笔者从三个视角理解“经济人”：第一，基于马克思“经济的社会形态”视角理解“经济人”；第二，基于斯密的经济学理论理解“经济人”；第三，西方经济学中的“经济人”，实际上是对斯密“经济人”的现代阐释。

在《政治经济学批判》序言中，马克思把社会发展分为两大历史时期，“人类社会史前时期”和“人类社会时期”。前者是广义的市民社会，表现为经济的社会形态，以短缺为特征，凸显为对立阶级之间的对抗。物质生活的生产方式对生活的其他方面有制约作用，从而使人不是表现为完整的人即实现了经济、政治、文化、社会诸种属性的统一的人，而是主要关注物质生活，在价值排序中，把满足物质生活需要放在首位，笔者称之为“经济人”。在《德意志意识形态》中，马克思、恩格斯指出：“人们每次都不是在他们关于人的理想所决定和所容许的范围之内，而是在现有的生产力所决定和所容许的范围之内取得自由的。但是，作为过去取得的一切自由的基础的是有限的生产力。”①接下来，马克思、恩格斯阐释了有限生产力所制约的生产，必然既在整体上制约所有人的需要的满足程度，使社会整体上处于一定的发展水平，也制约着整体内不同阶级的需要的满足程度，即“一些人靠另一些人来满足自己的需要，因而一些人（少数）得到了发展的垄断权；而另一些人（多数）经常地为满足最迫切的需要而进行斗争，因而暂时（即在新的革命的生产力产生以前）失去了任何发展的可能性”②。由此，马克思、恩格斯得出以下结论：“到现在为止，社会一直是在对立的范围内发展的，在古代是自由民和奴隶之间的对立，在中世纪是贵族和农奴之间的对立，近代是资产阶级和无产阶级之间的对立。”③

①②③　［德］马克思、［德］恩格斯：《德意志意识形态》，载《马克思恩格斯全集》第3卷，人民出版社1960年版，第507页。

换言之，在马克思诞生之前，全部文明都是短缺经济文明，共同体的制度和价值观围绕满足经济生活的需要进行建构。古代中国从天下为公到天下为私，从大同到小康，有分封制、郡县制，从夏商周到元明清，上层建筑与经济基础相适应。比如分封制以庶民耕种土地为基础，人被区分为天子、诸侯、卿大夫、士、庶人，这种宗法体制要求“以德配天”“明德慎罚”，有出礼入刑的规定，其背景就是短缺经济，粮食不够吃，衣服不够穿，房子不够住。孟子的理想社会就是“七十者衣帛食肉，黎民不饥不寒”。直到太平天国运动，《天朝田亩制度》的目标仍然是“有田同耕，有饭同食，有衣同穿，有钱同使，无处不均匀，无人不饱暖”。概而言之，“民以食为天”。西方社会也是这样，整个制度都是为解决短缺问题而建立的。亚里士多德将生产方式分为两大类：单一方式和混合方式。单一方式包括六类：游牧、农作、劫掠、渔捞、狩猎和经商。混合方式是两种或者两种以上单一方式的混合。不同群体生产方式不同，所以，围绕资源与权力的分配，形成了西方“分而治之”“轮番而治”的治理模式和相应的价值观。

近代以来，西方经济学术语中的“经济人”，有其特定的时代背景。马克思说：“资本主义社会的经济结构是从封建社会的经济结构中产生的”，西方经济学的“经济人”就是在这个产生过程中诞生的。主要是指人们在进行经济行为时，是一个能够正确判断利益得失的理性人，能够在理性指导下选择合适的市场行为，为自己获得最大化利益。一般认为，最初为资产阶级“经济人”思想奠定基础的是斯密的《国富论》，当时还是工场手工业时期。我们可以从以下几个方面来理解斯密的“经济人”：第一，封建社会，总体上的短缺经济局限了农奴的发展，也制约了农奴和贵族的整体发展水平。第二，封建社会末期，出现了新的生产力，萌芽中的资本主义生产关系，将变农奴劳动为主要经济基础的封建社会为雇佣劳动为主要经济基础的资本主义社会。第三，在资本原始积累过程中，改造封建宗法关系，驱动农奴摆脱对土地（即贵族）的依赖，需要强大的理论力量和物质力量。斯密的“经济人”服务于新兴的资产阶级，对抗封建制度，把“人”从土地的束缚中解放出来，具有历史进步意义。第四，马克思说：“工场手工业既不能掌握全部社会生产，也不能根本改造它。”所以斯密的

“经济人”是封建社会向资本主义过渡过程中的“人”，还不是资本主义生产方式中的“人”。

随着工场手工业被机器大工业取代，劳动者最终被迫与劳动条件分离，成为有人身自由的雇佣工人，资本主义取得了对封建社会的决定性胜利，资产阶级的经济科学成为关于个人利益的科学。巴斯夏说：“个人利益是人类的巨大动力，对此我们不应怀疑。我们还应达成共识：个人利益这个词是用来表示一个普遍存在的、无可争辩的事实的，它源自人的性质，它不像自私一词那样含有贬义。”他还指出，经济行为是“以财富为对象的人与人之间的各种交易。……在这里绝无舍己为人、无私忘我可言”。因此，马克思说：“无私的研究让位于豢养的文丐的争斗，不偏不倚的科学探讨让位于辩护士的坏心恶意。”这时候，经济价值优先具体表现为以资本为中心，以剩余价值生产为目的，笔者将这种价值导向称为资本价值观。

在经济思想上，资本价值观的形成也经历了一个过程。马基雅维利和霍布斯把人们对“应当”的关注转换为“人们事实上是如何生活的”，“德性”的天堂便转换为“欲求”的尘世。休谟把欲望和财富联结到一起，用情感主义代替理性主义，解除了人性欲望的束缚。资本价值观相信资源有限，欲望无穷，认为人之为人就是“趋利避害”，谋求欲望满足的最大化。边沁将“趋利避害”看作人性的公理，认为所有的人类活动从根本上看都是由快乐最大化和痛苦最小化的努力所推动的。他将人类所有的欲望和价值观从定性简化为定量；所有的目标都被简化成数量，而且所有表面看似不同的价值都被简化成仅仅是数量和程度的不同。所以资本价值观表现为把自私和欲望作为人的本性，把“性恶论”作为人之为人的逻辑起点，因此，马克思批判性地指出：“贪欲以及贪欲者之间的战争即竞争，是国民经济学家所推动的仅有的车轮。”这样，西方经济学的“经济人”最终形成了。

（二）物质生产从短缺到过剩的转折呼唤“经济人”价值观的改变

资本主义之所以能够成为更进步的生产力，在于顺应人们满足物质生活的需要，组织物质生产，空前发展社会生产力，马克思称之为“资本的伟大的文明作用”或“资本的文明面”。[①]而1825年，英国爆发了整个人类历史上第一次全球性的全面资本相对过剩的危机，此后经济危机成为一种常见现象，或者是个别企业或行业的资本相对过剩，或者是一个国家或地区的资本相对过剩，甚至是多个国家或地区的全面资本相对过剩。1825—1994年间，有详细记载的全面资本相对过剩的危机共9次，其他8次分别发生于1850年、1872年、1907年、1928年、1958年、1977年、1986年、1990年。[②]这些相对过剩危机说明物质生活资料的生产应该已经可以满足人们的需要，人们在对生活的各种需要进行价值排序时，可能可以超越片面的物质生活的需要，逐渐更多地发展社会生活的需要、政治生活的需要和文化生活的需要。但是，资本主义市场经济条件下，一方面，粮食卖不出去，埋到地里；衣服卖不出去，烧掉；牛奶卖不出去，倒进海里；房子卖不出去，烂尾；另一方面，百姓挨冻受饿、无工作可做、无房可住、无家可归。资本主义生产方式造成了人类历史上一种新型的经济危机：“在危机期间，发生一种在过去一切时代看来都好像是荒唐现象的社会瘟疫，即生产过剩的瘟疫。社会突然发现自己回到了一时的野蛮状态；仿佛是一次饥荒、一场普遍的毁灭性战争，使社会失去了全部生活资料；仿佛是工业和商业全被毁灭了。这是什么缘故呢？因为社会上文明过度，生活资料太多，工业和商业太发达。”

社会生产总量客观上已经能够满足人民群众物质生活需要，为什么资本家宁愿处理掉过剩商品，也不用来满足人民群众的需要呢？或者说，在一个相对过剩经济的时代，为什么社会制度还是按照经济价值优先进行设计？人民群众还必须把经济价值置于价值排序之首呢？马克思从生产方式的视角界分“经济的社会形态”。作为“经济的社会形态”，资本主义生产的总过程是使用价值生产过程、价值形成过程和价值增殖过程的统一，价值增殖过程的时空流转和接续是资本主义市场经济的本质，其内在地包含着资本主义生产关系的生产和再生产。资本负载的是资本主义生产方式的意志和力量，这种意志和力量对雇佣工人具有强制性，同时，“竞争使资本主义生产方式的内在规律作

① 《马克思恩格斯全集》第30卷，人民出版社1995年版，第406、390页。
② 李军、吕敏：《全面资本过剩的挑战及中国的应对》，《税务与经济》2018年第3期。

为外在的强制规律支配着每一个资本家。竞争迫使他不断扩大自己的资本来维持自己的资本”①，所以资本主义生产方式也迫使资本必须按照增殖的模式来不断扩张自己，使资本成为能够带来更多钱的钱，也就是能够让钱增殖、生出余额的钱，否则，就不是资本主义生产方式中的资本。

因此，我们甚至可以说，资本主义生产方式就是资本价值观的生产和再生产，社会总体生产水平与资本主义生产方式的对立，尤其体现在后工业社会的新型经济形态上。

首先，“第三产业”就充分揭露了资本主义过剩中短缺、短缺中过剩这一奇怪现象，也说明了社会生产总量正经历从相对过剩到绝对过剩的过渡。第三产业比重越来越多，说明第一产业即农业饱和了，第二产业即工业也饱和了。接下来，人民群众就可以进一步提升生活水平，发展高级需要，追求更高的价值了。但是，“产业”的定位说明整个社会仍然把所有价值都归结为钱，在价值排序上，仍然把经济价值置于政治价值、文化价值、社会价值和生态价值之上。

其次，“定制化经济”彰显了“人”的个性需要，却用经济价值作为衡量个性需要的手段。定制化经济中，生产的目的是满足消费者彰显个性的需要，消费者主要关注的不再是价格，也不是消费价值，关注的是消费品能否让自己舒适、自在，能否体现自己的审美情趣、精神追求，关注个体对自我的认识和定位能否通过消费品表现出来。所以“定制化经济”整体上不再以对货币的感受为基础，不再以对“生钱的钱”的感受为基础，超越了传统的“生产”“商品”和“服务”，它甚至体现出绝对过剩经济时代“人之为人”的特点。

再次，“共享经济”彰显了“人”的“共享”需要，我们可以视之为全面发展的需要，这种价值取向更是冲击了资本价值观，它也更具有绝对过剩经济时代人之为人的特征。传统的资本主义市场经济，劳动、土地从属于资本，生产、分配、交换、消费也都从属于资本，整个生产体系是中心向周围的控制模式。而“共享经济”的社会生产力基础不同于传统的资本主义市场经济，因为强大的信息技术及其所支撑的人与人之间的关系发生了变化。目前尚是“共享经济”

---

① ［德］马克思：《资本论》第1卷，载《马克思恩格斯文集》第5卷，人民出版社2009年版，第683页。

刚刚诞生的时候，信息主要是与特定的商品和服务联系在一起，信息反馈也主要是反馈给资本所有者，资本所有者利用信息推出新产品，获得更多的利润。也就是说，资本所有者免费利用了消费者的数据信息。随着互联网技术对生活的深入，这种形式将发生改变。任何人都可以利用互联网平台，开辟分享项目，重构人与人之间的各种关系。正如凯文·凯利所言："技术给了网络经济以奠基，但只有关系才能使它岿然屹立。"

从未来的可能形态来看，"共享经济"模式下，数据的共同生产、共同消费将成为主流趋势，"共享"需要可能将代替传统资本主义经济模式中的"占有"欲望，使用权将代替所有权，所有权可能为公共的管理机构或者国家等共同体拥有。这时候，我们每个人都可以携带收集和分析各种信息的应用程序，个体生活中任何种类的日常数据都可以及时收集和汇总，无论是公共事务还是个人生活都将"智能化"。显然，"共享"不仅仅是对数据的共享，产生出巨大的生产力效应，更重要的是，这种生产力的获得以人与人之间的共享关系为前提。"共享"不仅仅是生产力，还是生产关系，简言之，"共享"是一种生产方式。当"共享"生产和"共享"需要互为制约因素的时候，资本主义生产方式的中心控制模式将被否定，人们生活在各种共享项目中，它们是一组组联系的、模块化的、非线性的任务，这些任务会导致一个可能的结果，决策制定是分散的，执行决策所需要的结构在执行中出现，目标在响应实时信息时不断修正。工作变成自愿性质，基本商品和公共服务都是免费的，经济管理的范畴主要是能源和资源方面的管理，而不是资本和劳动力的管理。①因此，"共享"的需要促进了人们对全面发展的需要。这个时候，马克思和恩格斯的预言就实现了："资产阶级再不能做社会的统治阶级了，再不能把自己阶级的生存条件当做支配一切的规律强加于社会了"；"社会再不能在它统治下生存下去了，就是说，它的生存不再同社会相容了。"

（三）"经济人"的超越和价值观变革

过剩经济背景下，随着互联网技术的发展，"经济人"产生了新的需要——

① ［英］保罗·梅森：《新经济的逻辑：个人、企业和国家如何应对未来》，熊海虹译，中信出版社2017年版，第350—352页。

全面发展的需要和个性需要，从社会总体生产水平来说，人们有条件超越资本价值观的束缚，可以不再以经济价值为中心安排生活，国家或共同体可以以人为中心建构各种制度。但是，作为“经济的社会形态”，资本主义即资本的主义，其主体是资本，整个社会的生产、分配、交换、消费都围绕价值增殖设置，人成为资本增殖的手段，生产出的自然是资本价值观，导致人们既走不出资本价值观，也走不出用经济价值衡量其他价值的生活方式。我们是社会主义国家，可以充分发挥中国特色社会主义的主导力量和优势，顺应历史大势，超越“经济人”，逐步变“以经济为中心”为“以人民为中心”，把经济发展置于人的发展的框架中，不仅关注人民物质生活的需要，还关注到人民政治、社会、文化、生态生活的需要，推动价值观的变革，促使人成为全面发展、自由发展的人。

第一，立足“人类社会或社会的人类”，扬弃市民社会的“趋利避害”，把“利”“害”与价值观的塑造和变革联系起来。

什么是“利”“害”，如何判断“利”“害”，怎样“趋利避害”，首先是价值观指导下的价值判断问题，然后才是行为。通常认为，价值是对象满足主体需要的属性。价值观是人们关于价值本质的认识以及如何进行价值评价的观点的体系。简言之，价值观是人们关于应该做什么和不应该做什么的基本观点。其中，重要的是把什么作为价值对象，以及把谁作为价值的主体即对象满足谁的需要。例如，把经济价值还是政治价值/社会价值/文化价值/生态价值作为价值对象，把资本作为主体还是把人民作为主体。如果纯粹以经济价值为中心，只要 GDP 增长，粗放式发展也是可取的；如果把集体作为主体，制造毒品危害社会；如果把制造者作为主体，制造毒品有利。“经济的社会形态”立足市民社会，才会把经济价值置于其他价值之上，把私人利益置于其他利益之首，而资本价值观显然把资本作为主体，以资本增殖作为价值评价的标准，并引导公众行为。

如何能够超越资本价值观，从而超越市民社会的经济价值导向，复归到以人为本的价值观，即人本价值观，马克思认为，这是一个历史过程，必须实现生产方式的变革。他批判以雇佣劳动为基础、以剩余价值为目的的资本主义生产方式是造成人的异化，人与人、人与自然割裂的最终原因，强调研究“处在现实的、可以通过经验观察到的、在一定条件下进行的发展过程中的人”的重要性，以及描绘出这个能动的生活过程的重要性。按照马克思的思想，最初一旦物质生活资料开始由自己生产，人便开始发展超越动物式自由的人的自由，这时人与共同体结合在一起，人的存在是共同体中介的存在，人的自由是共同体中介的自由。人不满足于这种依赖于共同体的自由，最终在实践中获得了对共同体的解放，超越了共同体中介的自由，实现了政治自由，现代性开始发育生成，人类历史进入了现代化时期，但是自由仍然是依赖于物的自由。科学社会主义在对资本主义进行批判的基础上，阐明了只有通过无产阶级革命，建立无产阶级政权，经过一个过渡时期，使面向共产主义的“现实的运动”成为为大多数人谋利益的“运动”，依赖于物的自由才能超越自身，使自由发生历史性飞跃，实现全面自由和个性自由。

社会主义和共产主义本来是为了解决过剩经济造成的问题才建立的新的社会形态。按照过剩经济的标准衡量，中国1956年底进入的社会主义社会“事实上不够格”①，因为它仍然是短缺经济。随着中国改革开放起四十多年的经济持续高速增长，党的十八大以来，中国经济进入新常态，其突出表现就是产能过剩和资本过剩，表明中国同1825年的英国一样，过剩经济时代到来，已经进入马克思和恩格斯的共产主义语境，经济价值之上的更高的价值有可能显露出来。这时候已经不能再用单纯的经济增长指标如GDP来衡量中国社会的发展，必须建立体现“五位一体”要求的全面发展指标和《共产党宣言》中所要求的“每个人的自由发展”的指标。②这就要求基于价值理性，从存在论视角研究人的需要，对人的需要的层次和结构及其价值属性进行研究，对人类的各种需要本身进行价值排序，研究人如何在劳动中改变自己又改变环境，研究人如何依靠劳动诞生和自然界对人来说如何生成，把人的改变和环境的改变的一致作为研究对象，从而把生态环境和美好生活作为研究对象。由此考察我国的经济运动规律，以满足人民群众的需要为目的，以新的需要的生产为手段，用中国特色社会主义的经济运动规律否定旧的阶段，迈向新的阶段，促进

① 《邓小平文选》第3卷，人民出版社1993年版，第225页。

② 马拥军：《新政治经济学批判的时代性特征》，《江海学刊》2018年第4期。

经济社会形态的历史性跃升。这样，新的需要赋予了“趋利避害”新的含义。尽管“趋利避害”是人类在长期的历史发展过程中形成的自我保护方式，但是，并不是说在任何社会中，“利”“害”的内容都是永恒不变的，不同社会，或者同一社会的不同时代，具体的“利”“害”究竟是什么，是不同的。显然，中国特色社会主义新时代，满足人民对美好生活的需要才是人民所关心的“利”“害”，而从未来面向来说，满足人民全面发展的需要和个性需要，才是人民群众所关心的“利”“害”之所在。

第二，立足对市民社会经济价值中心导向的超越，扬弃资本价值观，把社会主义核心价值观与对“资源有限，欲望无穷”的重新认识联系起来。

“资源有限”本质上是“供给有限”，庸俗经济学家萨伊、穆勒父子等对此都有明确阐释。萨伊提出了“生产财富就是生产效用”，“物品满足人类需要的内在力量就叫效用”。但是，庸俗经济学家同时指出，有用性不是对持有者本人直接有用，而是以交换为基础，对他人有用。所以无论是财富还是资源，都必须同时具备三个特征：有用性、稀缺性、可交换性。比如说，棉花具有效用，不仅仅因为棉花能够保暖，还因为棉花能够拿到市场上进行交换，一个拥有棉花的人，可以用棉花交换到自己意愿中的物品。那么，什么是稀缺呢？马克思在《政治经济学批判(1857—1858 年手稿)》的“货币章”中指出，庸俗经济学中的“稀缺”是供求关系意义上的，即在一种物品作为“生产的结果”，需要通过交换的手段才能够获得这个意义上说的。“稀有性就这一点来说是交换价值的要素。”[①]用西尼尔的话表述，就是“供给有定限”[②]。“供给有限”且被“占有”的效用，在短缺经济背景下，必然伴随着“欲望无穷”。可见，“资源有限，欲望无穷”必须是在资本主义市场经济条件下，在供给和需求的互动中才能存在。因此，马克思一针见血地指出：私有制造成了人的愚蠢和片面，拥有一个对象，意味着它作为人的资本，或者被直接占有，或者被吃、喝、穿、住等。

随着过剩经济的到来，“资源有限，欲望无穷”不证自灭。边际效用价值论

① [德]马克思：《政治经济学批判(1857—1858 年手稿)》，载《马克思恩格斯全集》第 46 卷，人民出版社 1979 年版，第 124 页。

② [英]西尼尔：《政治经济学大纲》，蔡受百译，商务印书馆 1986 年版，第 17—20 页。

的提出并逐渐取代效用价值论占据主导地位，充分证明了资源不是有限的，欲望也不是无穷的。效用为什么会递减？因为满足能力递减。满足能力递减说明了什么问题？欲望是可以被满足的，不是无限的。欲望满足了，效用供给赚不到钱了，怎么办？限制供给在可以赚到钱的范围内。怎么限制？应用函数，寻求均衡价格。笔者用西方经济学的语言和逻辑分析如下：边际效用价值论涉及三个量，即物品的效用、欲望、效用因为对欲望具有的满足的能力而获得的价值。效用是商品提供的，是可以满足欲望的供给；欲望是市场主体的心理感受，是待满足的需求；需求可以根据供给对自己的满足能力，购买供给，供给可以根据需求付费是否符合自己的要求，提供供给，由此，需求和供给二者之间就建立了契约关系。契约关系的条件就是边际效用下供给—需求双方的均衡。价值的计量方法可以通过供给函数和需求函数的关系来计算。这样我们也就明白，为什么凯恩斯的充分就业并不等于消除失业，因为他的充分就业是总供给、总需求与总就业量的函数关系，边际效用价值论基础上的一个所谓的均衡而已。这也解释了资本主义为什么还没有灭亡，它确实在不断地人为地制造“资源有限，欲望无穷”，维护着自己的生产和再生产。

东欧新马克思主义者阿格妮丝·赫勒正确地指出，研究“供给—需求”的资产阶级政治经济学撇开了作为基础的“需要”部分，只保留了浮在“需要”之上的部分。也就是说，在需要只能通过市场，以需求的形式得到满足的背景下，只有能够转化为有效需求的需要才能得到满足。在导致人们都“向钱看齐”“向资本看齐”的拜物教的同时，一方面，没有购买力的需要无法转化为有效需求，就得不到满足；另一方面，即便有充足的购买力，有些需要，比如尊严、自我实现、爱等仍然无法转化为有效需求，也无法得到满足，或者只能以不正确的方式得到满足。所以要改造资本价值观，消解人们经济价值中心的思维方式，解决过剩问题，不仅要在理论上批判“资源有限，欲望无穷”，认清“五位一体”美好生活需要的超越性，还必须进行实践批判，把具有超越性的需要从需求中解放出来。从价值体系变革的角度看，必须充分意识到物质生产从短缺走向过剩的价值观意义，它要求实现价值观的根本变革，即由“物质生活的生产方式”占据主导地位的价值观变为由“人的全面发展而自由发展”占据主导地位的价值观，按党的十九大报告的说法，不仅物质价值和文化价值受到重视，而且“民主、法治、公平、正义、安全、环境”等价值的创造也提上了日程，即从不平衡不充分的发展到全面发展和自由发展，所以，不仅“富强、民主、文明、和谐；自由、平等、公正、法治；爱国、敬业、诚信、友善”是我们的核心价值，“美丽”也将是我们的核心价值追求。

三、“德”文化重塑及其世界意义

中华民族的高等教育史遵循其自身的逻辑，有其自身的思维方式。思维方式是人们的理性认识方式，是人的各种思维要素及其综合，按一定的方法和程序表现出来的、相对稳定的定型化的思维样式，即认识的发动、运行和转换的内在机制与过程。通俗地说，就是人们观察、分析、解决问题的模式化、程式化的“心理结构”。这种“心理结构”决定了我们的大学文化建设在兼顾世界历史大势的同时，必然回归到自己的文化基因。

(一) 世界历史大趋势

当前，我国高等教育站在了新的历史起点上，面临着前所未有的挑战。高等教育的地位作用在变，从原来对经济社会发展起基础支撑作用向支撑引领并重发展；体量规模在变，从大众化阶段迈向普及化阶段；结构类型在变，从相对单一结构向多元多样化办学结构转变；对象群体在变，调整教育理念和培养模式，以适应以21世纪出生的年轻人为主的人群的思维方式、认知范式、交际行为和价值观；环境格局在变，我国高等教育正在走向世界教育的中心，未来高等教育将更多地参与国际竞争与治理。面对新挑战，我们需要把握新走向、确立新坐标。

大数据已在某些行业带来了爆发性的增长。一方面，云计算、物联网、移动互联网广泛进入生活，银行卡、公交卡、医疗信息、酒店入住、航空出行、网络日志、搜索记录、社交网络、网购海淘、在监控录像下一闪而过的面部、浏览过的网络教学视频，等等，借助复杂的算法，人们的行动和喜好特点在大数据面前一览无遗。另一方面，大数据开始具有“认知”能力，在作诗、语言翻译、语音识别、人脸识别、金融、作曲方面已经具有人类过去无法想象的趋势。人类社会进入了大数据时代。可以说，数据技术革命正在改变世界的物质形式、实践方式和价值图式。当今社会一种独有的新型能力是：以一种前所未有的方式，通过对海量数据进行分析，获得有巨大价值的产品和服务，或深刻的洞见。大数据重塑着人类的学习与教育系统，使学习更便利、更个性化，定制化学习成为可能。但是在数据浪潮中，教育系统还显得过于保守。大数据把社会科学从数据最贫瘠的领域变成了数据最丰富的领域，社会科学研究的统计技术、科学研究范式等方面已产生积极回应。教育研究必须一改以往跟技术衔接滞后甚至脱节的节奏，在技术引领的时代需要快速行动起来。

1956 年，麦卡锡在达特茅斯会议上首次提出“人工智能”(artificial intelligence，AI)。20 世纪 70 年代中后期，人工智能进入“知识处理阶段”。20 世纪 90 年代初期，一些学者尝试让机器通过采集数据信息，从数据中自主学习以获得知识，这种智能的突破推动人工智能进入“自主学习阶段”。

2017 年 10 月谷歌 Deep Mind 团队的新成果阿尔法元(Alpha Zero)机器系统，仅通过三天的自主学习就以 100∶0 的比分完败阿尔法狗(击败世界顶级围棋手的智能机器)。当人类在机器面前败下阵来，而机器又以迅雷不及掩耳之势发展，这势必会引起人们的反思。人工智能正成为当下科技与人文界探讨的热门话题，对于人工智能模拟、延伸和扩展人的智能的能力，担忧大于欣喜。

无论人工智能如何发展，在以人为主体的社会生活中，其本质难以变更，通过对人工智能的发展历程及其当下境遇的了解，不难发现人工智能具有以下本质属性：科技属性。从广义上讲，人工智能并不指代“机器人”或“智能工具”，而是模拟、延伸和扩展人的智能的一门新技术。或许未来机器人可以制造和维修机器人，但这个时代的来临必定是由人类智慧所推进的，而且机器的终极服务对象必定是人。因此，人工智能永远无法摆脱其“人工”的成分。无论是计算推理、知识处理，还是深度自主学习与思考，人工智能都是一种运用算法进行大数据模拟人类思维的机器行为。或许，人工智能是人的各种功能器官的延伸，甚至能替代某些器官的功能，但它总是模拟人却无法完全替代人。因为人工智能对于感官和人脑的模拟较为机械化,在思维能力上无法超越人类思维和意识的整体性,更不能生产人类主体性所依赖的社会关系和实践基础。虽然人工智能具有人的某些功能和属性,但它无法超越和替代人的主体性,是一种"类人物"。

2017 年 10 月 18 日中国共产党召开的第十九次全国代表大会,开启了中国新时代。报告中八次提到了互联网相关内容,尤其在国家政策和战略层面,新的互联网战略思路已经呈现,数字经济上升为国家主旋律:"我们要坚持以供给侧结构性改革为主线,加快发展数字经济,推动实体经济和数字经济融合发展,推动互联网、大数据、人工智能同实体经济深度融合,继续做好信息化和工业化深度融合这篇大文章,推动制造业加速向数字化、网络化、智能化发展。"2017 年 12 月召开的世界互联网大会的主题"发展数字经济　促进开放共享——携手共建网络空间命运共同体",主管领导的大会主题发言,都传递出明确的新信号。中共中央政治局在大会后就实施国家大数据战略进行第二次集体学习。习近平总书记在主持学习时强调:实施国家大数据战略,加快建设数字中国。数字经济代表着新的生产力、新的发展方向。全面繁荣数字经济,不仅为中国迈向网络强国新时代提供支撑,也为全球经济增长、惠及世界人民带来新的机遇。

高等教育作为社会发展和人类文明遗产延续必不可少的社会活动,必然也会遭遇人工智能的冲击。当人工智能广泛应用于高等教育,将会给高等教育带来哪些变化?而作为社会发展的"动力站"和"加速器"的高等教育,在这场冲击中,哪些"元素"又将保持不变?

(二)"德"文化重塑

习近平总书记在十九大报告中提出的"加快一流大学和一流学科建设,实现高等教育内涵式发展"的具体要求,进一步昭示我们:建设高等教育强国,必须强力抓好高等教育内涵式发展,切实全面提高高等教育整体质量和系统发展水平。报告还指出:建设教育强国是中华民族伟大复兴的基础工程,必须把教育事业放在优先位置,深化教育改革,加快教育现代化,办好人民满意的教育。培养造就一大批具有国际水平的战略科技人才、科技领军人才、青年科技人才和高水平创新团队；造就一大批德艺双馨名家大师，培育一大批高水平创作人才；使绝大多数城乡新增劳动力接受高中阶段教育、更多接受高等教育，培养德智体美全面发展的社会主义建设者和接班人；加快一流大学和一流学科建设，实现高等教育内涵式发展。早在 2015 年国务院印发的《统筹推进世界一流大学和一流学科建设总体方案》中就提出：到本世纪中叶，基本建成高等教育强国。

老子的道，是中国智慧的核心。这个道，老子首先将其归纳为天地万物的本原。它统领天地万物，无处不在，但好像又无迹可寻，因此老子认为它不可言传。所谓“无名，天地之始；有名，万物之母。故恒无欲，以观其妙；恒有欲，以观其徼”（《道德经》第一章），因此，老子思想的核心是无中生有。所谓“天下万物生于有，有生于无”（《道德经》第四十章），在老子看来，天地万物都是在有中生成，而有又是在无中生成。那么，这个无，又是哪里来的呢？老子认为是从道而来，“道生一，一生二，二生三，三生万物。”（《道德经》第四十二章）道，既是无的来源，又是对天地万物的规律性的认识，是规律、是真理，是不以人的意志为转移的客观存在，是天地万物之根之母，所以我们只能遵循，不能违反，否则必然走向失败、灭亡。

老子指出了宇宙中普遍存在的六种自然规律：“有无相生，难易相成，长短相形，高下相盈，音声相和，先后相随，恒也。”（《道德经》第二章）这是老子对于自然辩证法的深刻论述。因此，作为哲学意义上的中心观念的道，在《道德经》中有着多层含义：一是构成世界的实体。二是创造宇宙的动力。①三是促使万物运动的规律。四是人类行为的准则。

老子的道，涵盖了人类历史、社会、人生、思维诸多方面。老子要求人们在社会生活中做人做事要顺道而为，不要去做违反客观规律的事。老子认为“道大，天大，地大，人亦大”，但“人法地，地法天，天法道，道法自然”（《道德经》第二十五章）。人要法天效地，清静无为，这样才能不失根本，从而获得大道，达

① “道，冲而用之，或不盈也。渊兮，似万物之宗。”（《道德经》第四章）

到大道归一。因此无论是个人修为，还是家庭建设，国家治理，这个道都在起作用。

顺道而为，是中国智慧的行为准则。老子对自然的认识是客观的、现实的，同时又上升到了哲学的高度，所以又是高度理论化的、有很强的主观能动的因素在起作用。而这种因素，是来源于对客观现实的理性观察与思考，是通过实践得来的真知。因此老子在当时的时代环境下，就能为圣人师。社会发展到今天，人类在无休止地追求物质财富、追求技术进步，静下心来进行冷静思考的时间少了。因此，至少，两千多年来在哲学层面上，人类的进步甚微。有鉴于此，我们要学习传统文化、重温我们祖先的教训，真正懂得中国智慧和中国精神的实质，学会如何做事做人。在这方面，老子给了我们全面具体的原则和指导。

老子认为，做人要有一种别人能欣然接受的态度，不要凡事先为自己考虑。做任何事都不可违反自然规律。妄为必然失败，必然会造成灾难性后果。为自己考虑得太多，想得到太多，反而会失去很多，得之很少。反之，如果顺其自然，因应天道，反而能成就自己。“非以其无私邪？故能成其私。”（《道德经》第七章）这里的私，是自己、自身的意思。我们做一件事要达到什么样的目标？《道德经》的回答是：天长地久。天地所以能长且久者，“以其不自生，故能长生。是以圣人后其身而身先，外其身而身存。”（《道德经》第七章）先人后己，不自求生，就能天长地久。在这里，老子是从哲学家的高度主张、提倡一种做人的境界。

老子认为，做事不能强行为之，不能自以为是，处处表现自己。老子告诫人们：“企者不立，跨者不行。自见者不明，自是者不彰。自伐者无功，自矜者不长。”（《道德经》第二十四章）不符合客观规律，不具备基本条件，做事强行为之，自以为是，自我夸耀，必不可长久。老子认为，人不能欲望太强，贪心太大，要能做到知足常乐。很多人不懂得这一点，或者也是懂得却做不到，最后一定会自食其果。“罪莫大于可欲，祸莫大于不知足，咎莫大于欲得。”（《道德经》第四十六章）“名与身孰亲（名誉与生命哪一样更应该亲近）？身与货孰多（生命和财物相比哪样来得更重要）？得与亡孰病（获得名利和丧失生命哪样更为有

害)？甚爱必大费，多藏必厚亡，知足不辱，知止不殆(懂得适可而止就不会有危险)。”(《道德经》第四十四章)

老子认为，为人处事要放低身段，懂得柔弱胜刚强的道理。所谓“上善若水。水善利万物而不争，处众人之所恶，故几于道”(《道德经》第八章)。老子在这里告诉了人们做人的基本原则，那就是不要将自己放在不适当的位置，要将自己置身于低微的状态，处于宁静柔韧的境界，而不要张牙舞爪、事事争先，不要处处显示出自己的无所不在。“天下之至柔，驰骋于天下之至坚”(《道德经》第四十三章)老子认为，坚强的属于死亡的一类，柔弱属于生长、上升的一类。“人之生也柔弱，其死也坚强。草木之生也柔弱，其死也枯槁。故坚强者死之徒，柔弱者生之徒”，“故坚强处下，柔弱处上”。(《道德经》第七十六章)正是在这个意义上，老子将“一曰慈，二曰俭，三曰不敢为天下先”(《道德经》第六十七章)称为三宝。慈爱就能勇武，节俭就能宽余，不要老是想着居人之先，埋头做好自己的事，特别是当自己处于弱势时，要收敛锋芒，先保存自己，最后会成就大事。譬如，1990 年邓小平提出的一系列中国对外方针：冷静观察，稳住阵脚，沉着应对，韬光养晦，善于藏拙，决不当头，有所作为，应该是深谙老子思想得出的结论。老子这种做人做事的理性的、积极的态度是使人受用无穷的。

老子从多种角度提出来做人要有自知之明。所谓“知人者智，自知者明”(《道德经》第三十三章)。“知不知，上矣。不知知，病矣。”(《道德经》第七十一章)只有知道自己有所不知，才是高明的。明明不知道却自以为是，就是问题之所在。

老子反复告诫人们，要想成就事业，不能自以为是。一个人如果自己认为自己很伟大，那他/她一定是渺小的。老子强调任何事都要从小事做起。“天下难事，必作于易。天下大事，必作于细。是以圣人终不为大，故能成其大。”(《道德经》第六十三章)在如何加强自我修养方面，老子的见解也是有指导意义的。《道德经》是这样说的：“使我介然有知(如果我有一点独立的见解)，行于大道，唯施是畏(唯恐走上邪路)。大道甚夷(平坦)，而人好径(人们喜欢走邪路，这里指统治者)。朝甚除(宫殿非常豪华整洁)，田甚芜，仓甚虚。服文采，带利剑，厌饮食，财货有余，是为盗夸。非道也哉。”（《道德经》第五十三章）人又如何不被外界的诱惑所困扰？《道德经》是这样回答的：“五色令人目盲，五音令人耳聋，五味令人口爽，驰骋畋猎令人心发狂，难得之货令人行妨。是以圣人为腹不为目，故去彼取此。”（《道德经》第十二章）老子认为，人们如果反道而行、违法乱纪，就应该受到处罚。“若使民常畏死，而为奇者，吾得执而杀之”（《道德经》第七十四章）。对于作恶多端的人，老子主张由专业的执法者去处罚，而不是感情用事。其实，从某种意义上讲，这就是依法办事、依法治国的思想。

《道德经》不仅为政治家所重视，也为科学家、哲学家、心理学家所重视。一部《道德经》，所体现的是宁静、沉着、镇定、平和、放松、不为、顺其自然、应任而生。它激烈反对的是妄为、干涉。其实了解一下动荡的春秋战国时代，再来通读《道德经》，我们就能很好地理解老子的哲学理念，其实是一种他人优先的理念。我们如果能很好地理会并在实践中身体力行，就能成就辉煌的人生。学习老子，学习《道德经》，我们至少要在以下两个方面特别引起重视：

第一，宽容他人，成就自己，做事留有余地。“致虚极，守静笃。万物并作，吾以观复。夫物芸芸，各归其根。归根曰静，是谓复命。复命曰常，知常曰明。不知常，妄作凶。知常容，容乃公，公乃全，全乃天，天乃道，道乃久，没身不殆。”（《道德经》第十六章）万物的生命之根在虚静恬淡，依此生命之根而运行，就是恒常，是公正无偏的。对此有准确的体会，对事物的发展就会有确切的认知，就达到了明的境界，就是自己与他人的关系中达到一种均衡状态——常。常是对别人的包容、宽容，也是超越自我，进入到公、到天、到道，就能长久。对他人的宽容，也是成就自己。

第二，坚持原则、固守人格，要有自知之明。一方面，坚持自己的淡泊、安静，保持低调。“荒兮，其未央哉！众人熙熙，如享太牢，如春登台。我独泊兮，其未兆”，“众人皆有余，而我独若遗。……俗人昭昭，我独昏昏。俗人察察，我独闷闷。……众人皆有以，而我独顽以鄙。”（《道德经》第二十章）另一方面，反对先入为主，不将自己作为价值判断的唯一标准。充分注意到他人的利益、他人在社会关系中的地位而不强加于人。“不自见，故明；不自是，故彰。”（《道德

经》第二十二章）

第三，学习老子，立足他人优位，最终成就自己。其实老子的思想里一以贯之的理念是：利他即利己，和谐才能共生。只不过老子的思想既不是“毫不利己，专门利人”，更不是“人不为己，天诛地灭”，而是他人优先，成就自己。“既以为人，己愈有；既以与人，己愈多。”（《道德经》第八十一章）

大学教育开展和大学文化建设如果不践行老子的思想，不从老子的智慧中吸取营养，就不可能达到全面发展、持续发展，对社会发展起推动作用的目的。

（三）“德”文化的世界意义

老子的思想，博大精深，一部5000字的《道德经》，视角独特，文字优美，令人百读不厌，两千多年来人们对它的研读至今未有穷尽。人们对它的解读文字，汗牛充栋，成为我们今天研读《道德经》的宝贵而丰富的文化宝库。《道德经》不仅影响中国，影响亚洲，也影响着世界。它不仅影响过去，影响现在，也必将影响将来。《纽约时报》将老子列为古今世界十大作家之首。世界上各种译本的《老子》非常之多，德文、英文的各有几十种，在世界上的发行量仅次于《圣经》。老子的思想和智慧，是人类思想史上的丰碑。它的普遍价值，为人类解决自己的困惑提供了教科书。以中国人的文化传承、智慧，我们在让中国成为世界先进大国方面，一定会也应该做得更好。

我们因有老子而骄傲。然而，历史在发展，时代在前进，老子生活在2500多年以前，他没有也不可能将我们现代生活的方方面面都搞得清清楚楚，他没有也不可能对我们今天社会发展中遇到的具体问题提出一一解决的方案，他提供给我们的是原则、方法、态度。就像马克思主义，给我们的是立场、观点、方法而不可能是包医百病的处方。但这个原则、方法与态度，是我们几千年的文化传承积累和选择的，我们今天的很多问题是出在忘记了这些教诲，或对这些教诲知之甚少或根本无知。这也就是我们要提倡学习传统文化，学习老子的原因。我们实现中国梦，要提倡中国精神，将中国的智慧发扬光大，其中一个重要课题，就是要学习中国传统文化，学习老子，为民族发展造福，为人类的进步作贡献。

其一，正确认识“德”文化的世界历史地位，发展和构建中国的核心价值体系，丰富世界各民族和地区文化价值生态，促进世界文化价值生态健康发展。世界文明的演进可分为两种：世界式的（非西方式的）连续性的文明和西方式的（突破性的）文明，顾名思义，从“世界式的”几个字，就可以判断出“世界式的（非西方式的）连续性的文明”是一种常态文明，代表“世界性的”。既然代表“世界性的”，就具有一种必然性。确实如此，根据考古学家和历史学家的研究，这种连续性的文明存在于世界大多数民族和地区，比如亚洲、中美洲、南美洲等。而在这连续性的文明中，中国文明又非常典型，极具代表性，“实际上，在这两个原始文明当中，不妨把中国文明认为更值得注意。这是由于它独一无二的长命，它日后内容的丰富，以及它在人类三分之一之众所居住的东亚的优势的影响力。”①所以以“至德”为核心价值追求的中国文化本身对世界就是一个巨大的贡献，它也影响了世界史关于文化、社会变迁模式的理解和认识。尤其，在当下，随着经济全球化，在“普适价值”的迷雾下，欧洲大陆也不能幸免于“价值美（国）化”的历史背景下，适应时代需要，发展和构建中国的核心价值体系，维护国家文化安全，加强文化在综合国力竞争中的地位和作用，增强国家文化软实力、中华文化国际影响力至关重要。同时，发展和构建中国的核心价值体系，丰富世界各民族和地区文化价值生态，促进世界文化价值生态健康发展，具有重要意义。

其二，正确认识“德”文化的民族性，坚持核心价值体系建构的民族性。“人们是自己的观念、思想等等的生产者”②，“思想、观念、意识的生产最初是直接与人们的物质活动，与人们的物质交往，与现实生活的语言交织在一起的。人们的想象、思维、精神交往在这里还是人们物质行动的直接产物”③。“任何历史记载都应当从这些自然基础以及它们在历史进程中由于人们的活动而发

---

① Ping-ti Ho, *The Cradle of the East*, The Chinese University of Hong Kong and the University of Chicago Press, 1975, p.368,转引自张光直:《考古学专题六讲》,文物出版社 1986 年版,第 17 页。

②③ [德]马克思、[德]恩格斯:《德意志意识形态》,载《马克思恩格斯选集》第 1 卷,人民出版社 2006 年版,第 72 页。

生的变更出发。”[①]我们已经“从直接生活的物质生产出发来考察”“至德”“至善”的产生，不难看出，“至德”、“至善”的德性追求，分别是在本土的混沌的原始文化中生长出来的，自它们生长出来之后，如斯宾格勒所言，就表现出“强烈的一贯的趋势，文化本身变成一个活的存在”，成为各自民族的象征。鲁思·本尼迪克特反复强调，应将人类各种不同的文化作为具有不同的价值体系的多样化存在来把握，她认为，“在文化内部赋予这种多样化性格的，是每一文化的主旋律；使文化具有一定模式的，也是该文化的主旋律，即民族精神（ethos）。”[②]历史学者雷颐说，中国的民族主义在近代以前很大程度上表现为一种文化民族主义。这就是“对德的重视。对事物的道德评价格外重视”，在个人伦理上，发扬儒家哲学的仁爱、良知、诚敬、慎独、尽心知性、节欲等德性思想，启发人性美德的内在心性修养，辅以典型榜样的感染，主流宣传的引导；在政治伦理上，发展“政治与民的关系”，将关注民生放在政治伦理的首要位置。“‘十二五’规划纲要的稳物价、调结构、保民生、促和谐，推动国民经济继续朝着宏观调控的预期方向发展，全面推进社会主义经济建设、政治建设、文化建设、社会建设以及生态文明建设，全面推进党的建设新的伟大工程”都是关注民生的切实表现。

其三，正确认识“德”文化的“协和万邦”，充分挖掘人的“和合”本性，更好地促进世界的和平与发展。我们知道，即便是周代的时候，小国星罗棋布，有畿内，有群侯，有非群侯而谨通聘问的小邦，有仅通名字的部落，根据与宗周关系不同，有要服的，有荒服的。……它们中间的交通相当频繁，始而相争，继而相亲；而后相争相亲，参互错综，而归结于完全同化。[③]古希腊包含了数百个大大小小的城邦，在一千多年的时间里，这些城邦彼此分分合合、合合分分，“合纵连横”、战火不断。但是，中西方的人都有泥土的共性，那么，人性也有相同之处，这就是“和合”。

在古代中国，以“德”求“和合”，造就了灿烂的华夏文明，古代希腊当然没

① [德]马克思、[德]恩格斯：《德意志意识形态》，载《马克思恩格斯选集》第1卷，人民出版社2006年版，第67页。

② 庄锡昌等编著：《文化人类学的理论框架》，浙江人民出版社1988年版，第84页。

③ 徐旭生：《中国古史的传说时代》，科学出版社1960年版，第39页。

有“德”的土壤，也就没有“和合”的庄稼，但是，我们却从古希腊人的思想中读出了对“和合”的渴望。古希腊多元谋生方式形成了多元的权威观念，体现为多元神的观念，但是，在求生存的思维中，古希腊人并没有放弃对大一统权威的追寻，所以古希腊的多元权威在冥冥中总是服从一种更高的权威——地母盖亚，这一至高神植根于古希腊人的思维中，发挥着实际的效用。最明显的表现就是随着哲学思想的产生，古希腊哲学家将“神”进行了彻底的改造，他们坚决反对荷马的思想，禁止荷马的作品进学校，要求必须对孩子进行崇高思想的教育，在教科书中，“神”是至尊的、至善的，“神”只有优点，没有缺点，这种“哲学上的神”和古代中国的神具有同样的心性。这样的相似确实令我们非常吃惊。经以苏格拉底、柏拉图、亚里士多德为主导的古希腊哲学家改造的神，至高至善，统领和决定一切具体的至善，这个哲学之神恰巧为基督教的传播奠定了良好的基础。我们会发现：古希腊、古罗马的神是多元的，而且善恶兼备，神人同性。但是，一神崇拜的基督教能够在西欧扎根并统治西欧千余年，原因是什么？多神到一神转变的思想基础是什么？一方面，智者学派和苏格拉底、柏拉图、亚里士多德对神的形象的改造可能是其中一个重要的原因；另一方面，苏格拉底、柏拉图、亚里士多德正代表古希腊人、罗马人对“和合”的追求。这一点恰说明了古代中国“和合”的思想乃是人之本性。在今天多元文化的发展中，充分挖掘人的“和合”本性，能够更好地促进世界的和平与发展。

其四，正确认识“至德”的世界观基础，加强德性教育的理论创新和理论武装能力。前文已经充分告诉我们德性追求以特定民族在长期生产生活过程中形成的稳定的世界观为基础，世界观是一个天、地、人关系的认识问题。相应地，世界观的转变，会造成德性追求的改变。例如，近代牛顿的机械宇宙观造成了西方心物二元对立的哲学世界观，以亚里士多德为代表的传统德性追求被质疑和否定，而现代，与建立在爱因斯坦相对论和量子场论基础上的整体（生命）宇宙观相适应，心物一元的系统论被强调，以亚里士多德为代表的传统德性追求被重新强调，并得到进一步的发展。由此，我们可以看出，文明的发展加深了人们对于宇宙万物的认知，但并不同时带来德性的进步。所以在德育实践中，应该站在国家民族生存和发展的高度，正确利用人文和自然科学的最新发展成果，为学生建构一个尽可能科学的自然世界和人文世界，使学生以其为背景，正确地认识天、地、人的关系，从而找到正确的物质的、精神的动力和方向。另一方面，由于社会活动相对的独立性，在人们的思想道德观念及生活方式没有多大改变的情况下，社会生活仍然会按照其原有的轨迹运行。俗话说，上有政策，下有对策，在民间生活中人们也往往会想出各种变通的方法来实现其原有的生活方式。因此，在德育实践中，既要加强理论创新的能力，也要加强理论武装和理论转化的能力。

其五，正确认识“至德”建设的艰难性和曲折性，提高应对挑战的能力。英国学者汤因比的“挑战与应战”的理论模式指出，任何一种文化的形成与发展，都是对“挑战”的“应战”。所谓“挑战”，就是外在的自然环境和社会环境向人们提出一些不容回避的历史课题；而所谓“应战”，就是人们在这些课题的要求下发挥自己的主观能动性而产生的文化对策。因此，每一次“应战”的成功，都会导致一种文化模式的出现或变革；而每一次“应战”的失败，都会导致一种文化模式的衰亡或破产。在“挑战与应战”的关系范式中，“法天道”需要警惕人际关系的过度关系化，“法自然”需要警惕个体自我价值的过度张扬，甚至不择手段获取自己的利益。

中国实现改革开放已经 40 多年了，中国共产党也已走过百年的历程，中华人民共和国成立已 70 多年，这中间经历过无数的坎坷，也成就了无与伦比的辉煌。在人类历史的长河中，中国共产党领导中国人民创造了一个又一个奇迹。中国的高等教育由 70 多年前极少数人才能享有的阳春白雪，演变为到如今普通人都能有机会接受的大众化教育，这本身就是人类历史上的奇迹。我们的大学教育与文化的构建，也是新时代的使命。我们坚持马克思主义的基本立场、原则和方法，坚持马克思主义中国化，坚持用习近平新时代中国特色社会主义思想即新时代中国化了的马克思主义为指导，充分发挥中国传统文化在国家建设中的作用，在认真学习领会马克思主义和中国传统文化的基础上，一定能构建中国大学教育和大学文化的要旨，让我们的高等教育成为世界上专业学科最全面、人格养成最人性化、发展最有科学性的高等教育。

后　记

2012年，在完成教育部的一个课题“马克思主义中国化、时代化、大众化”的过程中，常常会思考马克思主义中国化与中国传统文化、与中国高等教育和大学文化的关系问题，而这也是我和我当年的同事们常常在一起思考的问题。我们在一起从事这方面的教学和研究中，慢慢形成了一些共识，特别是我们都对中国传统文化在马克思主义中国化的过程中，在新时代中国化的马克思主义理论的形成过程中的作用都有很多相近的看法。本书初稿的几位作者都是相关领域的博士研究生。朱俊艺博士对孔子思想的研究，有多本专著出版，同时在大学开设孔子思想评论课，深受学生欢迎。陈瑞丰博士原本有学法律的背景，本人也是律师，对传统文化有极浓厚的兴趣，师从马拥军先生读博，对马克思主义中国化方面有很有见解的研究；同时师从复旦大学对分课堂创始人张学新先生进行课堂教学的革命性改革——对分教学，在思想政治课的教学领域，有很大影响。石建水博士是马克思主义基本原理方向的博士研究生，对中国高等教育有很多新的见解。

本人除了进行中国近现代历史的教学外，还长期在高校开设老子评释课，致力于马克思主义中国化的教学与研究，和我的这几位同事一起，合作写成了这本意在对中国的大学教育和大学文化作一些梳理与思考的书，希望能起到抛砖引玉的作用。

本书初稿的主要部分，基本都是朱俊艺、石建水、陈瑞丰几位博士完成的。因为我的原因，修改和统稿，一直拖到现在才付梓。书中如有不当的表达或错误，都由我负责。最后的定稿是我做的。我虽退休离开原来的工作单位上海电机学院近5年，但退休后又来到了安徽新华学院，继续从事教学与研究工作，算是在第一线对当代大学教育和大学文化有比较直接的感受。说到底，中国的大学教育能否健康、正常，是和国家的政治环境、经济发展水平、老百姓对高等教育的认可度、各级领导人特别是教育管理者对教育在民族发展过程中的作用的认识等相关联的，同时还和国家制定的与教育相关的法律是否科学、法律法规是否能严格落实到位有关，与能否把中国的优秀传统文化很好地融入高等教育体系中有关。因此，对中国大学教育的历史进行梳理、分析，或许能提供一些借鉴。我们国家的大学教育已经大众化，受高等教育已不是什么少数人的权利，大学生已是一个庞大的社会群体，但如何构建、完善一个符合百年未有之大变局形势下的中国大学教育与大学文化的制度，让中国的大学教育在中华民族的伟大复兴中起到不可或缺的作用，我们还有很多问题要研究。

如何聘用教授、教师，如何创造教学与科研自由开放的学术环境以最大限度地复兴中华，如何学习外国优于我们的教育理念，如何继承发扬我们几千年积淀下来的优秀传统文化，特别是近代一百多年来所探索出来的、产生巨大效果的教育理念，是一个艰难复杂的过程，需要政府、管理者从制度层面、政策层面进行符合中国实际的修订和完善。想要让大学教育与大学文化起到应有的作用，从小学、中学开始的教育，从家庭开始的教育，必须是理性的而不是浮躁的，大众化的而不是贵族化的，深谋远虑的而不是急功近利的。无论如何，一个国家的大学教育的发展程度，跟这个国家的发达程度总是呈正相关的。

本书的出版，要特别感谢路征远博士，是他当年在出版社工作时积极支持这个选题的推进。最后还要感谢上海社会科学院出版社的支持和编辑部的辛勤工作。本书的某些部分内容因种种原因无法展开，有些论述或许不当，有些引文虽经反复核对但仍恐有讹错，所有这些，都恳请专家、读者批评指正，不胜感激！

何小刚于安徽新华学院

2024年10月

图书在版编目(CIP)数据

中国大学教育与大学文化新论 / 何小刚等著.— 上海 ：上海社会科学院出版社，2024
ISBN 978-7-5520-2993-2

Ⅰ. ①中… Ⅱ. ①何… Ⅲ. ①传统文化—文化教育—研究—中国 Ⅳ. ①G40-055

中国版本图书馆 CIP 数据核字(2020)第 001160 号

中国大学教育与大学文化新论

著　　者：何小刚 等
责任编辑：陈慧慧
封面设计：黄婧昉
出版发行：上海社会科学院出版社
上海顺昌路 622 号　邮编 200025
电话总机 021-63315947　销售热线 021-53063735
https://cbs.sass.org.cn　E-mail：sassp@sassp.cn
照　　排：南京理工出版信息技术有限公司
印　　刷：上海新文印刷厂有限公司
开　　本：710 毫米×1010 毫米　1/16
印　　张：13.25
字　　数：200 千
版　　次：2024 年 12 月第 1 版　2024 年 12 月第 1 次印刷

ISBN 978-7-5520-2993-2/G·905　定价：68.00 元